Caroline Bernard

LA PASSIONE DI FRIDA

Romanzo

TRADUZIONE DI
MARIA CARLA DALLAVALLE

tre60

Per informazioni sulle novità
del Gruppo editoriale Mauri Spagnol visita:
www.illibraio.it

Tre60 è un marchio di
TEA - Tascabili degli Editori Associati S.r.l., Milano
Gruppo editoriale Mauri Spagnol
www.tre60libri.it

Titolo originale
Frida Kahlo und die Farben des Lebens

Prima edizione Narrativa Tre60 ottobre 2020

LA PASSIONE DI FRIDA

Prologo

Dicembre 1939

In tarda mattinata Frida entrò nel suo atelier a passi veloci. Quella era l'ora in cui gli antidolorifici funzionavano meglio. La luce del sole, viscosa e dorata, entrava attraverso le finestre e faceva brillare il cavalletto. «Buongiorno, sorellina.» Frida salutò lo scheletro di cartone che aveva dipinto e infilato in una delle sue sottogonne e che la aspettava su una sedia nell'angolo. Le boccettine dei colori erano appoggiate su un vecchio banco da falegname. Accanto a esse, le brocche con i pennelli, quelli finissimi, le cui setole non erano molto più spesse delle sue ciglia, e quelli che al tatto sembravano i pennelli da barba di suo padre.

Le pareti erano completamente ricoperte di foto, disegni e maschere antiche che alla luce del sole sembravano prendere vita. I tavoli e le credenze erano ingombri di bambole e creature fantastiche che aveva realizzato negli anni, ma anche libri, taccuini, opulenti bouquet di fiori e innumerevoli altre cose che lei amava e che le servivano da ispirazione. Se per un estraneo quella stanza poteva sembrare disordinata e sovraccarica, per Frida era tutto al suo posto. I libri sugli scaffali erano ordinati per argomento, i raccoglitori con gli articoli di giornale e la corrispondenza meticolosamente etichettati. Talvolta Diego la prendeva in giro per questo, ma Frida diceva che era un retaggio del padre tedesco. Aveva bisogno di entrambe le cose: tanti oggetti intorno a sé e ordine rigoroso.

Con un sorriso assimilò tutto ciò che la circondava e si rallegrò di questo ambiente familiare e studiato con cura.

Piena di trepida aspettativa, si piazzò davanti al cavalletto e afferrò un lembo del telo con cui aveva protetto il quadro la sera prima. Per la prima volta aveva optato per un formato a grandezza naturale, ma in questo caso doveva essere per forza così, perché, anche se tutti i suoi quadri erano importanti per lei, questo significava più degli altri. Con un movimento deciso, scostò il telo da una parte e apparvero le due teste. Due volte i suoi stessi occhi le restituivano lo sguardo sotto le spesse sopracciglia che si incontravano alla radice del naso e ricordavano le ali spiegate di un uccello. Eppure le differenze tra le due Frida erano evidenti. Quella a sinistra aveva una pelle più chiara e uniforme di quella di destra, il cui viso era scuro come quello di un'indiana. La prima aveva un velo di trucco, i capelli intrecciati ad arte e acconciati in onde lucide. L'altra aveva un accenno di peluria, i capelli rigorosamente tirati indietro e non altrettanto brillanti. Queste piccole differenze erano difficili da cogliere, bisognava osservare con attenzione per individuarle.

Frida studiò il quadro a lungo, poi prese in mano il pennello e continuò a lavorare sullo sfondo, che consisteva semplicemente di un cielo con nuvole bianche, ma il suo pensiero restava concentrato sulle due Frida. *Queste sono le due donne che convivono dentro di me*, pensò mentre metteva dei puntini bianchi sulla tela. La donna che vuole vivere come più le piace, e la donna che si porta dietro il peso della tradizione e della storia.

Aveva la sensazione che un grosso uccello sbattesse violentemente le ali nella sua cassa toracica. Ogni volta che sentiva le parole di Diego, le uniche capaci di cambiarle la vita, aveva la sensazione che il cuore, battendo all'impazzata, le balzasse fuori dal petto. Il pennello restò sospeso nell'aria. Doveva concentrarsi sul quadro, dipingere, doveva ritrovarsi in quelle due Frida perché era sul punto di perdersi.

Fissò la tela a lungo. Mancava qualcosa, qualcosa di fondamentale. E all'improvviso capì di cosa si trattava. Spazientita, gettò il pennello sul tavolo senza nemmeno darsi la pena di lavarlo e ne prese un altro. Mescolò un rosso che conteneva anche una punta di magenta, il suo colore preferito, che per lei significava tutto ciò che costituiva il Messico: la vita e l'amore. Senza distogliere lo sguardo dal dipinto, tese la mano verso la libreria alle sue spalle e afferrò uno dei suoi numerosi libri di anatomia. Lo sfogliò brevemente e trovò la pagina che le interessava. Poi abbozzò la sua idea con pennellate veloci: sull'abito di ciascuna delle due Frida dipinse un cuore. I ventricoli e i vasi sanguigni aperti, le arterie rosse che attraversavano il tessuto. Una finì sul vestito bianco della Frida europea. Il sangue gocciolò sulla gonna, e lei cercò invano di fermare l'emorragia con una pinza chirurgica.

Frida guardò di nuovo le mani allacciate delle due donne, ma sentiva che la connessione tra loro era molto più forte di così e doveva diventare ancora più chiara! Dipinse una linea fine e sottile, un'arteria che collegava i due cuori. Era lo stesso sangue che scorreva attraverso entrambe, lo stesso battito pulsante che dava loro vitalità. Le due Frida che lei riuniva in sé avrebbero trovato la forza necessaria per sopravvivere, qualunque cosa fosse accaduta.

PARTE PRIMA

La colonna spezzata
1925–1930

1

Settembre 1925

«Smettila di perdere tempo e muoviti!»

Alejandro prese la mano di Frida e cercò di tirarsela dietro. Frida sentì la pelle d'oca tra le scapole, come succedeva sempre quando si toccavano, ma si scostò da lui. «Un momento. Ho dimenticato il mio quaderno.»

Quando tornò, Alejandro la stava aspettando in fondo al corridoio con il loro amico comune Miguel. Frida rallentò il passo per osservarlo indisturbata. Alejandro Gómez Arías era un giovanotto alto e attraente dai capelli lucidi e indossava il suo completo elegante con disinvoltura. L'aveva colpita fin dal primo giorno. Aveva tre anni più di lei e apparteneva a un gruppo di amici che si facevano chiamare Cachuchas, dal nome dei berretti che avevano scelto come segno distintivo. I Cachuchas erano ragazzi intelligenti che conoscevano la letteratura più recente e amavano la pittura. Il loro grande modello era il rivoluzionario José Vasconcelos, che come ministro dell'Istruzione aveva lanciato una campagna di alfabetizzazione e stabilito nuovi standard nell'arte. Prima che Frida si unisse a loro, il gruppo era composto esclusivamente da maschi. Erano poche le ragazze che frequentavano la Preparatoria. Qui Frida, contro tutte le riserve sollevate dalla madre, si preparava agli studi di medicina. Voleva diventare un medico. Ma soprattutto, la Prepa significava un pezzo di libertà per Frida. Poteva finalmente sfuggire alla prigionia della sua famiglia e al controllo dei genitori e dei vicini. Ogni giorno prendeva il tram che la portava dal sonnolento sobborgo di Coyoacán al centro di Città del Messico.

Frida si tirò su i calzini fatti a mano sino a farli sparire sotto l'orlo della gonna scura a pieghe e scappò via di corsa. Passando diede una gomitata ad Alejandro. «Da che parte stai?» gli disse, poi lo superò precipitosamente e scese le scale.

«Frida! Aspetta un momento. Ti stai comportando in modo impossibile!»

La giovane prese il tornante delle scale con un tale slancio che la gonna le svolazzò intorno alle gambe. Si aggrappò alla ringhiera e scese di volata metà rampa.

«Frida!» gridò di nuovo Alejandro. «Stai rovinando la reputazione delle donne di tutta la scuola!»

Frida alzò gli occhi al cielo. Amava Alejandro con tutto il cuore, ma perché non voleva proprio capire che qualsiasi tipo di movimento era parte di lei? Nonostante la poliomielite che l'aveva colpita lasciandole la gamba destra atrofizzata, non poteva immaginare una vita senza dinamismo, senza potersi arrampicare e ballare. Ormai lui doveva averlo capito. Perché il mondo intero pretendeva che lei scendesse una scala con compostezza senza farsi venire il fiato grosso? Perché era una donna? Certo che era una donna, ed era irruente esattamente come voleva essere!

All'improvviso si fermò in mezzo alle scale e Alejandro finì per sbatterle contro.

«Ma a me piace come sono. Hai solo paura che io sia più veloce di te!» gli gridò.

Con il respiro affannoso, Alejandro stava un gradino sopra di lei, i capelli scuri che gli ricadevano sulla fronte, le labbra arrossate. Si chinò verso di lei e premette la bocca sulla sua. Frida si lasciò baciare, poi gli sgusciò da sotto le braccia e continuò a scendere le scale per attraversare il cortile ombreggiato.

Per strada fu colpita dal caldo afoso del pomeriggio. Era settembre, la stagione delle piogge si avviava alla fine e l'aria era impregnata di umidità. Al mattino aveva piovuto un po' e gli edifici brillavano come se fossero stati lucidati.

Percorsero calle Argentina in direzione dello Zócalo, l'enorme piazza centrale della città con la cattedrale e il Palazzo Nazionale. Qui si incontravano tutti, giocolieri e *mariachi*, venditori e truffatori, politici e gente semplice. Frida si mise a bighellonare perché non aveva voglia di tornare a casa. Coyoacán era così noiosa. L'unico diversivo era la polverosa plaza Hidalgo davanti alla chiesa. Ma lì tutti conoscevano tutti e si era sempre sotto lo sguardo severo dei vicini di casa e del prete. Per le strade della capitale, invece, la gente si affollava nei mercati e nei caffè. Sullo Zócalo si faceva musica, c'erano tipi che andavano in giro con gli striscioni o facevano giochi di prestigio. C'era sempre qualcosa da vedere. E qui poteva baciare liberamente Alejandro.

Quel giorno le terrazze dei caffè non erano molto frequentate a causa del brutto tempo. Ciononostante, le donne indie avevano allestito le loro semplici bancarelle con assi di legno. Frida aprì il suo ombrellino parasole e passò lentamente davanti alla merce esposta. Le venditrici sedevano davanti alla cancellata che circondava la cattedrale o al riparo delle mura di casa e offrivano frutta e verdura, ricami e vasellame. Si vedevano già i primi teschi di glassa colorata, anche se mancava ancora qualche settimana al giorno dei morti.

«Non devi andare da Fernando oggi?» chiese Alejandro, cercando di scansare il suo ombrello. «Ma non sta piovendo!»

«Ma questo parasole è così carino, non trovi?» Frida lo fece girare in modo che le frange sull'orlo svolazzassero. «Oggi non vado da Fernando.»

Fernando Fernández era un incisore, nonché amico di suo padre, presso il quale Frida prendeva lezioni di disegno due volte a settimana. In cambio lo aiutava nella sua attività.

Si fermarono davanti alla bancarella preferita di Frida, che esponeva amuleti e piccole immagini votive dipinte su pezzi di lamiera. Questi quadretti, che servivano come ringraziamento o come supplica ai santi patroni, raccontavano le storie più assurde riguardo i bisogni e le preoccupazioni della gente semplice. Frida passò il dito sui singoli *retablos* e lesse le iscrizioni. *In un certo senso sono l'espressione dipinta dell'anima popolare messicana*, pensò con rispettosa ammirazione. La donna india più anziana la riconobbe.

«*Mira!* Guarda, queste sono nuove» disse indicando alcune immagini delle dimensioni di una cartolina.

«Vedi? Qui una donna ringrazia il cielo perché il marito non ha scoperto il suo tradimento e giura di essergli fedele sempre d'ora in poi! Potresti benissimo essere tu» disse Alejandro.

«Io almeno ti ho parlato di Fernando. E poi, non è stata una confessione tardiva. La prossima volta che ti tradirò, chiederò prima l'intervento divino per non farmi beccare da te.»

Maledizione, perché l'aveva detto? Frida gli prese subito la mano e gli stampò sopra un bacio. «Scherzavo» mormorò con noncuranza. Un amuleto più o meno grande come il palmo della mano attirò la sua attenzione. Era di un rosso vivo con inserti gialli. Accanto c'era un piccolo cuore di latta con un bordo di smalto colorato e l'immagine di un uomo e una donna di profilo, ovviamente amanti.

Frida prese entrambi gli oggetti in mano e li mostrò ad Alejandro. «Quale prendo?» chiese.

«Questo» rispose lui indicando l'amuleto.

«Oh, no. Preferisco il cuore.» Gli lanciò uno sguardo eloquente. «Ora possiamo andare» gli disse con un sorriso e lo prese a braccetto dopo essersi infilata con cura il cuore nella tasca della gonna.

Accanto a loro passò un tram trainato da cavalli che era poco più veloce di lei. L'odore penetrante degli animali sudaticci colpì il naso di Frida.

«Questo è nostro» disse Alejandro, e fece per salire.

«Aspetta, ho lasciato il parasole alla bancarella!» gridò Frida. «Faccio una corsa a prenderlo.»

Quando tornò da Alejandro, il tram era già ripartito.

«Prendiamo l'autobus, allora. Almeno non puzza così tanto» suggerì Frida.

I nuovi autobus avevano iniziato a circolare in città di recente. I veicoli erano per lo più vecchi modelli Ford del Nord America che erano stati convertiti. Ma spostarsi in autobus era considerato chic. Proprio in quel momento l'autobus rosso con la scritta COYOACÁN svoltò l'angolo. Frida prese a camminare accanto al veicolo sino a trovarsi all'altezza della porta aperta.

«Alt! Voglio salire!» urlò all'autista, e saltò sul predellino.

L'autista frenò di colpo e l'immagine della Beata Vergine di Guadalupe ondeggiò vistosamente sul parabrezza.

«E anche il mio amico» aggiunse Frida senza fiato. Allungò la mano verso Alejandro, che saltò a bordo a sua volta.

Frida si insinuò fra i passeggeri seduti sulle lunghe panche di legno ai lati. Il mezzo si rimise in moto, avanzò a strattoni, e lei si ritrovò sbalzata addosso a un uomo panciuto. Riprese l'equilibrio con difficoltà e afferrò uno dei sostegni. Alejandro si accostò a lei. Frida sentiva il suo corpo sfiorarle il fianco, alzò lo sguardo verso di lui e gli sorrise. Dai finestrini aperti entrava odore di *tortillas*. L'autista prese una curva con slancio e Frida si ritrovò ancora più vicino ad Alejandro. Riusciva a sentire il battito accelerato del suo cuore. Avvertì una piacevole sensazione nel bassoventre.

«Scusa» mormorò il ragazzo, ma dal suo sguardo Frida capì che anche a lui piaceva il contatto.

Alla fermata successiva salirono a bordo due passeggeri le cui giacche grezze erano piene di schizzi di vernice. Frida sentì l'odore della trementina quando i due uomini le si piazzarono accanto. Portavano con loro secchielli e uno teneva in equilibrio un sacchetto di carta di giornale. Il bordo del sacchetto luccicava al sole. Di tanto in tanto dall'interno si alzava qualche lustrino.

«È oro?» chiese Frida incuriosita.

L'uomo annuì. «Per gli affreschi del teatro dell'Opera.» Le porse il sacchetto e lei vide i minuscoli pezzi di vernice dorata.

Frida udì il fugace stridio del tram in arrivo, ma la sua attenzione era ancora concentrata sulla brillante polvere d'oro. Una minuscola particella si librò in aria e si impigliò nei peli del suo avambraccio. Cercò di toglierla con il polpastrello. D'un tratto si sentì uno squillo stridulo, l'autobus venne spinto di lato e iniziò a sbandare. Frida cercò invano di afferrare la maniglia che aveva lasciato andare per toccare la polvere d'oro.

Poi uno scricchiolio e un cigolio assordanti, e la polvere d'oro si rovesciò lentamente su Frida, travolta dalla forza dell'impatto.

«*Diós mio!*» gridò la donna accanto a lei in preda al panico. Vide l'aria intrisa di uno scintillio dorato, udì il terribile stridio, la gente che urlava. D'un tratto si ritrovò le braccia sotto il corpo, le gambe all'aria. Non vedeva più niente, solo l'oro che luccicava sulla sua pelle. Poi si aggiunsero delle schegge color argento e Frida pensò ai diamanti. Infine fu scaraventata a terra. La luce del sole le pioveva addosso facendola brillare come se lei stessa fosse fatta d'oro. Dov'era Alejandro? Un istante prima era al suo fianco. Poi qualcosa di luccicante volò verso di lei, ma stavolta non era oro, era qualcosa di lungo e appuntito. E poi arrivò il dolore.

2

Quando si svegliò, Frida vide la polvere d'oro che brillava. O era la luce accecante di una lampada puntata in faccia? Avrebbe voluto guardare giù, ma non riusciva ad alzare la testa, che sembrava inchiodata al cuscino, come tutto il suo corpo. Lo sentiva totalmente estraneo, caldo e freddo al tempo stesso, come se fosse avvolto nell'ovatta. Si accorse di essere distesa in una specie di scatola che rendeva impossibile ogni movimento. Cercò di muovere le dita dei piedi, ma non ci riuscì. Fu travolta dal panico. Un vago ricordo la tormentava: rumori, schegge, stridio. *Sono morta*, pensò in preda alla disperazione. *Sono morta e sono distesa in una bara.*

«Frida. Sono qui, con te.»

Qualcuno si chinò su di lei e avvicinò il viso al suo. Perché Matita era qui? Frida voleva pronunciare il nome della sorella maggiore, ma le sue labbra non volevano saperne di aprirsi. Matita però era scappata con un uomo anni prima. Nessuno della famiglia l'aveva più vista da allora. Quindi anche Matita era morta come lei?

Matita si chinò su di lei avvicinandosi ancora di più. Frida vide le lacrime nei suoi occhi.

Ancora una volta cercò di parlare, ma la sua lingua si attaccò al palato e non riuscì a produrre più di un gemito. E poi il dolore tornò a trafiggerla. Un dolore indicibile che le attraversava il corpo a ondate, rimbombando e guizzando, e che sembrava allentarsi leggermente per poi colpirla con maggiore violenza. Era impossibile localizzarlo, era ovunque. Era insopportabile. Poi tutto divenne buio.

Quando si svegliò di nuovo, Matita era ancora seduta al suo capezzale.

«Sono qui, Frida» disse, proprio come la prima volta. «Sei in ospedale. Hai avuto un incidente. L'autobus...»

Lentamente Frida ricordò tutto. Il tram che si era schiantato contro l'autobus, la polvere d'oro e i vetri rotti, il rumore, poi il nulla. Il dolore tornò a farsi sentire, ma lei non voleva riaddormentarsi, non prima di aver ottenuto delle risposte alle sue domande.

«Alejandro?» sussurrò. Le parole le uscivano impastate dalla bocca. «Come sta?»

Matita le versò qualche goccia d'acqua sulle labbra con un cucchiaino. «Non ha avuto tanti danni quanto te. Sta bene.»

«Perché sei qui? Dove sono mamma e papà?»

La sorella le posò la mano sul braccio. «Ho letto dell'incidente sul giornale. Hanno fatto il tuo nome, così sono venuta.»

«Cosa mi è successo? Non riesco a muovermi. Sono paralizzata?»

«Hai molte ferite in... nel bassoventre. Hai subito un intervento.» Matita abbassò lo sguardo.

Frida sollevò la testa con molta attenzione, solo pochi centimetri, per guardare il suo corpo. Vide un lenzuolo sotto il quale si delineava la sua silhouette snella. I piedi erano legati al letto con delle bende elastiche. Tese i muscoli delle cosce e fu trafitta dal dolore. Con un gemito tornò a sdraiarsi.

«I medici dicono che faresti meglio a non muoverti, così tutto si salda di nuovo» disse Matita. «Ecco perché ti hanno legata.»

«Cosa c'è da saldare? Dimmelo!»

Matita deglutì. «Lo scopriresti comunque: il corrimano dell'autobus ti ha perforato l'anca ed è uscito dalla... dalla vagina.

Il rene ha subito dei danni. Inoltre il collo del femore è rotto e la gamba sinistra ha undici fratture…»

«La sinistra?» sussurrò Frida. «La gamba sana?»

Sua sorella annuì.

«Cos'altro? Voglio sapere tutto.»

«Anche la gamba destra è stata danneggiata. Il piede è spappolato e dislocato. E la spalla sinistra era lussata.»

Frida chiuse gli occhi.

«Dove sono mamma e papà?» chiese ancora una volta.

«Mamma continua a non parlarmi. Quello che sto per dirti, lo so da Cristina. A casa sono tutti sotto shock e… si vestono di nero. Quando la mamma ha saputo dell'incidente, non ha mangiato né parlato per giorni. Si rifiuta di venire in ospedale.»

«E papà?»

«Si è ammalato per la preoccupazione. Sai…»

«Vuoi dire che ha avuto un attacco?» Suo padre soffriva di crisi epilettiche da anni, ma ci era voluto tempo per poterne parlare in famiglia.

D'un tratto nella sua mente balenarono frammenti di ricordi. Era ancora una bambina quando Guillermo aveva avuto il suo primo attacco. Le gambe che si muovevano a scatti, gli occhi rovesciati all'indietro… Tre giorni dopo quell'episodio sua sorella era sparita. Solo a distanza di anni aveva capito che nessuna di quelle due cose era correlata all'altra.

Matita fece un sospiro profondo. «Frida, devi dar loro il tempo di abituarsi alla situazione. Il tuo incidente è stato un duro colpo per loro. E finché non verranno, io resterò qui. Giorno e notte.» Prese la mano di Frida e gliela strinse leggermente. «Sono felice che ci siamo ritrovate, anche se in queste circostanze…»

Frida chiuse gli occhi.

La donna due letti più in là iniziò a recitare l'*Ave Maria* con voce cantilenante. «Santa Maria, Madre di Dio, prega per noi peccatori, adesso e nell'ora della nostra morte. Amen. Ave Maria…» Non faceva altro da ore e Frida si sentiva quasi impazzire. Quanto odiava questo ospedale! Giaceva con altre venticinque donne in una grande stanza spoglia sempre semibuia. Le piccole finestre erano posizionate così in alto che non si riusciva a vedere fuori. L'aria era stantia e soffocante, faceva decisamente troppo caldo. Tra i letti, ma solo alle estremità della testata, erano stati posizionati dei paravento che dovevano trasmettere un illusorio senso di riservatezza. Frida udiva ogni suono, il russare, i gemiti e i pianti delle altre donne, ma era quella che pregava a darle sui nervi più di chiunque altra. Le altre pazienti potevano quantomeno tirarsi su o persino muovere qualche passo. Lei, invece, era condannata a rimanere immobile sulla schiena e a fissare il soffitto. Senza la sorella sarebbe morta di noia. Ma ogni volta che si svegliava dal suo sonno inquieto, trovava Matita al suo capezzale. Le era infinitamente grata per questo. Matita stava immancabilmente seduta su una sedia scomoda vicino al suo letto e lavorava a maglia, le dava da bere, le portava da mangiare e la imboccava, le leggeva qualcosa a voce alta e la faceva ridere con storie pazzesche.

Frida cercava di essere forte mentre Matita era con lei. Ma quando fuori si faceva buio, i visitatori dovevano andarsene. Ogni sera li guardava allontanarsi con la morte nel cuore, e dopo che sua sorella, sulla porta, le bisbigliava «Ci vediamo domani», Frida si abbandonava sul letto esausta. Poco dopo venivano spente le luci, e le ombre iniziavano a tormentare le pazienti. Ognuna aveva il suo demone, i suoi incubi.

Da uno dei letti vicini provenivano gemiti soffocati che si trasformarono in un lieve piagnucolio per poi spegnersi nel silenzio.

Quel silenzio pesava su Frida come una pietra. Quasi desiderava che tornassero i gemiti e le preghiere della donna nel letto accanto. Allora avrebbe potuto stizzirsi per qualcosa, e questo l'avrebbe distratta dalla disperazione indicibile che la aggrediva alle spalle. Sino a pochi giorni addietro, prima di quel terribile incidente, era ancora una ragazza spensierata con un futuro promettente, con una vita piena di colori e di segreti che aspettavano soltanto di essere scoperti e decifrati con gioia e curiosità.

Ma ora? Ora non c'erano più segreti. Più niente che potesse succedere. Era come se un fulmine avesse rischiarato la Terra e illuminato ogni angolo. Il suo pianeta era diventato un pianeta di dolore, trasparente come il ghiaccio, e dietro c'era il vuoto. Frida aveva dovuto imparare tutte le lezioni della vita in un solo secondo, al momento dell'incidente. Sarebbe stata malata e sofferente per tutta la vita. Una vita che era finita ancor prima di cominciare. Per il resto della notte cercò di figurarsi il futuro e, per quanto si sforzasse, non ci trovò nulla di bello. Si immaginava da anziana, una donna che non aveva mai conosciuto le meraviglie della vita. Fu travolta da un'ondata di panico. Le lacrime scendevano lungo il viso e alzò la mano per asciugarle mentre una fitta le attraversava la schiena. Nemmeno questo innocuo sollievo le era concesso! No, non voleva vivere così. Allora sarebbe stato meglio essere morta. Eppure per i medici era un miracolo della medicina che, nonostante le gravi ferite, Frida fosse ancora viva. E se avesse semplicemente smesso di lottare per una vita che non aveva più nulla di magico in serbo per lei? L'idea assunse contorni seducenti e la cullò in un sonno agitato.

Quando il giorno dopo si svegliò e guardò il letto della sua vicina, che la sera prima si era lamentata a lungo e poi si era ammutolita di colpo, notò che era vuoto. Un'infermiera stava togliendo le lenzuola. «Arriverà subito un'altra paziente» le disse.

Un pensiero le balenò nella mente: e se la donna fosse morta per lei, al suo posto? Per dimostrarle com'era essere morta? Che la morte distrugge tutto ed è definitiva? E se per lei invece ci fosse stata una vita oltre il dolore? O piuttosto con il dolore? Sarebbe stata abbastanza coraggiosa da affrontarla? Dopotutto era ancora viva, anche se nessuno l'aveva ritenuto possibile. E se fosse sopravvissuta proprio per mostrarlo a tutti? Avrebbe trovato la forza di farlo, come aveva già fatto una volta, dopo la poliomielite?

«Sì» disse a voce alta. E poi ripeté: «Sì!»

«Qui di notte la morte danza intorno ai letti» disse la mattina, quando Matita venne a portarle delle fragranti focaccine alla cannella per colazione. «L'ho vista. Ma non mi prenderà!»

Sua sorella la guardò spaventata. «Frida! Cosa stai dicendo?»

«Le ho parlato e le ho detto chiaramente che non può ancora contare su di me.» Sorrise. «Domani puoi portarmi carta e matita, per favore, e qualcosa su cui appoggiare il foglio?» chiese. «Voglio scrivere ad Alejandro. Ho bisogno di capire alcune cose.»

Anche Alejandro era rimasto ferito nell'incidente, ma non gravemente, e veniva curato a casa. Questo le riferirono gli altri Cachuchas che andarono a trovarla nei giorni successivi. Ma se Alejandro non poteva venire di persona, perché non le scriveva? Non sentiva il bisogno di confortarla e di sapere come stava? Non gli importava di quanto soffrisse? Forse dava a lei la colpa di quello che era successo? Se non si fosse attardata, se non avesse comprato quel cuore al mercato e se non avesse dimenticato il suo parasole, avrebbero preso il tram e non sarebbero rimasti coinvolti nell'incidente.

«Hai parlato con Alejandro? È arrabbiato con me?» chiese a Miguel quando si presentò nel pomeriggio portandole fiori e cioccolata. Non riusciva a staccare gli occhi di dosso dal suo amico, così giovane, così sano, così avventuroso. «Dimmi, è arrabbiato con me? È per questo che non si fa sentire?»

Miguel abbassò gli occhi e Frida notò le sue ciglia lunghe. «Non lo so» disse. «È meglio che glielo chieda tu stessa.»

«Ma non posso farlo se non viene a trovarmi! Devo andare io da lui?»

Frida passò una notte inquieta. A qualche letto di distanza, una donna recitava ripetutamente il rosario. Frida chiuse gli occhi, innervosita. Avrebbe voluto gridarle che le sue preghiere erano vane.

Lei stessa anni prima aveva già avuto modo di scoprire che non c'era un Dio buono. Riusciva ancora a ricordare quel giorno. Aveva tredici anni all'epoca, e come sempre aveva accompagnato la madre a Messa con le sue sorelle. La chiesa di San Juan Bautista era poco distante da casa sua. Sua madre aveva riservato un banco con il suo nome. Non appena Frida aveva varcato il pesante portale, si era ritrovata immersa in un altro mondo. Dalla luminosità abbagliante dell'esterno era entrata nella fredda penombra della chiesa. L'odore di incenso sostituiva quello dei *churros* fritti nel grasso. Il lieve mormorio dei fedeli soffocava i rumori della strada. Frida aveva calpestato il pavimento di piastrelle lisce, intervallate da assicelle di legno. Il banco aveva scricchiolato leggermente quando si erano fatte il segno della croce e poi si erano sedute. Frida aveva lasciato vagare lo sguardo furtivamente per impedire che sua madre se ne accorgesse. Le piacevano le decorazioni dorate sull'altare, i paliotti in broccato e gli affreschi sul soffitto. Non tanto per il loro significato religioso, bensì per i colori. Attraverso una finestra laterale entrava un prepotente raggio di sole in cui danzavano milioni di minuscoli granelli di polvere e che si rifletteva nella navata centrale facendo risplendere Gesù sulla croce. Frida aveva seguito quel fascio di luce verso l'alto e aveva notato le profonde crepe del soffitto in legno. Negli angoli si erano accumulate fitte ragnatele. Tornando a guardare Gesù si era accorta che non sorrideva più dolcemente. Sembrava indifferente. E all'improvviso Frida se n'era resa conto: quell'uomo gracile sulla croce non poteva essere il salvatore del mondo. Se lo era, perché permetteva che la gente venisse uccisa per le strade della città? Che in Messico la Chiesa fosse uno strumento di oppressione e di controrivoluzione? Perché lei aveva contratto la poliomielite, anche se era un'innocente bambina di sei anni? Perché suo padre, un uomo dall'animo buono, soffriva di crisi epilettiche? Aveva sospirato rabbiosamente e sua madre le aveva lanciato un'occhiata ammonitrice. Frida era furiosa. Non riusciva a smettere di pensare alla sua scoperta e provava un'intensa sensazione di trionfo. Aveva sopportato da sola le conseguenze della poliomielite e nessun Dio le aveva dato conforto. Ma in compenso era libera!

Libera di gestire il suo handicap e di non lasciarsi deprimere da questo. Libera dal peso della religione. Libera di contare solo su se stessa. Che sensazione meravigliosa. Quando la madre aveva esortato le figlie a uscire, Frida era stata l'ultima a lasciare la chiesa dopo le sue sorelle. Per la prima volta in vita sua non si era fatta il segno della croce davanti all'altare. Aveva esitato prima di posare il piede sulla soglia, poi aveva fatto un lungo passo deciso verso l'esterno. Non era stata colpita da un fulmine. Aveva preso un respiro profondo.

I suoi genitori vennero all'ospedale solo tre settimane dopo l'incidente. Ecco quanto tempo ci aveva messo la madre di Frida a riprendersi dal suo esaurimento nervoso.

Frida, angosciata, si era chiesta se sua madre, in cuor suo, la ritenesse responsabile di quello che era successo.

Ma aveva messo da parte quei dubbi ed era semplicemente felice di vedere i suoi genitori. Era ancora costretta nel busto, ma per lo meno poteva girare e sollevare leggermente la testa, perciò vide sua madre avvicinarsi al letto, piegata e appoggiata pesantemente a suo marito, senza guardare né a destra né a sinistra. Quando riconobbe sua figlia, scoppiò in singhiozzi irrefrenabili. Non disse una parola per tutto il tempo in cui si trattenne. Frida lesse orrore e dolore sul volto di suo padre.

«Mio Dio, Frida» sussurrò lui. Avrebbe voluto abbracciarla e darle un bacio, ma le numerose apparecchiature cui era attaccata glielo impedivano. Con un gesto che esprimeva la sua impotenza di fronte a quella situazione, si scostò.

«Starò bene, papà» disse Frida. «Voglio tornare a casa. Non ce la faccio più a stare qui. Non puoi fare qualcosa?»

Suo padre fu come attraversato da una scossa. Guillermo sapeva essere forte quando voleva. E aveva sempre desiderato che Frida stesse bene.

«Oggi parlerò con i medici» disse.

«Grazie, papà» sussurrò Frida.

Una settimana, dopo Frida fu dimessa dall'ospedale. Due infermieri la adagiarono su una barella e la caricarono su un'automobile che suo padre aveva noleggiato. Si sforzarono di fare attenzione, ma la barella ondeggiò e il corpo di Frida fu sferzato da ondate di dolore.

A ogni modo, finalmente era a casa! Finalmente avrebbe di nuovo sentito il sole sul viso e gli uccelli cantare in giardino! Nonostante le fitte che la tormentavano, sorrise. Dopo tanto tempo era di nuovo serena e piena di speranza.

Quando, per la prima volta dal suo ritorno, fu accompagnata nel patio, era quasi felice. Giocò con i cani, si fece portare fiori e frutta e ascoltò la cuoca che acciottolava le pentole e cantava. Ogni volta che la madre passava davanti al letto di Frida, mormorava le sue preghiere e talvolta si lasciava sfuggire una parolina affettuosa per lei.

Qualche settimana dopo le fu concesso di alzarsi per la prima volta. All'inizio riusciva a muovere pochi passi, ma con il tempo si rinfrancò. Ma c'era qualcosa che non andava. Trovava difficile camminare e stare in piedi perché il dolore alla schiena non voleva saperne di lasciarla in pace.

Il dottor Calderón, un lontano parente di sua madre, era perplesso. «Dobbiamo fare una radiografia della schiena. Questo sinora non è stato fatto in ospedale.»

Frida notò lo sguardo preoccupato che si scambiarono i suoi genitori. Non si trattava solo della sua salute, ma anche del costo delle numerose visite mediche e degli esami che avrebbe dovuto sostenere.

3

Autunno 1926

Frida rivolse maledizioni silenziose contro i medici. Non avrebbe mai acconsentito a quel tipo di trattamento se avesse saputo che equivaleva a una tortura! Era appesa a spesse corde fissate al soffitto in una stanza spoglia dell'ospedale Francés, costretta all'immobilità. Le dita dei piedi sfioravano il pavimento. Sotto la supervisione del dottor Calderón, l'ortopedico, señor Navarro, le aveva infilato la testa tra le corde e le aveva fasciato il torace con un panno di cotone spalmato di gesso. Ne aveva applicato strati su strati, strizzando e spalmando il suo corpo dolorante sino a farla sentire come una mummia. Ora doveva attendere che si asciugasse la spessa armatura in cui poi sarebbe stata rinchiusa. Mentre se ne stava lì immobile, pensò al tempo in cui si arrampicava sull'albero di arance nel patio della casa dei suoi genitori o sfrecciava in bicicletta a rotta di collo con gli altri bambini lungo la strada ripida che portava a plaza Hidalgo. Era sempre stata la più veloce e non si lasciava scoraggiare dalle cadute.

A un certo punto gli altri bambini avevano smesso di chiamarla "Frida la zoppa". E negli anni il desiderio di muoversi era diventato parte integrante di lei. Oh, quanto sarebbe stato bello adesso alzare le braccia e mettersi a ballare!

«Se il gesso si rompe, bisogna ripetere la procedura» le aveva intimato il dottor Calderón. «Ma se tutto va bene, fra tre o quattro mesi potrai tornare a camminare.»

Il gesso bagnato sulla sua pelle si raffreddò e lei cominciò a rabbrividire. Pensò a Dostoevskij, di cui aveva appena divorato i romanzi. Fece una smorfia cupa. Dostoevskij era un maestro nel descrivere l'inferno interiore. Si addiceva alla sua situazione! Sarebbe stato confortante se le sue sorelle le fossero state vicine ora e avessero letto per lei. Ma i medici non avevano permesso a Cristina e Matita di restarle accanto. Così a Frida non rimaneva altro che evadere immergendosi nei ricordi. Le sembrava di sentire il vento che le accarezzava il viso quando andava in bicicletta. Almeno nella sua immaginazione poteva fare tutto quello che voleva, e questo nessuno avrebbe potuto portarglielo via. *Perché dovrei aver bisogno dei piedi, quando ho le ali per volare?* le passò per la mente.

Cercava di guardarsi intorno nella stanza, per quanto le permettesse la sua testa immobilizzata. Nessuna finestra. Niente verde, niente uccelli canterini da poter ascoltare. Tutto ciò che riusciva a vedere erano le mattonelle grigie sulla parete di fronte a lei. Alcune erano saltate via. Si distraeva cercando di individuare sagome di oggetti nelle fessure, come amava fare con le nuvole nel cielo. All'improvviso davanti agli occhi le apparve un'immagine, un dipinto di grande formato pieno di colori, con persone sorridenti, fiori variopinti e colibrì svolazzanti. L'artista che aveva dipinto un quadro del genere sulle pareti nude, proprio davanti agli occhi dei pazienti appesi al soffitto, alla disperata ricerca di una distrazione, un artista del genere era da considerarsi un vero benefattore! Diego Rivera era così. Qualche mese prima – un'eternità! – una volta lo aveva osservato all'opera ed era rimasta incantata dai suoi murales giganteschi e sgargianti che raccontavano intere storie e che si potevano leggere come un libro.

Dietro le tempie sentiva il pulsare del sangue, il battito del proprio cuore. Le fughe tra le mattonelle iniziarono a liquefarsi e ad assumere un andamento serpeggiante, il grigio si trasformò in un rosso striato. Sembrava un po' come quando strizzava gli occhi e guardava direttamente il sole. La stanza divenne più grande, i contorni meno nitidi, e parve estendersi all'infinito.

Frida, esausta, abbassò le palpebre per un istante, ma la pressione del battito cardiaco e il senso di nausea aumentarono improvvisamente. Cominciarono a bruciarle gli occhi. *Non piangere adesso.* Non riusciva nemmeno ad asciugarsi le lacrime o il moccio dal naso. Il solo pensiero faceva scorrere le lacrime ancora più forte. Smise di opporsi. Le sue lacrime gocciolarono sul pavimento sotto di lei e si persero negli interstizi.

Frida si preparò con particolare attenzione quella mattina. La camicetta bianca con la scollatura ricamata nascondeva l'odiato corsetto in gesso. La sua gamba malata era coperta da una lunga gonna a fiori. Chi non sapeva quanto fosse malconcio il suo corpo avrebbe potuto pensare che sul letto stesse riposando una regina. Si era circondata di cose belle. La testa era adagiata su un cuscino di lino su cui era stata ricamata la parola *corazón* con il filo colorato. Accanto a lei, su un tavolino, c'erano dei libri e il suo rossetto. Sulla testata in legno erano appesi foto e *retablos* colorati. Nell'angolo della stanza era stata sistemata una grande voliera con due pappagalli verdi. Frida si guardò intorno e si sentì soddisfatta. Era pronta a ricevere Alejandro, il quale si era annunciato per il pomeriggio.

Coyoacán era situata a meno di un'ora dal centro, ma al momento per Frida la città era irraggiungibile. Quando i suoi amici andavano a trovarla, lei rivolgeva loro una sfilza di domande. Voleva sapere tutto: in quali locali erano stati, che musica avevano ascoltato, chi avevano incontrato, se la sua bancarella preferita al mercato esisteva ancora, quali mostre avevano visitato… La sua curiosità non conosceva limiti, perché attraverso i racconti dei suoi amici poteva almeno immaginare di essere stata in quei luoghi. Chiedeva anche di Alejandro, ma le risposte che le arrivavano la turbavano.

Era da tempo che non andava più a trovarla, anche se lei gli aveva scritto innumerevoli lettere e gli aveva chiesto di venire con urgenza. Anche lui doveva sentire la sua mancanza! Perché allora non veniva tutte le volte che poteva? In fondo erano una coppia di innamorati! O forse non voleva più saperne di lei perché era malata? In ogni caso, lei ce l'aveva messa tutta per apparire più sana e seducente possibile. Le spesse bende sulle gambe non avrebbe dovuto vederle in nessun caso.

Quando udì i suoi passi nel patio, Frida prese subito lo specchio e il rossetto che aveva chiesto a Cristina e si ritoccò le labbra. Poi cercò di sdraiarsi sul letto nel modo più pittoresco possibile.

Non appena lui entrò nella stanza, Frida intuì che c'era qualcosa di diverso. Era di una bellezza mozzafiato, con i capelli folti pettinati all'indietro e l'andatura molleggiata ed energica. Ma c'era qualcosa nel suo sorriso che non le piaceva. Si fermò sulla soglia, chiaramente sorpreso da ciò che vedeva.

«Frida, sei... pensavo... mi avevano detto delle tue ferite e di questo corsetto... ma mi sembri... mio Dio, sei così bella!»

«Saresti dovuto venire prima, così avresti potuto godere di più della mia vista» disse Frida con una punta di ironia. Ma poi lo guardò con aria raggiante. Quindi lui la desiderava ancora, subiva ancora il suo fascino.

Alejandro si chinò su di lei e le posò un bacio leggero su entrambe le guance. Frida gli avvolse le braccia intorno al corpo e lo attirò a sé. Quanto le era mancato il suo profumo! Com'era bello risentire quel contatto! Avrebbe potuto rimanere così per ore, ma Alejandro si staccò e si sedette sul bordo del letto. Frida avrebbe voluto prendergli le mani, ma lui le nascose tra le ginocchia.

«Come stai?» le chiese. Il suo tono era formale, quasi trattenuto.

Santo cielo, sembra che sia andato a trovare una vecchia zia malata e non la donna che stava per sposare!

«Ti ho scritto abbastanza spesso quanto mi annoio e quanto mi manchi. Almeno una volta alla settimana.»

«Frida...»

Lei sospirò. Con un sorriso rassegnato disse: «La signora Luna non è più venuta a trovarmi dopo l'incidente». Usava questa espressione in codice per indicare il ciclo mestruale. «Quel palo mi ha preso la verginità. Ti ha battuto sul tempo. Forse mi ha persino messa incinta.»

«Credevo che ci avesse già pensato Fernández» disse Alejandro, e Frida percepì nettamente la rabbia repressa delle sue parole.

Si morse le labbra. Aveva raccontato ad Alejandro del suo flirt con Fernando perché pensava che la sincerità fosse la cosa più importante della loro relazione. E anche un po' perché voleva provocarlo. Si augurava che non avesse intenzione di riversare su di lei la responsabilità per non essere venuto prima. In qualche modo questa conversazione stava sfuggendo al suo controllo.

«Ti ho portato dei libri» si affrettò a dire Alejandro e prese la valigetta che aveva appoggiato vicino al letto.

«Oh, che bello. Posso leggere di nuovo senza che mi venga il mal di testa. E i libri tedeschi della biblioteca di mio padre li ho già letti tutti. Fammi vedere!»

Alejandro posò accanto a lei *Moby Dick* di Herman Melville e *Orgoglio e pregiudizio* di Jane Austen.

Frida gli prese la mano e fece per avvicinarsela alle labbra.

«Frida, devo dirti una cosa.»

Ecco, aveva intuito subito che lui aveva qualcosa in mente. Preoccupata, gli lasciò la mano e si puntellò con gli avambracci per spostarsi un po' più su sul cuscino. Nel farlo avvertì una fitta alla schiena. Con un sibilo risucchiò l'aria, ma non era solo dolore, era anche paura di ciò che lui avrebbe detto. «Ok. Che succede? Andiamo. Posso accettare la verità.»

«Ho intenzione di andare a studiare in Europa.»

Frida trasalì e lo fissò intensamente. Ecco cos'era! Quando era ancora in salute, lei e Alejandro avevano programmato un viaggio insieme. Sarebbero andati in America, in Europa. Ora sarebbe partito senza di lei e cercava di mettere a tacere il suo senso di colpa accusandola di infedeltà. Questo la fece sprofondare in un abisso di tristezza.

«È sempre stato il nostro sogno» gli sussurrò.

Ora fu lui a prenderle la mano. «Ti riprenderai. Ma ci vorrà del tempo.»

«Che tu non hai...»

Alejandro la guardò con aria di rimprovero. «Sei ingiusta. Mia zia mi ha invitato a raggiungerla a Berlino. Posso stare da lei finché sono in Germania. Altrimenti non potrei mai permettermi un viaggio del genere. Cosa ci guadagneremmo se ci rinunciassi adesso? Non sappiamo quando tornerai a stare bene.»

«Quando parti?»

«Fra due settimane.» Esitò. «E ora devo andare. Ci sono così tante cose da preparare.»

«Tornerai a salutarmi, vero?»

«Ma certo» disse lui, anche se dal suo sguardo Frida capì che mentiva.

Frida lo guardò dalla finestra mentre attraversava rapidamente il cortile, varcava il cancello e usciva in strada. Le sembrava di percepire il suo sollievo. *Ecco che il mio amore se ne va*, pensò tristemente. Rimase a fissare il cancello per diversi minuti. Poi si tolse il rossetto passandosi il dorso della mano sulla bocca. Un altro sogno era appena svanito nel nulla. Non sarebbe diventata un medico, non sarebbe andata in Europa. E non avrebbe condiviso la sua vita con Alejandro.

Cristina entrò nella stanza. «Se n'è già andato?» chiese. «È stata una visita breve. Oh, ti ha portato dei libri?» Prese il romanzo di Jane Austen, ma poi lo mise da parte e posò gli occhi su *Moby Dick*. «Me lo presti? Ti portano sempre tanti regali.»

«Se vuoi fare cambio, volentieri» disse Frida.

Cristina fece una smorfia. «Non intendevo in quel senso» disse. «Solo che a volte mi farebbe piacere avere un po' dell'attenzione che tutti ti dedicano.» Quando notò la rapida occhiata di Frida, cambiò tono. «Guarda, sono andata nel frutteto e ho raccolto dei fiori per te.» Posò delle buganvillee e delle piccole campanule azzurre sul letto. Il loro delicato profumo raggiunse immediatamente le narici di Frida.

«Oh, che belli! Meravigliosi, così teneri eppure così pieni di vita. Svelta, dammi la matita.»

«Anche la carta?»

Frida scosse la testa. Prese una delle piccole campanule nella mano sinistra, si sbottonò la camicetta e cominciò a disegnarla sul suo odiato corsetto. Le piaceva come stava venendo, e ai fiori si aggiunsero farfalle, piccole smorfie e la testa del suo pappagallo preferito. Si lasciò assorbire completamente e si fermò solo quando non ci fu più posto alla sua portata. *Ora sono comunque intrappolata, ma almeno in un mondo colorato*, pensò mentre, esausta, sprofondava di nuovo nei cuscini. Solo in quel momento tornò ad avvertire il dolore lancinante attraversarle il corpo.

«È incantevole» disse il padre quando venne a trovarla come al solito verso sera. «Così pieno di vita.»

«Sto solo cercando di rendere il mondo intorno a me un po' più bello. Inoltre quando dipingo riesco a dimenticare il mio dolore. Piuttosto dimmi cosa hai fatto. Cosa ti ha regalato la vita oggi?»

Guillermo si sedette con cautela sul bordo del letto e raccolse i pensieri. «Sono stato allo Zócalo e ho fotografato gli edifici del lato est. Sai, il progetto per il governo. Guarda, li ho raccolti di nascosto per te dalla jacaranda davanti al Palazzo Nazionale.» Con un sorriso, posò sul copriletto i fiori di un viola intenso. «Magari puoi dipingere anche questi.» Mentre parlava, continuava a guardare i piccoli disegni sul busto. «Ora il busto non sembra più così minaccioso» disse. Poi si alzò di scatto. «Torno subito.»

Frida lo sentì parlare con sua madre fuori della stanza, ma non riuscì a capire quello che diceva. Qualche minuto dopo, tornò tenendo sottobraccio la grande scatola dei colori che era sullo scaffale del suo studio e che Frida aveva sempre desiderato da bambina. In una mano teneva la tavolozza e nell'altra un grande bicchiere con pennelli di diverso spessore e lunghezza.

«Vuoi darmi ancora lezioni di pittura?» chiese Frida. Ricordava con nostalgia quelle ore passate in compagnia di suo padre.

«No, ma credo che in questo momento tu abbia bisogno di queste cose più urgentemente di me» disse, e appoggiò l'ingombrante scatola sul suo letto. «Avrei dovuto pensarci molto tempo fa.»

«Non riesco ad alzarmi, papà. Non riesco nemmeno a sedermi. Come faccio a dipingere?»

«Tua madre ha avuto un'idea. Domani come prima cosa andrò da Agosto. Ti costruirà un cavalletto che metteremo sul tuo letto così potrai dipingere da sdraiata.» Si precipitò fuori della stanza e subito dopo vi trascinò uno specchio piuttosto grande. «A cosa ti serve un letto a baldacchino?» chiese, battendo le mani. «Metteremo questo specchio sopra la testa. Così vedrai meglio quello che dipingi sul corsetto.»

«Potrei dipingere me stessa, me stessa e la mia vita. E le storie che mi racconti» mormorò Frida, e dentro di lei si accese la speranza. «Potrei dipingere la mia vita proprio sul busto.»

«Che cosa hai detto?» chiese suo padre.

«Oh, niente» rispose Frida. Quel pensiero si era appena impossessato di lei, e lo considerava così prezioso e vulnerabile che non voleva ancora condividerlo. Aprì la scatola dei colori a olio e fece scorrere il dito sul viola e sul magenta. Viola come i fiori della jacaranda, rosso come il suo sangue, rosso come le gonne delle donne al mercato… Dentro di lei affiorarono subito le immagini che avrebbe dipinto con quel rosso. Voleva iniziare immediatamente.

Guillermo chiamò Cristina con impazienza affinché lo aiutasse ad appendere lo specchio, strappando Frida dai suoi sogni a occhi aperti. Sua sorella arrivò subito e si arrampicò sul materasso reggendo il pesante specchio che il padre intendeva fissare con delle cinghie. Nel farlo, Cristina urtò inavvertitamente il fianco di Frida con il piede. Questa gridò di dolore, ma poi strinse i denti e disse subito: «Va tutto bene, continua».

Quando sua sorella e suo padre finirono di sistemare lo specchio, guardarono Frida pieni di aspettativa. Lei alzò gli occhi… e rimase sbalordita. Quella era lei? Quel viso smunto e stravolto dal dolore era il suo? Quella creatura così magra?

«Devo restare un momento da sola, per favore, devo prima abituarmi a questo spaventapasseri sopra il mio letto.»

Enormi occhi scuri, cerchiati di nero dalla stanchezza e dal dolore. Sopra di loro le sopracciglia nere, che sembravano ali di uccello e dominavano il volto. Guance scavate senza colore, il naso appuntito. Sotto, la bocca dal taglio fine, di un rosso splendente per i residui di rossetto. E poi il collo bianco che spuntava dalla scollatura della camicetta, le mani dalle dita lunghe e dalle unghie rosse e affilate, con cui poteva giocare così elegantemente in aria e che ora erano congiunte come in preghiera. Il suo sguardo si spostò di nuovo in alto, verso i capelli. Erano divisi nel mezzo e ordinatamente pettinati all'indietro. Poiché non portava una frangia, si vedeva la fronte alta e lucida. Una corona di corti capelli scuri formavano un'ombra intorno all'attaccatura. Frida provò a immaginare come avrebbe dipinto quel volto e con sua grande sorpresa questo cambiò all'improvviso. Sotto il dolore apparve un sorriso, un'espressione di timida speranza e di fiducia trattenuta. E se dipingendo non solo avesse reso più colorato l'ambiente circostante, ma avesse anche potuto cambiare tutta la sua vita?

La mattina dopo, al risveglio, il primo sguardo di Frida fu di nuovo sulla parte superiore del corpo, che ora poteva vedere bene nello specchio leggermente inclinato sopra la sua testa. Scopriva sempre nuovi dettagli e si chiedeva che effetto dovesse fare agli altri quella faccia stanca. Studiò il suo volto sino a quando finalmente Agosto, che aveva il suo laboratorio di falegnameria a poche case di distanza, arrivò con il cavalletto. Si trattava di una semplice costruzione fatta di diversi listelli interconnessi. Due furono appoggiati sul letto ai lati del corpo, poi il sostegno della tela fu aperto e mantenuto teso grazie a due supporti posteriori. L'angolazione era regolabile progressivamente, in modo che la tela si trovasse proprio sopra il viso di Frida. Suo padre osservò l'allestimento con aria soddisfatta, posò un foglio di carta sul cavalletto e lasciò Frida da sola.

Quando immerse il pennello nella pittura per la prima volta e tracciò una linea sul foglio, Lei si sentì travolgere da una vera e propria ondata di felicità. Avrebbe quasi voluto singhiozzare di sollievo. Se non poteva uscire nel mondo, forse poteva mettere il mondo su tela secondo ciò che scaturiva dalla sua immaginazione. Già solo il movimento oscillatorio con cui guidava il pennello sulla tela le faceva bene. Dapprima si limitò a dipingere a casaccio linee e cerchi, per suscitare una sensazione. Perché dopotutto dipingeva da sdraiata, e la posizione insolita in cui doveva tenere il pennello le causava ancora difficoltà. Qualche schizzo di pittura finì sulla camicetta e sul cuscino perché aveva messo troppo colore sul pennello, ma piano piano avrebbe imparato a regolarsi.

Non sapeva ancora cosa voleva dipingere in concreto. Praticamente qualsiasi cosa! Un'immagine che l'avrebbe aiutata a sopportare le ore in cui le sistemavano il busto in gesso. Un'immagine che le avrebbe mostrato le bellezze e le possibilità della vita mentre lei ne era appena stata tagliata fuori. Un'immagine piena di colori che avrebbe coperto le squallide fughe tra le mattonelle grigie! Sì, voleva dipingere proprio quello! Naturalmente era ancora una principiante, ma dentro di lei germogliava la consapevolezza di essere all'inizio di qualcosa di completamente inedito che avrebbe dato un nuovo contenuto alla sua vita.

Felice di questa prospettiva, prese un altro respiro profondo e tuffò nuovamente il pennello nel colore.

Quando Guillermo vide il primo quadro di Frida, un ritratto della sua cuoca india Amelda, rimase colpito. Inizialmente Amelda si era rifiutata di posare perché temeva che la sua anima venisse rinchiusa sulla tela, ma Frida era riuscita a convincerla.

«Ho ritratto anche Adriana» disse Frida piena di orgoglio indicando un altro quadro appoggiato al muro vicino al suo letto. Guillermo lo osservò attentamente. Mostrava la sua sorella maggiore Adriana con un vestito molto scollato davanti a una chiesa che Frida aveva copiato da una fotografia di Guillermo.

«Cosa dice tua madre? Non riesco a credere che le sia sfuggito il contrasto tra i vestiti succinti di tua sorella e la casa di Dio.»

Frida sorrise. «Non gliel'ho fatto vedere. E a Adriana piace. Ho dovuto ritoccarlo più volte, ma per fortuna ho imparato la tecnica da te. Anche il lavoro con i sottili pennelli di tasso. È una buona cosa, tra l'altro, perché sul cavalletto ho spazio solo per i piccoli formati.»

«E se nessuno ha tempo di posare per te?»

«Intendi se non riesco a trovare una vittima? Dipingerò me stessa.»

Quando suo padre se ne andò, Frida alzò lo sguardo e osservò la sua immagine riflessa nello specchio. Vide la figura che conosceva meglio: se stessa. Prese il pennello.

Nei giorni e nelle settimane seguenti, produsse una grande quantità di studi. A ogni schizzo, a ogni tentativo, si rendeva conto dei cambiamenti che l'incidente aveva lasciato sul suo volto e nel suo sguardo. A volte quello che vedeva era troppo brutto e Frida piangeva per quello che aveva perso, per i mesi sprecati a letto nel dolore mentre gli altri viaggiavano per l'Europa come Alejandro, o studiavano, amavano, vivevano. *Vivrò nella mia pittura allora*, pensava con aria risoluta. *La vita è troppo bella, troppo colorata, per sopportarla e basta. Voglio godermela, voglio provare gioia e amore!*

Mentre dipingeva aveva abbastanza tempo per riflettere su tutte queste cose. Condivideva i suoi pensieri con alcune amiche particolarmente affezionate. Una di loro era Alicia Galant, una compagna di scuola che andava a trovarla spesso.

«Ti ricordi quando sei andata in giro con una salopette blu da uomo con le clip sui pantaloni per poter andare più veloce in bicicletta? Avevi i capelli corti come un maschio ed eri la più selvaggia di tutti noi.» Alicia si strinse nello scialle di lana perché nella stanza di Frida faceva freddo.

Frida scoppiò a ridere. «Tua madre è impallidita dall'orrore quando mi ha vista per la prima volta.»

Alicia rise. «Ti ha definita "una cosa ripugnante" e voleva seriamente impedirmi di frequentarti.»

«Lo sa che mi vieni a trovare così spesso?»

Alicia abbassò lo sguardo. «Crede che tu non sia più una minaccia. Viene quasi da darle ragione, a vederti così. Ti sei fatta crescere i capelli e indossi le gonne.»

Frida sbuffò. «Quanto si sbaglia!»

Restarono in silenzio per un istante.

«Perché mi guardi così?» chiese Alicia, sorpresa.

«Quando torni? Voglio dipingerti. Resta così, anzi no, la testa di nuovo dall'altra parte, come prima. Ecco, così va bene! Passami il blocco da disegno, presto! E non ti muovere.»

Con pochi tratti di carboncino aveva catturato l'essenza del viso della sua amica. Cancellò alcune linee e le ridisegnò, aggiunse qualche ombreggiatura e porse il foglio ad Alicia.

«Ma questa sono io!» gridò la sua amica. «Hai un grande talento!»

«Poseresti per me, così posso farti un ritratto a olio? Ho bisogno di una modella diversa da me o la mia vanità diventerà patologica.»

Nelle settimane successive Alicia andò a trovarla tutte le volte che poteva, e il ritratto fece progressi.

Nello stesso periodo Frida stava lavorando a un altro autoritratto. I due quadri avevano molte analogie ed erano realizzati in stile rinascimentale italiano. Entrambi avevano uno sfondo scuro, e i volti, i décolleté e le mani erano pallidi e armoniosi come porcellana. Se Frida guardava l'osservatore, l'amica ne evitava lo sguardo. Entrambe indossavano un abito a tinta unita realizzato con tessuti preziosi il cui scollo aveva una ricca bordura. Entrambe erano bellezze delicate.

Quando Frida le mostrò i dipinti finiti, Alicia ne fu entusiasta. «Come sei bella!» esclamò.

«Regalerò il ritratto ad Alejandro.»

«Non l'hai ancora dimenticato, vero?»

Frida alzò le spalle. «È ancora in Europa, al momento sta viaggiando in Francia. Mi ha spedito una cartolina con la foto del Louvre. Una cartolina in quattro settimane!»

Alicia la guardò con aria turbata.

«Non preoccuparti» disse Frida. «Gli darò questo dipinto, così capirà quello che ha perso e tornerà da me.»

Continuava a osservare la sua opera. C'era qualcosa che non voleva dimenticare, una promessa. Qualcosa di importante. Ci pensò a lungo, poi capì di cosa si trattava: con quel quadro aveva cominciato a prendere sul serio la sua pittura. Con quel primo quadro, la sua espressione artistica era diventata un rimedio per la sua tristezza, un modo per allontanare il suo dolore e dare un senso ai suoi giorni. E forse quel ritratto destinato ad Alejandro rappresentava il suo ingresso nel mondo dell'arte. In ogni caso, era la risposta alla sua domanda ricorrente: cosa ti ha regalato la vita oggi?

4

Ottobre 1927

A quasi due anni dall'incidente, dopo diversi tentativi con corsetti di sostegno e busti in gesso, presunti miglioramenti e desolanti ricadute, il dottor Calderón dichiarò che Frida era ufficialmente guarita.

«Ora devi rimetterti in forze e allenare le gambe. Ma non esagerare!» la avvertì dopo averle tolto il busto e averla visitata un'ultima volta.

Appena se ne fu andato, Frida prese dei chiodi e un martello e appese il busto dipinto e ridipinto sopra il letto, continuando a martellare sui chiodi come se volesse crocifiggerlo.

«Non vuoi buttare via quel coso?» chiese Cristina, sorpresa. «Ti ha tormentata abbastanza, no?»

«Appunto» replicò Frida. «Voglio guardarlo ogni giorno e rallegrarmi di non averne più bisogno. Lì sta bene.»

Le sorelle guardarono il corsetto, che ora non sembrava più tanto opprimente. In effetti stava piuttosto bene accanto allo scheletro di cartone.

Frida si ricordò di provare il cavalletto che ora si trovava in mezzo alla stanza. Sopra c'era un quadro iniziato, una natura morta con i fiori e i cani della casa. Come sarebbe stato dipingere in piedi? Ma poi il suo sguardo cadde sul cortile interno che intravedeva dalla finestra.

«Ti va di uscire?» chiese a Cristina. «È passato troppo tempo da quando ho messo il naso fuori di qui.»

«Ma il dottor Calderón ha detto...»

«So cosa ha detto. Ho passato gli ultimi mesi in questa stanza e al massimo sono arrivata sino al cortile, mentre tu, le mie amiche e i Cachuchas avete finito la scuola e frequentate l'università. Carmen lavora e guadagna ormai da tempo. Ximena è sposata e ha dei figli. Tutte hanno avuto il tempo di crescere e di trovare il loro posto nella vita. Ora tocca a me! Andiamo, prima che mamma torni e me lo proibisca.»

Camminarono lungo calle Allende verso plaza Hidalgo. L'aria vellutata aveva un profumo delizioso e Frida si sentiva meravigliosamente libera! Ed era felice che sua sorella fosse lì a condividere con lei quel momento speciale. Piene di buonumore, entrarono in una delle tante *pulquerías* per bere un bicchiere di succo di frutta fermentato, ridacchiando stupidamente. Quando proseguirono, Frida si arrampicò con spavalderia su un muretto basso e si protese verso i fiori di un albero di fuoco.

«Puoi farlo?» chiese Cristina.

«Certo che posso farlo. Posso fare tutto!» esclamò Frida scendendo dal muretto con un balzo.

Quando raggiunsero la piazza antistante la chiesa, si sedettero sul bordo della fontana con i due coyote di bronzo da cui prendeva il nome Coyoacán. Distesero le gambe e rimasero al sole, attirando lo sguardo di alcuni giovanotti che ronzavano lì intorno.

Frida era infinitamente grata di poter godere di quel momento di quotidianità. Afferrò la mano di Cristina e la strinse.

«Dai, devo andare a casa. Devo dipingere tutto questo» disse, e quando poco dopo si ritrovò in piedi davanti al suo cavalletto cercando di riprodurre la varietà di colori della vita, di cui da que giorno era tornata a far parte, provò una sensazione di pura felicità.

Poiché aveva bisogno di qualcosa da fare, andò da suo padre per dargli una mano nel suo studio fotografico. Lo aiutò in laboratorio con il ritocco e il colore. Era un'attività che la divertiva in passato, e riprendere le vecchie abitudini le fece bene. Procedeva con attenzione e amava stare a guardare le immagini che apparivano lentamente nella vasca di sviluppo. Nei giorni successivi lo accompagnò nelle sue incursioni per la città mentre scattava fotografie, come era solita fare in passato. Era sempre alla ricerca di soggetti per i suoi quadri. Aveva preso l'abitudine di portare con sé un blocco da disegno, e per strada schizzava dei bambini indios intenti a giocare o i volti tondi delle donne al mercato.

Quel sabato Frida aveva appuntamento con Miguel Lira e altri amici nella biblioteca della Prepa. Percorse il breve tratto a piedi sino alla fermata dell'autobus al mercato di Coyoacán. Le strade tutt'intorno erano affollate come al solito: le casalinghe e le cuoche facevano la spesa, i commercianti spingevano i loro carretti. Alcune donne tenevano la merce in equilibrio sulla testa. Da questo particolare e dai vestiti colorati si poteva dedurre che erano indie. Davanti all'edificio del mercato c'erano lunghe panche e tavoli dove si potevano mangiare *ceviche* piccante e gamberi. Accanto si susseguivano le caraffe da cui si versava il *pulque* con grandi mestoli. Come al solito, tutti i posti a sedere erano occupati. L'accompagnamento musicale era assicurato da un chiassoso e allegro gruppo di *mariachi*.

Frida si unì agli altri in attesa alla fermata osservando l'atmosfera animata intorno a sé. L'autobus arrivò, un trabiccolo vecchio e traballante. Quando vide il numero, il 382, sentì il panico salire dentro di lei. Lo stesso numero del tram contro il quale si era schiantato l'autobus su cui viaggiava. In un lampo le riaffiorò alla mente il ricordo del suo terribile incidente.

«*Señorita?*» L'uomo in coda dietro di lei la sollecitò con un sorriso. «Che cosa sta sognando? Può salire.»

Frida si riscosse dal suo ricordo e salì sull'autobus. Dopo un momento di esitazione, si sedette accanto a una contadina grassoccia ai cui piedi c'era una grossa gabbia contenente delle galline che chiocciavano. La donna le rivolse un sorriso incoraggiante e si spostò leggermente di lato per farle posto.

Frida, nervosa, continuò a tirarsi la gonna per tutta la corsa, e guardò fuori del finestrino cercando di distrarsi. Qualcosa turbava i suoi pensieri. Miguel Lira avrebbe presto iniziato a lavorare come avvocato, senza contare che era un poeta e scriveva versi fin dai tempi in cui entrambi frequentavano la Prepa. Vista la sua passione per la letteratura cinese, Frida lo aveva battezzato Chong Lee e lo chiamava ancora così. Carmen sarebbe presto diventata un medico... Alicia era fidanzata e sognava di costruirsi una famiglia. E lei? Cosa ne sarebbe stato di lei? Non poteva limitarsi ad aiutare suo padre per tutta la vita.

Quanto le sarebbe piaciuto tornare alla Prepa! Per questo l'aveva scelta come punto d'incontro, perché dopo il suo incidente non ci era più tornata. Ma frequentare un'altra scuola era fuori discussione. I suoi genitori non potevano permetterselo. I costi per i medici e le cure avevano consumato i risparmi di Guillermo. Erano addirittura spariti da casa alcuni mobili per racimolare soldi e Frida si sentiva in colpa per questo. Una volta, durante un litigio, sua sorella Cristina le aveva rinfacciato di aver distrutto la vita della loro famiglia con la sua malattia.

Frida tirò un lungo sospiro.

Al momento non poteva fare altro che lavorare nello studio di suo padre e quindi contribuire un po' al reddito familiare. Ma voleva di più dalla vita. Il suo sogno era sempre stato quello di diventare medico! *Santo cielo, sembra che la mia vita sia già finita*, pensò allora alzando gli occhi al cielo. *Ho i miei quadri, dopotutto. Ho ritratto i miei amici, la mia famiglia, e diverse volte anche me stessa, e penso che ci siano dei bei lavori tra questi. Forse dovrei provare a venderli. Forse dovrei diventare un'artista. Ma come si fa?*

L'autobus frenò bruscamente e le galline ai suoi piedi chiocciarono eccitate. Frida si riscosse dai suoi pensieri e tirò un sospiro di sollievo quando vide che l'autobus si era semplicemente fermato a un incrocio. Avevano appena superato l'angolo del mercato di San Juan dove era avvenuto il suo incidente. Il suo sguardo fu attratto dalla vetrina della sala da biliardo dove era stata portata dopo lo scontro, mentre gli astanti gridavano: «Guardate, la ballerina!» Si riferivano a lei che, con il corpo ricoperto di sangue e di polvere d'oro, sembrava appena uscita dal palcoscenico. Frida non si era accorta di tutto questo all'epoca, era stato Alejandro a raccontarglielo molto tempo dopo.

Alejandro, un altro punto dolente... Da qualche mese era finalmente tornato dall'Europa. Presto avrebbe sostenuto l'esame da avvocato e il suo soggiorno all'estero lo avrebbe aiutato a procacciarsi molti clienti. Ogni tanto si vedevano, ma la vecchia fiamma non voleva saperne di riaccendersi. Frida gli aveva regalato il suo autoritratto in stile Botticelli ma, come aveva pronosticato Alicia, quel gesto non aveva riportato Alejandro da lei. Era una ferita che doleva ancora, ma non più così tanto. Alejandro le aveva fatto troppo male. Quante lettere gli aveva scritto in cui gli descriveva la sua abissale disperazione, il timore di non guarire mai, persino i suoi pensieri suicidi. In ogni lettera lo aveva implorato di scriverle e di salvarla. Da parte sua però erano arrivate solo poche righe scarne e insignificanti ogni due o tre settimane. Non era il comportamento di un uomo innamorato. Frida non riusciva a perdonare la sua indifferenza.

Sperava che non fosse presente all'appuntamento. Aveva sempre meno voglia di incontrarlo. In compenso Chong Lee era diventato un amico fedele. Frida gli aveva persino fatto un ritratto, ma non era molto soddisfatta del risultato. Le riuscivano meglio le donne. Non era ancora finito, però, altrimenti l'avrebbe portato con sé per regalarglielo.

L'autobus era a qualche centinaio di metri dallo Zócalo, quando Frida sentì improvvisamente puzza di gomma bruciata. Il mezzo rallentò e infine si fermò perché non si poteva più proseguire lungo la strada. Ovunque c'erano persone infuriate che agitavano i pugni e scandivano slogan rabbiosi, ma lei non riusciva a capire cosa stessero gridando. L'autista si rivolse ai passeggeri. «Capolinea!» annunciò. Non appena scese dall'autobus, Frida si ritrovò in mezzo a una folla da cui fu trascinata. Cosa stava succedendo? Perché la gente era così arrabbiata? Il fumo diventava sempre più denso e bruciava gli occhi. Cercò di rifugiarsi in un androne, ma era impossibile andare contro la folla che si riversava verso lo Zócalo. All'improvviso una mano la afferrò e qualcuno le mise le braccia intorno al corpo per proteggerla.

«Miguel!» gridò lei.

«Finalmente, Frida. Cominciavo a pensare che non saresti venuta.»

«Cosa sta succedendo?»

«Non hai sentito? Stamattina è bruciata una fabbrica in avenida de los Insurgentes. Nell'incendio sono morte una decina di donne perché le porte erano chiuse a chiave. Non avevano via d'uscita.»

Frida lo guardò con orrore. Ora capiva quello che urlava la gente: «Assassini!» E i manifesti riportavano gli slogan dei comunisti. Insieme a Chong Lee seguì gli altri sino alla piazza davanti alla cattedrale. Una giovane donna si arrampicò sulla recinzione e cominciò a parlare.

«Perché queste donne sono state rinchiuse in fabbrica?» chiese. «Lavoravano dodici ore al giorno senza diritto di andare al bagno. E perché? Perché erano donne e per giunta venivano pagate anche meno degli uomini! Queste poverette sono morte perché un capitalista voleva arraffare più soldi! Non esiste libertà dell'uomo senza la libertà delle donne!»

Frida ascoltava a bocca aperta. Certo, sapeva che le donne se la passavano peggio rispetto agli uomini, che dovevano lavorare di più guadagnando meno soldi, che spesso erano da sole a occuparsi dei bambini, che ne sfornavano uno dietro l'altro senza poter fare nulla al riguardo, che molti uomini erano ubriaconi e violenti o le abbandonavano. Per sapere queste cose bastava attraversare il mondo a occhi aperti e ascoltare le vicine di casa. Ma sentire tutto questo spiegato da un podio lo rendeva più vero e più urgente. La donna accanto a lei la prese sottobraccio, dall'altra parte un'altra manifestante fece altrettanto. Insieme gridarono gli slogan che venivano dall'alto di un palco improvvisato: «Uguaglianza! Giustizia! Abbasso il maschilismo! Abbasso il capitalismo!»

Frida si guardò intorno alla ricerca di Chong Lee. Nella ressa era stato separato da lei, ma doveva essere nelle vicinanze. Frida urlava più forte che poteva, con convinzione. Si sentiva trasportata dalle altre donne e dai loro appelli, e lentamente la gamba smise di farle male. Sorrideva, fiduciosa. Quando le persone intorno a lei strinsero i pugni e li alzarono in aria, Frida fece altrettanto.

I manifestanti scandivano i loro slogan a tempo, marciando sempre più veloci, a grandi passi verso il progresso, o così le sembrava. Partecipò alla marcia, e quando tutti intonarono *L'Internazionale*, si unì al coro e cantò con piena convinzione.

Il giorno dopo si recò con Chong Lee alla sede del Partito Comunista e presentò domanda di ammissione. Quando uscì in strada con la tessera del partito in mano, si sentì euforica. Era così bello far parte di un movimento che lottava per ciò che era giusto. Una volta alla settimana prese a frequentare i corsi di formazione del partito, dove si leggeva insieme la letteratura socialista. Aggiunse Marx e Engels accanto a Jane Austen nella sua libreria.

Qualche settimana dopo essere diventata una "compagna", un uomo molto attraente tenne una lezione di formazione. Era Antonio Mella, che era fuggito da Cuba e ora stava combattendo per la rivoluzione in Messico. Accanto a lui era seduta una donna bellissima che al termine dell'evento si avvicinò a Frida.

«Mi chiamo Tina Modotti.»

«Ma tu sei la fotografa!» esclamò Frida sorpresa. Aveva visto le foto di Tina Modotti in una mostra che aveva visitato con suo padre. A Guillermo non erano piaciute perché le giudicava troppo artistiche e troppo politicizzate. Doveva molto al Messico perché lì aveva trovato una nuova casa dopo essere emigrato dalla Germania. E per lui la fotografia era sempre stata un mezzo per rappresentare la realtà, non per alterarla criticamente. Frida, invece, aveva apprezzato molto le foto al vivo ed era felicissima di conoscere personalmente Tina Modotti. Tina aveva un passato travagliato. Di origini italiane, aveva vissuto in California e aveva recitato in alcuni film muti a Hollywood. Da alcuni anni viveva in Messico e raccoglieva intorno a sé artisti e rivoluzionari, la bohème della capitale. Era straordinariamente bella, aveva un temperamento vivace e conduceva una vita entusiasmante che Frida le invidiava fortemente.

«Darò una festa domani sera» disse Tina. «Fai un salto.»

«Io?» chiese Frida.

«Tu» confermò Tina.

La sera dopo Frida entrò con un po' di agitazione nel cortile della casa di Tina Modotti. Quando il cancello a due battenti si fu chiuso alle sue spalle, il rumore e la frenesia della strada parvero d'un tratto tagliati fuori. Si udiva solo il gorgoglio di una fontana intorno alla quale crescevano piante dalle foglie larghe. Nell'aria risuonò un fischio stridulo. Frida si guardò intorno e scoprì un pappagallo variopinto seduto tra i rami che la osservava con la testa inclinata. Fischiò ancora una volta.

Dal primo cortile si poteva accedere ad altri patii a destra e a sinistra. Ma dove viveva Tina? Frida restò in ascolto: c'era della musica da qualche parte, ma non riusciva a capire da dove provenisse. Su un muro una petunia si arrampicava su una pergola di legno sino ad altezza d'uomo. Quei fiori di un rosso vivo, con gli strani pistilli lunghi che ondeggiavano lievemente al minimo tocco, erano i preferiti di Frida. Raccolse timidamente due di quei fiori a forma di campana e stava per metterseli tra i capelli quando udì la voce di Tina dalla balconata che circondava il cortile.

«Frida, eccoti qui. Vieni su e unisciti a noi!»

Frida le fece un cenno di saluto con la mano e si guardò intorno.

«Le scale sono lì davanti, alla tua sinistra.»

Tina la attendeva all'ingresso, vicino alle scale.

Frida salì i gradini. Al primo piano il pavimento era piastrellato; su tutti e quattro i lati, porte a due battenti davano accesso agli appartamenti. All'ingresso c'erano mobili da salotto e di nuovo piante in grandi vasi.

«Questi fiori sono per me?» chiese Tina.

Frida guardò le petunie che teneva in mano. «No, a dire la verità li ho appena raccolti nel tuo patio. Volevo mettermeli nei capelli.»

«Dentro c'è uno specchio» disse Tina divertita, gettando indietro la testa.

Entrarono in un'anticamera. Era immersa nella penombra, qualche candela emanava una luce fioca. Frida si piazzò davanti allo specchio e tolse alcuni fermagli dai capelli per infilarvi le petunie.

«Arrivo subito» disse a Tina.

Con pochi movimenti fissò i fiori l'uno accanto all'altro per formare una sorta di cerchietto. Una volta finito, si concesse un sorriso soddisfatto: chi ammirava i suoi ornamenti per i capelli non aveva occhi per la sua gamba atrofizzata.

Era ancora lì con le braccia alzate sopra la testa quando notò nello specchio un uomo in piedi dietro di lei, un gigante che la fissava con i suoi occhi scuri. Quegli occhi brillanti dietro gli occhiali senza montatura la catturarono all'istante. Erano distanziati, irrequieti, sembravano sul punto di esplodere dalle palpebre leggermente gonfie. Uno sguardo di un'intensità incredibile. *Quest'uomo vede al di là delle cose*, pensò Frida all'improvviso. *Vede il mondo con occhi diversi, e vorrei sapere cosa vede in me in questo momento.* Avrebbe voluto annegare in quello sguardo, ma voleva anche osservare il resto della sua figura. L'uomo portava un cappello rotondo a tesa larga e un completo di tweed chiaro e scarpe enormi. Lo guardò di nuovo negli occhi. La fissava ancora, anche se aveva capito che lei lo aveva notato. Frida alzò il mento e si girò leggermente di lato, come per controllare che i fiori fossero al loro posto. Le petunie incorniciavano l'attaccatura dei capelli e facevano risplendere la sua chioma nera. Continuava a osservare l'uomo. Il suo sguardo si soffermò su di lui per un istante di troppo.

«Non credo neanche per un secondo che tu sia un fiore delicato» disse. «Anche se ne hai l'aspetto.»

Frida lo scrutò con aria interrogativa.

«Puoi sembrare un fiore, un fiore delicato e fragile, ma non sei fragile. Tu sei forte, proprio come queste petunie, che si piegano al vento sfidando persino la tempesta.»

Sicché io sono così? pensò Frida. Forte e flessuosa? Il pensiero la rendeva felice. D'altronde aveva capito subito che quell'uomo sapeva com'erano fatte le persone e riusciva a vedere oltre le cose.

«Sei bellissima. Mi ricordi le donne di Tehuantepec, che trasportano le loro merci sulla testa al mercato.»

Frida si voltò verso di lui e trattenne il respiro. Davanti a lei c'era nientemeno che Diego Rivera, il pittore più famoso del Messico. Era vissuto in Europa per molti anni durante la dittatura. Dopo la caduta di Porfirio Díaz, il nuovo presidente Obregón e il suo ministro dell'Istruzione Vasconcelos lo avevano riportato in patria qualche anno prima e lo avevano incaricato di raccontare la storia dei messicani in dipinti che riempivano intere pareti degli edifici pubblici. I suoi murales parlavano un linguaggio semplice comprensibile a tutti, anche agli analfabeti. Frida continuava a fissarlo, proprio come lui fissava lei. Lei stessa aveva appena notato gli occhi leggermente sporgenti. Ma quegli occhi le lanciavano sguardi sotto i quali si sentiva avvampare. *Come potevano esserci persone che lo consideravano brutto e grasso?* si domandò. Non lo vedevano nel modo giusto, non vedevano cosa si nascondeva dietro la sua fisionomia. A prima vista poteva apparire poco attraente, ma il suo carisma lo rendeva incredibilmente affascinante agli occhi di Frida. Correva voce che potesse essere inaspettatamente tenero. Le donne che lui aveva amato erano una legione. Frida fissò il suo completo di stoffa spessa che lo faceva sembrare un colosso.

«Ti conosco?» chiese Diego, e nella sua voce c'era una punta di curiosità.

Frida guardò affascinata le sue labbra piene e sensuali con la curva del labbro superiore ben definita. Senza volerlo, si immaginò di essere baciata da quelle belle labbra. Sentiva il suo sguardo intenso che la accarezzava. Ma oltre alla curiosità, in quello sguardo si era insinuato qualcos'altro: qualcosa di indagatore, forse persino pericoloso, qualcosa che le diceva che quell'uomo poteva divorare le donne.

Frida si accorse che Diego aveva il potere di renderla più nervosa. D'un tratto si sentiva troppo giovane e inesperta. Ma non voleva che lui pensasse a lei in quel modo, così rispose con disinvoltura: «Ero alla Prepa quando stavi dipingendo le pareti. Allora avevi una pistola».

Diego sollevò un lembo della sua enorme giacca e le mostrò la cartucciera e il revolver. «Non si sa mai» disse. Continuava a studiarla, e sotto quello sguardo penetrante Frida si sentiva avvolgere da una vampa di calore sempre più intensa.

Entrambi erano in piedi davanti allo specchio e vi guardavano dentro.

«Sei ancora molto giovane» disse lui.

Frida osservò la sua immagine riflessa accanto a quella di lui. Lo sapeva anche lei, naturalmente. Con ogni probabilità quell'uomo aveva il doppio dei suoi anni. Ma nel suo sguardo lei lesse qualcosa in più: Diego non intendeva riferirsi solo alla sua età anagrafica, ma piuttosto alla consapevolezza che lei aveva ancora un futuro intatto davanti a sé. Una vita di promesse che la attendeva. Quegli occhi le dicevano che il momento della sua massima disperazione in ospedale era finito. L'incidente non le aveva portato via tutte le sue meraviglie.

Quell'intuizione le tolse il respiro. Si innamorò di lui in quello stesso istante. Dovette voltarsi per elaborare quella presa di consapevolezza mozzafiato senza darlo a vedere. Poi lo guardò di nuovo.

«Quanti anni hai?»

Frida si sentiva ancora avvolta da questa magia, ma vista dall'esterno sembrava aver ripreso il controllo di se stessa. Senza esitazione, rispose che ne aveva diciotto, anche se non era vero. Ne aveva già ventuno in realtà. I suoi genitori avevano mentito sulla data di nascita perché dopo la sua lunga malattia Frida era ormai troppo grande per essere ammessa alla scuola primaria. In seguito Frida aveva conservato quella data ritoccata perché le piaceva di più: il 1910 era pur sempre l'anno in cui era iniziata la rivoluzione messicana.

Pensò se fosse il caso di raccontargli del suo incidente, della sofferenza che l'aveva resa una donna che sapeva cosa contava nella vita e che non aveva più voglia di lasciarsi piegare. Lasciò perdere. Che Rivera la considerasse pure misteriosa.

Diego fece un passo verso di lei sino a quando non le fu molto vicino. Frida si accorse che gli arrivava appena alla spalla. Lui allungò il braccio e toccò il fiore di petunia tra i suoi capelli con una tenerezza inaspettata.

«Sei davvero bellissima» disse dolcemente. «E con un solo sguardo dei tuoi occhi scuri e lucenti, puoi scardinare il mondo.»

«Frida, dove sei? Voglio presentarti alcune persone.» Tina uscì dal salotto e si arrestò bruscamente quando li vide. «Oh, devo avervi interrotto» disse.

Frida fece un passo indietro. «No, niente affatto» disse, senza mai perdere di vista Diego.

«Faresti meglio a venire» le suggerì Tina. E rivolgendosi a Diego, aggiunse: «Lupe ti sta cercando». Indicò una donna che la fissava impaziente con occhi quasi neri.

Tina prese Frida sottobraccio e la trascinò con sé. «Lupe Marín è sua moglie. Fai attenzione a quella donna. La sua furia è leggendaria. E anche la sua gelosia. Sai che una volta ha distrutto le statue precolombiane di Diego e poi gli ha cucinato una zuppa con i frammenti sbriciolati?» Tina rise apertamente a quel ricordo. «Non stanno nemmeno più insieme. Lui l'ha lasciata quando è tornato dall'Unione Sovietica.»

«Diego è stato in Russia?» Frida seguì Tina controvoglia e si guardò di nuovo intorno per cercarlo.

A Tina non sfuggì la sua mossa. «Era un delegato alle celebrazioni del decimo anniversario della Rivoluzione d'Ottobre.» Lo disse con un pizzico di ammirazione nella voce, poi si fece seria. «Ma è meglio che lo lasci perdere.»

«Perché? Lo trovo molto attraente. Non si sa cosa pensare di lui. Porta una pistola e sembra un mostro violento, ma ha le labbra più sensuali che io abbia mai visto e poco fa mi ha sfiorata con una tale tenerezza, come se le sue mani fossero farfalle.»

«Hai dimenticato di dire che è un genio che nei suoi murales restituisce al popolo messicano la sua storia e la sua dignità» osservò Tina. «Ma comunque, nonostante tutto, è un… come l'hai definito…? Un mostro, anche se gentile. Può essere innocente come un bambino, è malinconico, ma la settimana scorsa ha sparato al mio grammofono in un impeto di rabbia. È un seduttore dotato…» Tina si interruppe cogliendo la domanda negli occhi di Frida. «Sì, sono stata la sua amante. Come, suppongo, quasi tutte le donne che sono qui stasera. Posso solo dirti che ne vale la pena. Ma non devi dargli il tuo cuore perché è come un bambino che vuole tutto, e anche subito, e che si annoia in fretta e vuole un nuovo giocattolo. Ama sedurre le donne, è un dongiovanni, avido di piaceri, l'uomo più egoista che io abbia mai conosciuto. La sua crudeltà è quasi involontaria. Non lo fa con intenzione, semplicemente non si accorge di rendere le donne infelici.» Tina guardò Frida e le posò una mano sul braccio. «Se vuoi un consiglio, non mettere gli occhi su di lui. Stanne lontano. Sei troppo inesperta per un uomo come Diego. E poi è decisamente troppo vecchio per te. Ti spezzerà il cuore. E un'altra cosa: non credere alle storie che ti racconta. Sono tutte inventate, da cima a fondo. E adesso andiamo!»

Tina si guardò allo specchio e si passò la mano tra i capelli per darsi una sistemata. Frida la osservò. Tina Modotti era davvero la donna più bella che avesse mai visto. Aveva il viso levigato come quello di una Madonna e si muoveva con perfetta eleganza. A prima vista Frida le assomigliava, perché entrambe avevano i capelli scuri e una figura esile, ma a ben guardare Tina era una bambola di porcellana e Frida un'india. Inoltre Tina era un'artista affermata e Frida ammirava le sue foto che illustravano la vita di strada in Messico.

Mi piacerebbe essere così, pensò. *Avere successo nella vita professionale e nell'amore*. Si lisciò la gonna, poi seguì Tina.

In un primo momento il cicaleccio che regnava in quella stanza piena di gente la fece sussultare. C'era una trentina di persone, metà uomini e metà donne. Le finestre erano schermate da tende rosso scuro lunghe sino al pavimento e alle pareti erano appesi quadri e fotografie incorniciate. La sala era immersa nella penombra, solo le candele dei lampadari a bracci multipli davano luce. Ovunque la gente, in piedi o seduta, chiacchierava, rideva e addirittura bisticciava. Alcune donne si erano messe in ghingheri con abiti chic pieni di pizzi e strass secondo l'ultima moda americana, mentre le altre indossavano l'uniforme del partito, una gonna scura con camicetta e cravatta, i capelli rigorosamente raccolti in una crocchia dietro la testa, come unico ornamento una spilla con la stella rossa. Gli uomini indossavano completi di stoffa grossolana, molti di loro portavano un berretto o un cappello in testa. Frida spiccava nella folla per il suo aspetto. Era l'unica a indossare l'abito tradizionale delle donne messicane di Tehuantepec, una lunga gonna colorata con uno spesso bordo di pizzo e una camicetta ricamata. In più portava i fiori tra i capelli e una vistosa collana di pietre e argento antico. Sentiva gli sguardi curiosi dei presenti che non conosceva tranne la padrona di casa, Antonio Mella e Diego Rivera. Tina le prese la mano invitandola a seguirla.

«Non c'è più bisogno di studiarla. Vi dirò io chi è. Questa è Frida Kahlo» disse, mettendole un braccio intorno alle spalle. «Ricordatevi questo nome. Sentirete parlare di lei.»

Per un istante le conversazioni si interruppero e tutti la guardarono incuriositi, scrutandola dalla testa ai piedi. Frida provò una punta di irritazione. Non era abituata a tutte quelle attenzioni. Poi si stampò in faccia un sorriso beffardo e girò su se stessa facendo svolazzare la gonna. Fece correre lo sguardo in giro per la stanza e in un angolo scoprì finalmente Diego, che le dava le spalle e stava parlando con qualcuno.

Frida sentiva il disperato bisogno che lui la guardasse come aveva fatto poco prima. Che lasciasse vagare i suoi occhi su di lei assorbendo ogni millimetro del suo corpo…

Così, su due piedi, mise il braccio intorno alle spalle di Tina, si voltò verso di lei e le diede un bacio sfrenato sulla guancia. Dagli astanti si levò un coro di gridolini divertiti.

Ora aveva l'attenzione di tutti. Soddisfatta, vide con la coda dell'occhio che anche Diego Rivera si era girato nella sua direzione: dopo un momento di esitazione la riconobbe e scoppiò a ridere. Frida sfoderò un sorriso radioso rivolto soltanto a lui.

«Sai solo baciare o sai anche bere?» gridò un uomo.

Frida restò senza parole. Qualcuno le porse un bicchiere di grappa, e quando lei vide Diego alzare le sopracciglia con aria perplessa, lo prese e ne ingollò il contenuto. L'alcol scorreva caldo nel suo corpo. Neanche per un momento aveva staccato gli occhi da Diego.

Una donna con un importante naso adunco le si avvicinò e si sedette accanto a lei.

«Sono Anita Brenner.»

«Frida Kahlo.»

«La donna dell'incidente.»

Frida si accigliò. Non voleva parlarne.

«Ho sentito dire che dipingi.»

«Chi te l'ha detto?»

«Tina. Pensa che tu abbia talento. Sai che sto scrivendo un libro sui muralisti e sulla nuova arte messicana?» chiese.

«Stai scrivendo un libro?» Frida guardò la sua interlocutrice con interesse. Un'altra donna che si guadagnava da vivere svolgendo una professione artistica. D'un tratto si sentì triste:

Anita Brenner aveva più o meno la sua età, ma non aveva perso due anni a causa di un incidente.

«Sei andata all'università?»

Anita annuì. «In America. Con Franz Boas. I miei genitori sono emigrati negli Stati Uniti dopo la rivoluzione, ma ho sempre avuto intenzione di tornare. Il Messico è il mio Paese. Ma parlami di te, cosa dipingi?»

«Dipingo quello che vedo. Purtroppo sinora non ho visto poi così tanto.»

«Dove si possono ammirare i tuoi quadri? Li hai già mostrati a Diego?»

Diego? Perché no? Perché non avrebbe dovuto mostrare i suoi quadri a qualcuno che se ne intendeva?

«Forse è arrivato il momento di scoprire se hai talento» aggiunse Anita.

Frida era elettrizzata alla prospettiva che qualcuno potesse acquistare i suoi quadri.

«Ho avuto molto tempo per lavorare negli ultimi mesi. E mi intendo di storia dell'arte» disse nicchiando.

All'improvviso avvertì un cambiamento nell'atmosfera. Non aveva mai provato niente del genere prima d'ora; un'onda la colpì come se un'enorme nave dividesse il mare e la spingesse via. Che cos'era? Quando alzò lo sguardo, vide le persone in piedi davanti a lei farsi da parte e lasciarlo passare. Diego.

Si piazzò davanti a lei, anzi, sopra di lei. Per non sentirsi ancora più piccola, Frida si alzò. Ma gli arrivava solo sino al petto.

«Bevi come un uomo.»

«No, non come un uomo. Come una persona cui non è stato permesso di vivere per troppo tempo e che ha molto da recuperare.»

Il suo bicchiere era vuoto e lei prese la bottiglia che stava sul tavolo, se la portò alle labbra e bevve un grosso sorso. Diego non la perse di vista mentre lei continuava a bere sino a quando la bottiglia fu quasi svuotata. Quando la posò, barcollò all'indietro. Lui la afferrò per sostenerla, ma lei alzò le mani come per respingerlo. Riprese l'equilibrio e guardò Diego in modo diretto. Gli astanti applaudirono entusiasti.

«Be', Diego, hai trovato una tua degna compare!» esclamò Tina. Poi trascinò Frida al centro della stanza. «Fate largo» gridò. «E voglio la musica! Concha!» Mise un braccio attorno alla vita di Frida e attese.

Frida, sorpresa, girò la testa. Tina intendeva Concha Michel? In quel momento risuonò la sua voce e lei riconobbe il timbro profondo e al tempo stesso soave della famosa cantante. In Messico tutti conoscevano Concha Michel. Aveva cantato alla festa di compleanno di Nelson Rockefeller al Museum of Modern Art di New York. Aveva viaggiato in Europa e in Russia dietro cachet, per poi tornare in Messico come comunista convinta. Frida amava i suoi brani inneggianti alla rivoluzione tanto quanto le sue canzoni d'amore.

La chitarra iniziò a suonare e Concha intonò dolcemente un brano straziante che raccontava il suo amore perduto. *Ya me canso de llorar y no amanece. Ya no sé si maldecirte o por ti rezar. Tengo miedo de buscarte y de encontrarte. Donde me aseguran mis amigos que te vas.*

Tina e Frida ondeggiavano lentamente seguendo la musica. Poi arrivò la seconda strofa in cui la voce sussurrante di Concha si trasformò in un urlo rabbioso, come se la cantante stesse maledicendo il suo amante infedele. Le sue mani volteggiavano nell'aria con movimenti energici. *Quiero ser libre vivir mi vida con quien yo quiera. Dios dame fuerza que me estoy muriendo por irla a buscar. Voglio essere libera e passare la mia vita con chi voglio,* cantava.

Frida e Tina adattarono la loro danza alla nuova atmosfera, muovendosi più velocemente e più ritmicamente, trascinate dagli applausi del pubblico e dalla musica incalzante. Frida si rese conto che Diego non le toglieva gli occhi di dosso.

Quando Concha smise di cantare, si udì una risata selvaggia. Frida, senza fiato, stava aggrappata a Tina.

«Hai ragione, Concha!» gridò Tina alla cantante. «Non esiste un uomo per cui vale la pena di piangere!» Con queste parole abbracciò Frida e la baciò sulla bocca davanti a tutti.

«Brava!» gridò Diego. Accanto a lui c'era sua moglie Lupe, che non aveva mancato di notare come Diego fissava Frida e che sembrava volerle cavare gli occhi.

Ancora senza fiato, Frida si lasciò cadere su una sedia. Qualcuno le passò un bicchiere d'acqua che lei scolò immediatamente. D'un tratto tutti volevano parlare con lei, sedersi accanto a lei, conoscerla.

Frida si divertì moltissimo. Flirtava, beveva e ballava. Prima di allora non si era mai trovata in una compagnia di persone così disinvolte e interessanti. Molti erano artisti, e Frida si sentiva a proprio agio tra loro. Voleva appartenere al loro mondo e si fece raccontare come vivevano e su cosa stavano lavorando. Intanto continuava a lanciare sguardi a Diego Rivera.

A un certo punto guardò l'ora e si spaventò. Era molto più tardi di quanto pensasse e sua madre si sarebbe preoccupata.

«Hai fatto un'ottima impressione» le sussurrò Tina all'orecchio nel congedarla.

Durante il tragitto verso casa Frida avrebbe voluto saltare, tanto era felice ed euforica. Solo il mal di schiena le impedì di farlo. In mezzo a quelle persone, aveva avuto la sensazione di appartenere a loro e di trovarsi lì dove stava nascendo qualcosa di nuovo, nel cuore pulsante della città. Si sentiva attratta da quella gente. Voleva divertirsi e allo stesso tempo fare la differenza. Quanto le era mancato tutto questo negli ultimi mesi! Non sapeva più cosa significava essere allegri, cantare, ballare e anche bere, parlare con tipi interessanti. Ne voleva assolutamente di più.

Era stata di nuovo invitata da Tina Modotti la settimana successiva e si era accordata per una passeggiata al parco Alameda con Anita Brenner. Così avrebbe di nuovo parlato con lei dell'eventualità di mostrare davvero al maestro i suoi quadri. Al pensiero di rivederlo, si sentiva attraversare da una lingua di fuoco.

Non riusciva a togliersi dalla testa gli ammiccamenti di Diego Rivera. La vibrante intesa dei loro sguardi davanti allo specchio! Era più che altro un'intuizione e non sapeva esattamente come esprimerla a parole. Ma nel profondo aveva la forte sensazione che Diego le avesse restituito la promessa di una vita piena.

«Cosa mi ha regalato la vita oggi?» sussurrò. E si diede subito la risposta: «Oggi ho ricevuto in dono qualcosa di molto speciale. Un futuro pieno di promesse».

Perché qualcuno mi ha toccato il cuore.

5

Frida canticchiava tra sé mentre cercava di ottenere la giusta tonalità di arancione sulla tavolozza. La donna india che aveva raffigurato su un autobus al centro del suo quadro doveva avere uno scialle di quel colore acceso. Aggiunse ancora un po' di giallo finché non si ritenne soddisfatta. Con il suo pennello più sottile applicò il colore e cercò di dare slancio al drappeggio del grande scialle che la donna aveva avvolto intorno al corpo e nel quale portava il suo bambino. Alla fine fece un passo indietro per osservare meglio l'effetto del colore. Una violenta fitta di dolore le attraversò il corpo: era rimasta in piedi davanti al cavalletto troppo a lungo e le faceva male la schiena. «So che sarai sempre parte della mia vita. Mi sono rassegnata a questo. Ma non ti permetterò di diventare il mio nemico mortale e di governare le mie giornate. E ora continuo a dipingere, e tu mi lascerai in pace, accidenti!» Stirò le braccia per raddrizzare la colonna vertebrale, poi tornò a occuparsi del soggetto che stava dipingendo. Non aveva tempo da perdere.

Negli ultimi giorni, dopo la serata a casa di Tina Modotti, era insolitamente equilibrata e allegra. E il giorno prima, senza annunciarsi, Anita Brenner era passata da lei per vedere i suoi quadri. Le erano piaciuti e le aveva ripetuto ancora una volta che avrebbe dovuto chiedere il parere di un professionista. Frida pensò a Diego. Se si concentrava, sentiva di nuovo il suo sguardo su di sé, simile a quello di un predatore sulla sua vittima, ma in cui aveva letto anche affetto e tenerezza. Il solo ricordo mise le ali alla sua fantasia e la spinse a lavorare quasi senza sosta. La mattina continuava ad aiutare suo padre nella camera oscura. Per il resto della giornata dipingeva ininterrottamente dimenticandosi del dolore alla schiena.

Cristina irruppe nella sua stanza, come al solito senza bussare. Si era presa questa libertà da quando Frida si era ammalata e le due sorelle avevano già litigato diverse volte su questo punto.

«Perché te ne stai lì con quell'aria trasognata, Frida? La mamma ha bisogno di una mano in cucina.»

«Vai tu, allora. Sono occupata.» Frida rivolse un'occhiata impenetrabile alla sorella finché questa non alzò le spalle e lasciò la stanza.

Quando fu di nuovo sola, tornò a immergersi nel quadro ispirato dai suoi tragitti in autobus in città.

All'estrema sinistra una casalinga borghese sedeva accanto a un operaio con scarpe robuste e una tuta da lavoro blu. Al centro sedeva la donna india con lo sgargiante *rebozo*. Era scalza e allattava il suo bambino. Ai suoi piedi c'era una gabbia con i polli. Un ragazzino era inginocchiato sul sedile accanto a lei e guardava incuriosito fuori del finestrino. Accanto al ragazzino era seduto un uomo con un cappello e un completo elegante. All'estremità opposta aveva dipinto se stessa come una giovane donna con un bel vestito. Sullo sfondo si vedevano le ciminiere fumanti di un impianto industriale che probabilmente dovevano rappresentare la fabbrica in fiamme, e accanto a essa un piccolo caffè chiamato *La Risa*, la risata. Per l'ennesima volta Frida si interruppe per osservare meglio il suo lavoro. E se avesse dato ai passeggeri le fattezze di persone conosciute? Lupe Marín sarebbe stata una perfetta massaia che andava al mercato a comprare gli ingredienti per il piatto preferito del marito. E Diego sarebbe stato il rude operaio in tuta… L'uomo ordinato poteva essere uno dei tanti americani che arrivavano in Messico a frotte, forse un collezionista d'arte.

Frida sorrise tra sé al pensiero e avvicinò una sedia. Abbassando leggermente il cavalletto avrebbe potuto continuare a dipingere da seduta e alleggerire così la schiena.

Si fermò ancora una volta. Sì, quel dipinto sarebbe venuto bene. L'avrebbe messo insieme agli altri che riteneva ben riusciti. Aveva appoggiato contro le pareti della sua stanza tutti i quadri che aveva dipinto sino a quel momento e messo da parte quelli che giudicava un fallimento. Ma alcuni le parevano riusciti davvero bene. I ritratti di Cristina e Alicia erano tra quelli buoni. Spesso erano i dettagli a dare risalto ai quadri: uno sguardo particolare, una collana precolombiana potevano dare al soggetto ritratto, per lo più se stessa, un'aura, una connessione con la storia del Paese. Con i suoi quadri migliori aveva in mente di fare qualcosa…

Tre giorni dopo, Frida si mise due quadri sotto il braccio e si recò allo Zócalo. Mentre percorreva calle Argentina, il suo cuore cominciò a battere forte per l'agitazione. Presto sarebbe arrivata al Ministero dell'Istruzione, dove Diego stava dipingendo un enorme murale sulla rivoluzione nei due grandi cortili interni. Varcò il cancello che separava il primo cortile dalla strada e si fermò di colpo. Tutt'intorno sulle pareti, sotto i portici del piano terra e dei due piani superiori, si estendevano gli enormi murales. Le colonne e gli archi dimezzati del soffitto fungevano da cornici naturali. Frida non sapeva da dove cominciare. Ovunque il suo sguardo era attratto dai colori vivaci, dalla rappresentazione di uomini e donne impegnati nei loro compiti quotidiani. Il linguaggio pittorico era semplice, le persone raffigurate appariscenti, quasi senza prospettiva in una composizione rigorosa. Tuttavia la tecnica pittorica e la colorazione le ricordavano gli antichi maestri italiani che conosceva dai suoi libri d'arte. Frida vide il simbolo della falce e martello, un'insegnante in piedi davanti a una classe di bambini indios, donne tehuana che portavano ceste di frutta sulla testa, contadini inginocchiati nei campi, operai dell'industria… tutto il Messico era lì davanti ai suoi occhi.

Guardandosi intorno percepì odore di incenso. Era prodotto dal copale, una specie di cera vegetale che veniva mescolata con i pigmenti e poi legata con il succo di cactus. Notò due uomini che stavano preparando l'indaco in questo modo spalmando gli ingredienti in ciotole di ceramica piatte. Uno dei due la notò ed emise un fischio tra i denti. Questo attirò immediatamente l'attenzione degli altri.

Frida era ancora sopraffatta dalle dimensioni e dalla presenza dominante dei murales. Cosa ci faceva lì con i suoi quadretti poco più grandi di un libro aperto? Le venne l'impulso di nasconderli dietro la schiena. Poi pensò: *Va bene, o lasci perdere e te ne pentirai per sempre, o vai sino in fondo.* Premendosi i quadri contro il petto, cercò Diego con gli occhi. Non fu difficile trovarlo perché era di gran lunga l'uomo più alto sui ponteggi. Tutt'intorno a lui si affaccendavano apprendisti e assistenti.

«A che punto siete con la vernice?» stava gridando. «Qui avete applicato uno strato di calce troppo sottile!» Si voltò a guardare i due aiutanti con un movimento così rapido che Frida temette di vederlo cadere dal ponteggio stretto o che lo facesse crollare. Ma nonostante la sua stazza e le assi traballanti sotto il suo peso, Diego si muoveva con sicurezza, quasi con grazia. *Come fa?* si chiese Frida. Cos'altro aveva detto Tina? Nel rapporto con le donne doveva essere altrettanto delicato…

La sua voce la riscosse dai suoi pensieri. «Ma guarda, ecco qui la piccola Frida!» gridò così forte che tutti sentirono.

Frida si sentì delusa. Chi si credeva di essere per chiamarla *piccola*? L'ultima volta che si erano incontrati aveva un tono molto diverso. Che fine aveva fatto la sua ammirazione per lei? Era incerta, ma ormai era lì e decise di non darsi per vinta.

«Ho portato qualcosa che dovresti vedere. Puoi scendere?» Sperava che la sua voce suonasse il più risoluta possibile.

«Cosa dovrei vedere?» chiese lui.

«Voglio mostrarti i miei lavori. Io dipingo.»

«Dipingi?»

«Sì, e Anita Brenner ha detto che dovresti dare un'occhiata ai miei quadri. Allora, scendi?»

Diego si appoggiò al ponteggio e la guardò aggrottando la fronte. «D'accordo. Ti va bene che quegli scansafatiche non hanno ancora mescolato i colori. Ma non posso dedicarti più di cinque minuti. Se lo facessero tutti...» Fece un cenno a un uomo. «Arturo, va' avanti tu. Controlla l'applicazione della calce, così non va bene. Torno subito.»

Frida trattenne il respiro mentre Diego le si avvicinava. D'un tratto ebbe paura della sua stessa audacia. E se avesse trovato i suoi dipinti scadenti e insignificanti? Lei che cosa avrebbe fatto? E poi, Tina non aveva forse detto che era un Minotauro che attirava le donne nel suo labirinto per poi divorarle? Attese nervosamente mentre lui si avvicinava. Con suo grande stupore notò una trasformazione in atto dentro di lui. La sua voce si era fatta dolce, quasi tenera, quando si fermò davanti a lei e le chiese: «Dimmi, cosa vuoi?»

La sua benevolenza dissipò l'incertezza di Frida. «Vorrei chiedere la tua opinione sui miei dipinti. Non voglio ricevere complimenti da parte tua, ma le critiche di una persona seria» disse.

«Io sono una persona seria.»

«Quello che sto cercando di dire è che non sono né una dilettante né un'appassionata d'arte. Sono semplicemente una ragazza che deve guadagnarsi da vivere. Se pensi che io non sia brava e che debba smettere, lo farò. Mi troverò un altro lavoro.»

«Piano, piano! Fammi vedere, prima» disse Diego e le mise una mano sul braccio. Frida trasalì leggermente.

Si irrigidì, poi gli mostrò per primo il ritratto che aveva fatto a Cristina.

Diego lo osservò a lungo. Ogni tanto le lanciava un'occhiata in cui Frida leggeva stupore e qualcosa di simile a un apprezzamento. Sfiorò delicatamente la guancia di Cristina e seguì il tratto del pennello con la punta delle dita in modo incredibilmente tenero. Poi si schiarì la gola. «Mhm. Non male. Mi piacciono i colori, e la prospettiva lievemente obliqua è insolita. Come se l'avessi vista di sfuggita. Chi è il soggetto del dipinto?»

«Mia sorella Cristina.»

«Verrò a trovarti per conoscerla. Così capirò come hai interpretato l'originale. Non male, però, brava.» Parlava di più a se stesso mentre passava al quadro successivo, la scena dell'autobus. «Hai altro da mostrarmi?» chiese.

Frida annuì. Stentava a credere alla sua fortuna.

«La prossima settimana? Domenica?»

Annuì di nuovo.

Diego scoppiò in un'allegra risata. «Sei diventata anche muta adesso? Già zoppichi!»

Frida gli lanciò un'occhiata torva e fulminante che ebbe l'effetto desiderato. Un'espressione di desiderio gli entrò negli occhi.

«Ci vediamo la prossima settimana. Vivo a Coyoacán, in avenida Londres 126» disse, poi raccolse le sue tele e se ne andò.

Solo quando disse a Cristina che il famoso Diego Rivera aveva elogiato i suoi quadri e che sarebbe andato a trovarla la settimana successiva, colse l'importanza dell'evento. Prese le mani della sorella e la fece volteggiare in preda all'euforia. «Diventerò una pittrice» gridò. «Dipingerò quadri e la mia vita sarà bella ed emozionante!»

«Diego vuole incontrare anche me?» chiese Cristina eccitata.

«Ma solo per vedere come ti ho dipinto. Fa' attenzione a lui, non è tipo da una sola donna.»

La domenica successiva, come d'accordo, Diego andò a farle visita. Si era annunciato per il tardo pomeriggio. Sua madre rimase inorridita quando lo scoprì.

«Cosa vuole quell'uomo orribile in casa nostra?» chiese. «Non voglio che mia figlia si faccia coinvolgere da qualcuno con una reputazione così negativa. È un comunista!»

Frida lanciò una rapida occhiata ammonitrice a Cristina, che era seduta di fronte a lei al tavolo della colazione. Le aveva detto che anche lei era diventata membro del Partito Comunista e che andava alle riunioni e alle manifestazioni. Ma se avesse fatto la spia con mamma Matilde, guai a lei, avrebbe detto che qualche giorno prima l'aveva vista pomiciare con un certo Pablo. Per fortuna sua sorella si limitò a sogghignare alle spalle della donna.

«Gli voglio solo mostrare i miei quadri» disse Frida cercando di calmarla. «Lui mi dirà se devo continuare a dipingere o no. Mamma, pensa che opportunità sarebbe per me. Se non potessi proseguire gli studi. E se la mia schiena mi dovesse piantare di nuovo in asso...»

Uno sguardo severo di sua madre la mise a tacere. Questo non era un argomento da discutere alla sua tavola.

Frida tremava di eccitazione mentre aspettava Diego. Ancora una volta si guardò intorno nella sua stanza. Sul letto c'era una coperta lavorata all'uncinetto, sotto il baldacchino era ancora appeso lo specchio che lei aveva usato per dipingere. In cima al baldacchino aveva sistemato uno scheletro di cartone a grandezza naturale su cui aveva dipinto di rosso scuro le labbra e le unghie. Doveva ricordarle l'incontro con la morte in ospedale. I suoi quadri erano appoggiati alle pareti, come se stessero aspettando il grande artista.

Si era già cambiata d'abito due volte. Ora indossava una lunga gonna di seta gialla con l'orlo di pizzo sotto la quale poteva nascondere la sua gamba troppo esile, abbinata a una tunica bianca senza maniche, squadrata, con un ricamo rosso lungo la scollatura e sulle spalle. Aveva trovato questo indumento tradizionale chiamato *huipil* nell'armadio di sua madre e l'aveva preso in prestito. Si guardò allo specchio. La luce del sole che filtrava dalla porta aperta faceva brillare i suoi capelli. Lanciò un'occhiata fuori per vedere se Diego era già arrivato. Le stanze della casa dei suoi genitori erano tutte affacciate sul patio. Un limite di quel metodo di costruzione consisteva nel fatto che non si era mai veramente indisturbati: dal patio infatti si poteva vedere praticamente in tutte le stanze. Frida sapeva che sua madre si stava affaccendando in cucina per non perdere in alcun modo l'arrivo di Diego Rivera e per tenerlo d'occhio.

Impaziente, uscì nel cortile, pervaso del delizioso profumo di fiori d'arancio. Intorno al vecchio albero centrale crescevano diversi tipi di piante in grandi vasi quadrati.

Senza rifletterci troppo, Frida afferrò il ramo più basso dell'arancio e vi si arrampicò. Sapeva esattamente dove mettere i piedi. Da bambina si nascondeva nella fitta chioma frondosa e da lì osservava per ore ciò che accadeva in casa e per strada. Nessuno era a conoscenza di quel rifugio che apparteneva solo a lei. Spesso era capitato che la sua famiglia si mettesse in allarme perché non riusciva a trovarla. «Frida, a volte mi sembri un fantasma» aveva gridato più di una volta sua madre quando lei le si parava davanti all'improvviso dopo ore di ricerche.

Non appena vide Diego varcare la porta del cortile provenendo da calle Londres e guardarsi intorno, Frida cominciò a fischiettare *L'Internazionale*. Interdetto, Diego la cercò seguendo la voce e la scorse sopra la sua testa.

Scoppiò a ridere. «Vuoi scendere? O devo venire io da te?»

Al pensiero che quell'uomo pesante si arrampicasse su un albero, Frida scoppiò a sua volta in una risata liberatoria. Scese agilmente dall'albero. Il ghiaccio tra loro era rotto.

«Dove trovi i tuoi soggetti?» chiese Diego mentre, con le mani sulle guance, osservava i suoi quadri.

«Dipingo ciò che mi circonda. Io... non sono uscita spesso di casa negli ultimi tempi.»

«So del tuo incidente» la interruppe Diego. «Ecco perché a volte cammini in modo così strano.»

Frida non reagì a quel commento. «Non avevo altri soggetti. Solo io e la mia famiglia. Non posso dipingere la rivoluzione come fai tu. La mia rivoluzione è dentro di me. Anch'io sono una rivoluzione.»

«Una rivoluzione?»

Frida annuì. «Sì, nei miei quadri cerco me stessa. Cerco quello che è rimasto di me dopo quel dannato incidente. Su quell'autobus sono andata in pezzi e nei miei quadri cerco di rimettermi in sesto. Cerco qualcosa che mi colleghi alla vita.»

Lo guardò piena di speranza mentre pronunciava quelle parole.

Diego rimase in silenzio e la guardò a lungo negli occhi. Nei suoi, Frida lesse che lui aveva capito di cosa parlava.

«Continua a dipingere» le disse. «Dipingi la tua rivoluzione. Non avere paura di nulla quando ti dedichi ai tuoi quadri. Lascia uscire tutto. Non permettere che niente e nessuno ti fermi.» Con pochi passi rapidi si avvicinò alla porta. «Tornerò la prossima settimana.»

Da quel momento in poi si videro regolarmente. Non solo a Coyoacán, ma anche da Tina Modotti o nelle birrerie e nei caffè della città, dove ascoltavano la musica dei *mariachi*, bevevano e ridevano. Diego la esortò a aderire al sindacato degli artisti di cui era co-fondatore. Lui stesso, però, non prendeva troppo sul serio gli statuti, a volte saltava una riunione di partito e si mostrava persino disposto a lavorare per il nemico di classe per un compenso adeguato. La cosa non la disturbava. Ammirava la sua indipendenza. Da subito si ritrovò coinvolta in parecchie attività politiche, ma ciò non le dispiaceva. Amava la sensazione inebriante che provava quando, sottobraccio a molte persone che la pensavano come lei, camminava lungo le *avenidas* della città scandendo slogan che rivendicavano maggiore giustizia. Era subito entrata in contatto con altri attivisti e aveva avuto occasione di incontrare spesso Chong Lee. Frida era felice della sua nuova vita in cui aveva un compito preciso e si batteva per una buona causa. Ma ciò che le piaceva di più era stare insieme a Diego. Con lui poteva parlare di tutto. Gli raccontò più diffusamente del suo incidente, dei sensi di colpa che la tormentavano e dei dubbi che l'avevano assalita in ospedale. Gli parlò anche di sua madre, che pretendeva da lei che vivesse la vita di una normale donna messicana.

«E non credo nemmeno in Dio» dichiarò. «E neppure che un uomo valga più di una donna.»

«In cosa credi, allora, Friducha?»

Frida andò in visibilio quando si sentì chiamare per la prima volta con quel nomignolo affettuoso. «Credo nell'arte. E nell'amore.»

Diego le parlò dei suoi quadri e Frida si rese conto che quell'uomo era davvero un genio. Ammirava la sua generosità e la sua capacità di accettare la gente senza alcun tipo di pregiudizio, che si trattasse poveri contadini che non sapevano né leggere né scrivere o di persone ricche e famose. Lui conosceva e amava tutti. Frida era affascinata dalla sua trascinante passione per l'arte e dalla sua lotta per la giustizia e la libertà di tutti i messicani. Era impressionata dalla sua conoscenza della storia dell'arte e dei pionieri politici della rivoluzione. Gli camminava accanto e rideva a crepapelle delle storie rocambolesche che lui raccontava con una gestualità teatrale. Le piaceva quando lui recitava poesie a braccio o si metteva a cantare. Accanto a Diego non si annoiava mai, nemmeno per un secondo, le si apriva un mondo nuovo che lei assorbiva avidamente dentro di sé. Diego la lasciava partecipare alla sua vita e questo la rendeva orgogliosa. La incoraggiava a dipingere, le dava consigli e suggerimenti quando lei gli mostrava i suoi quadri. La rendeva felice.

«Mi ero già arresa, all'epoca, dopo l'incidente. Credevo che la mia vita fosse finita, o almeno che non mi avrebbe riservato miracoli. Nei mesi successivi ho addirittura accarezzato l'idea di suicidarmi.» Attese la reazione di Diego con il fiato sospeso. Non l'aveva mai detto a nessuno, persino con Alejandro non era andata oltre qualche allusione.

Diego, che le sedeva accanto, si voltò lentamente verso di lei. «Ma perché, Frida? Hai una vita che ti aspetta. Sta davanti a te piena di promesse e quelle promesse le realizzerai una per una.» Si interruppe e la guardò. Poi aggiunse dolcemente: «E mi piacerebbe stare al tuo fianco».

In Frida crebbe a poco a poco la certezza di poter tornare alla vita di prima dell'incidente. Con Diego accanto sembrava tutto possibile. Continuava a scoprire nuovi lati di quell'uomo che la affascinavano e aumentavano la sua ammirazione nei suoi confronti.

Si innamorò seriamente di lui. Per lei era l'uomo più bello e sensuale del mondo. L'attrazione fisica che esercitava su di lei era piuttosto marginale all'inizio, perché Frida provava un sentimento molto più profondo che non aveva mai provato per nessuno prima, nemmeno per Alejandro. Diego faceva parte della meraviglia che la vita aveva in serbo per lei. I giorni in cui non lo vedeva le sembravano tristi e vuoti.

Erano passate alcune settimane dal loro primo incontro quando Frida trascorse la giornata con Diego al Ministero dell'Istruzione. Si arrampicò sul ponteggio, si sedette accanto a lui e lo guardò dipingere. La sera, terminato il lavoro, Diego insistette come sempre per accompagnarla a casa. Ne avevano fatto un piccolo gioco che li univa.

«So trovare la strada di casa anche da sola» disse Frida come al solito.

E Diego, come sempre, replicò sbalordito: «Questo lo so! Ma voglio stare ancora un po' in tua compagnia».

Presero il tram sino a plaza Hidalgo a Coyoacán e passeggiarono lungo il tratto dalla chiesa alla casa dei genitori di Frida.

Lei non sapeva cosa le stesse succedendo, probabilmente era stata travolta da un'ondata di sentimenti per quell'uomo incredibilmente simpatico che le stava accanto. Fatto sta che all'improvviso gli prese la mano e la chiuse nella sua.

Diego si fermò di colpo e la guardò con stupore. Frida avrebbe voluto tirare indietro la mano velocemente, ma lui la trattenne.

Frida notò il lampione sopra la sua testa. Nel suo fascio di luce svolazzavano gli insetti e i primi pipistrelli che li inseguivano. Entrambi assistettero alla scena in silenzio.

«Friducha» disse poi Diego cercando i suoi occhi.

Frida si voltò verso di lui. «Diego» mormorò.

Lui la prese fra le braccia e la baciò. Dapprima Frida reagì con sgomento, ma poi le sembrò abbastanza logico che la loro profonda connessione spirituale diventasse anche fisica. Lo desiderava da così tanto tempo! Si abbandonò completamente alla sensazione paradisiaca di sprofondare nelle sue braccia e di appoggiarsi a quel grande corpo caldo. Si sentiva avvolta e protetta, e quando Diego la baciò ancora teneramente, sentì crescere il desiderio dentro di lei. Le due cose insieme le fecero mancare il respiro.

In quel momento il lampione si spense. Diego fu il primo ad accorgersene e si staccò da lei per alzare lo sguardo. Poi il lampione si riaccese. Diego scoppiò a ridere, e quando si chinò sul suo viso per baciarla un'altra volta, il lampione si spense di nuovo.

«Dobbiamo smetterla, altrimenti stasera i pipistrelli dovranno andare a letto senza cena» disse Frida.

Diego fece la sua risata piena e affabile. Poi la attirò a sé. «Sei magica, Friducha» sussurrò. «Ti amo.»

Frida si avvinghiò a lui. Fin dal loro primo incontro, era sempre stata sfiorata dal pensiero di come sarebbe stato se le loro bocche si fossero incontrate, e ora scopriva che era molto più bello di quanto avesse immaginato. Troppo bello per lasciarlo andare. Voleva di più, assolutamente e subito. «Vieni» disse. Sgattaiolarono nella sua stanza, e qualche ora dopo lui uscì di casa furtivamente.

Sono magica perché l'ha detto Diego, pensò Frida la mattina dopo mentre stava davanti allo specchio e cercava di sciogliere le sue trecce arruffate. Avvicinò il viso allo specchio e lo osservò attentamente come se avesse davanti a sé il soggetto di uno dei suoi quadri. La sua carnagione era pura e delicata. La pelle era più ambrata di quella delle donne europee o americane, ma circondata dalla massa dei suoi capelli scuri appariva più chiara.

Quali erano più espressivi, i grandi occhi scuri con le sopracciglia spesse o le labbra sensualmente curve e turgide? Forse era tutto l'insieme che la rendeva magica agli occhi di Diego. Pensando alla precedente notte tra le sue braccia, avvertì una contrazione al ventre. Naturalmente Diego non si riferiva solo al suo aspetto fisico. Le aveva detto che ciò che più ammirava di lei era il suo carattere forte, la sua stessa rivoluzione, come la definiva lui. Il fatto che non avesse il minimo timore di attirare l'attenzione o di comportarsi in modo anticonvenzionale, e che preferisse essere fatta a pezzi piuttosto che accettare ciecamente qualcosa che riteneva sbagliato o ingiusto.

«E quindi mi hai semplicemente portato nella tua stanza...» le aveva detto Diego la sera prima, e sul suo viso era apparsa un'espressione speciale, gli brillavano gli occhi. E poi l'aveva di nuovo stretta a sé.

A quel ricordo Frida sentì un leggero brivido lungo la schiena. *Ho appena trascorso la notte più bella della mia vita con l'uomo che amo. E anche lui mi ama*, disse tra sé sorridendo mentre si passava vigorosamente la spazzola nei capelli davanti allo specchio.

Poi il suo sorriso svanì. Perché in mezzo a tutta quella felicità c'era qualcosa che la preoccupava.

Non le importava nulla della cattiva reputazione di Diego. Né del fatto che avesse reso infelici molte donne.

«Non ti lascerei mai, Friducha» le aveva sussurrato la sera prima all'orecchio con la voce arrochita dal desiderio. «Con te sarebbe tutto diverso, nuovo. Tu sei diversa da qualsiasi altra donna. Voglio vivere con te. Perché sei magica.»

No, non erano i sentimenti di Diego a spaventarla, ma i propri, che erano troppo forti e a cui aveva spalancato le porte. Sino alla sera prima aveva mostrato una certa compostezza e non aveva ancora ammesso pienamente la sua debolezza nei confronti di Diego. *È troppo vecchio per me*, si era ripetuta cercando di convincersi. Aveva preso in esame tutti gli argomenti che le facevano notare gli altri: troppo vecchio, infedele, imprevedibile, egoista… Ma la sera prima aveva ceduto ai suoi sentimenti per Diego e ora le sue rassicurazioni non la aiutavano più. Diego dominava ogni suo pensiero, ogni ricordo. *Il mio amore per lui è sconfinato, la mia ammirazione, il mio desiderio, la mia voglia di abbandonarmi a lui non hanno limiti. È possibile che io possa perdermi in lui?* si chiese sotto shock. *Posso trovare il coraggio?*

Il disorientamento le provocò un singhiozzo. Cosa poteva fare? Aveva paura di mettersi completamente nelle sue mani e allo stesso tempo le interessava solo sapere quando lo avrebbe rivisto e come avrebbe fatto a sopravvivere sino ad allora. Il suo sguardo cadde sul fazzoletto di Diego. Doveva essergli scivolato dai pantaloni. Lo prese e vi affondò il naso per inalare il suo profumo. Ancora una volta le sfuggì un singhiozzo.

«Frida? Che succede? Va tutto bene?»

Lei si ricompose e infilò il fazzoletto nella tasca della gonna. «Sì, mamma. Arrivo subito.»

Per calmarsi, prese un cordoncino di lana rosso scuro spesso come un dito e, infilandolo tra i capelli, formò una treccia. Il magenta aveva un significato speciale per lei. Quel colore rappresentava tutto ciò che era azteco, il succo dei fichi d'India, tutto ciò che amava. Chissà se anche a Diego piaceva quel colore. Al pensiero non riuscì a trattenere un sorriso. Con tutto il suo rimuginare, non voleva dimenticare quello che avrebbe ottenuto da Diego. Al suo fianco, la sua vita sarebbe sempre stata colorata, seria e piena di creatività. Avrebbe recuperato gli anni perduti con il doppio o il triplo dell'intensità. Insieme avrebbero anche potuto scrivere una nuova pagina della storia messicana. In ogni caso, avrebbero dipinto quadri e sarebbero stati felici. Frida prese il fazzoletto e si asciugò le lacrime agli angoli degli occhi. Aveva già deciso da tempo. E comunque non era mai stata timorosa prima d'ora. Come poteva rifiutare un uomo che la faceva sentire al settimo cielo?

Cominciò a vestirsi. La gonna colorata che a Diego piaceva tanto su di lei. Lo avrebbe incontrato più tardi al Ministero dell'Istruzione. Moriva dalla voglia di rivederlo.

6

A primavera inoltrata Cristina si sposò.

Frida non provava grande simpatia per Pablo. Negli occhi di quell'uomo, di tanto in tanto, lampeggiava una brutalità che la induceva a temere per sua sorella. Ma Cristina era incinta. Quando diede la notizia a casa, sua madre sbraitò per due ore e scagliò maledizioni contro Pablo. Poi all'improvviso si calmò: «Voi due vi sposerete, questo è tutto! E perché nessuno si faccia venire strane idee, organizzeremo un matrimonio che Coyoacán non ha mai visto. Non importa quanto ci costerà».

Già settimane prima dell'evento in casa regnava l'atmosfera operosa di un formicaio. Sua madre aveva assunto un esercito di cuoche che da giorni preparavano il banchetto. Tutta la casa era pervasa dall'odore di cipolle rosolate, miele e cannella, cioccolato e peperoncino. Ovunque erano state sistemate composizioni floreali, ovunque si puliva e si lavorava alacremente.

Anche Frida era emozionata, ma per un altro motivo. Diego le aveva detto che secondo lui il matrimonio di Cristina era una buona occasione per chiedere la mano a suo padre.

«Sposiamoci, Friducha» le aveva proposto poco dopo la loro notte insieme. «Forse è meglio lasciar passare un po' di tempo dopo il matrimonio di Cristina. Poi, però… magari in agosto?» Frida aveva sentito riemergere le sue paure, ma alla fine Diego si era inginocchiato davanti a lei, le aveva fatto la proposta ufficiale e lei aveva detto di sì. Sapeva essere così romantico! Ecco un altro lato di lui che adorava.

Poi, seguendo i canoni tradizionali, si era proposto di chiedere il permesso al padre di lei.

«Glielo chiederai davvero, alla vecchia maniera?» Frida non aveva potuto trattenersi dal ridere. «Non è da te.»

«Lo so» aveva detto lui con aria perfettamente seria, e c'era persino un velo di rammarico nei suoi occhi. «Lo faccio per te.»

Il giorno del matrimonio di Cristina era arrivato e Frida era nervosa e irrequieta. E se suo padre avesse detto di no? Lei avrebbe comunque sposato Diego, non c'erano dubbi al riguardo. Ma desiderava ricevere la sua benedizione.

Diego si presentò con un bel completo scuro che gli dava un aspetto favoloso. Fece il baciamano a Matilde, si congratulò con il padre della sposa e con lo sposo e baciò Cristina sulla guancia. Fece la figura dell'uomo garbato dalle maniere perfette. Durante il rinfresco non perse mai di vista Frida. Le piaceva la sensazione di annegare nel suo sguardo. Anche adesso, mentre lei portava in tavola enormi vassoi di patate in salsa verde e di peperoncini piccanti con ripieno di verdure, Diego la osservava. Lei gli sorrise e posò un piatto di portata proprio davanti a lui, avvicinandosi più di quanto fosse necessario. Questi contatti accidentali erano la risposta ai suoi sguardi. E nei suoi occhi Frida leggeva quanto quel gioco piacesse anche a lui.

Quando tornò in cucina a prendere la *sopa de habas*, la zuppa di fagioli di Lima, Agosto le si avvicinò. «Ti va di fare quattro passi con me in giardino?» chiese, ma non era una vera e propria domanda. La prese per il gomito e Frida lo seguì fuori, un po' meravigliata.

Agosto era un uomo tranquillo e schivo, ma ora i suoi passi erano nervosi e affrettati, la sua voce insistente e un po' roca.

«Allora, quando tua madre è venuta a chiedermi di costruirti un cavalletto, soffrivi molto» cominciò. «Ma sei destinata a soffrire ancora di più. Presto sarai sotto la sua protezione. Non potrete separarvi l'uno dall'altro. Sarete uniti nell'amore e nella solidarietà, come il sole e la luna, ma in altri momenti l'odio si frapporrà tra voi. E neanche questo vi impedirà di essere uniti per sempre. Oltre la morte». Agosto si interruppe all'improvviso e afferrò la mano di Frida. «Ti auguro buona fortuna», disse e scomparve verso il pollaio.

Frida restò come immobilizzata. Questa era una profezia. L'uomo di cui parlava Agosto era senza dubbio il suo amore. Che cosa aveva detto esattamente? Che lei e Diego si appartenevano come il sole e la luna. In realtà lo sapeva già da tempo. Sulle sue labbra si disegnò un sorriso. Doveva assolutamente raccontare tutto a Diego.

Quando tornò alla festa, scoprì Diego e suo padre immersi in una conversazione. Oddio, era arrivato il momento? Per fortuna entrambi stavano ridendo. Diego la notò e le fece un cenno di rassicurazione. Cercò di fare bella figura con Guillermo e Matilde, nient'affatto contenti di quel rapporto fra lui e la figlia. Ormai avevano anche scoperto che Frida era entrata nel partito. Qualche settimana prima, sua madre le aveva messo il giornale sotto il naso con aria accusatoria. Una foto la ritraeva a braccetto con Diego mentre guidavano un corteo di dimostranti. Frida aveva il pugno destro alzato. Dietro di loro si vedevano degli striscioni.

Frida si era difesa.

«Ma mamma, qualcuno deve scendere in strada per difendere i diritti del popolo. Pensa a quando hai nascosto gli zapatisti in questa casa. Se ti avessero beccata, ti avrebbero sparato!»

«Erano altri tempi» aveva ribattuto la madre indicando la foto con un'espressione accigliata. «L'hanno vista tutti, non oso più uscire per strada.»

Frida aveva lanciato un'occhiata a suo padre in cerca di aiuto. «Frida è sempre stata una ribelle, questo lo sai» era intervenuto lui tentando di rasserenare sua moglie.

«Sì» aveva ribattuto Matilde con aria cupa. «E quest'uomo la incoraggia nel suo intento.»

Frida guardò Diego e Guillermo, ancora intenti a parlare. Ora suo padre stava mettendo la mano sulla spalla di Diego. Era un buon segno, vero?

La sera, dopo che gli ospiti se ne furono andati, suo padre entrò nella sua stanza.

«Diego è venuto da me oggi» iniziò, guardandola intensamente.

«Mi ha chiesto di sposarlo.»

«Pensavo lo sapessi, Frida, è un uomo davvero straordinario, e credo faccia sul serio, ma…»

«Io lo amo, papà» disse Frida.

«Gli ho parlato molto apertamente. Dio sa che avrei preferito un altro marito per te, ma semplicemente non posso più permettermi di pagare le tue spese mediche. Ho dato fondo a tutti i miei risparmi e tu avrai bisogno di assistenza ancora a lungo.» Fece una pausa. «Mi fa piacere che ci sia qualcuno che si prenda cura di te. Io non ce la faccio più. L'ho anche avvertito che sei un diavolo» aggiunse con un sorriso.

«E lui cosa ti ha detto?» chiese Frida, anche se conosceva già la risposta.

«Mi ha detto che lo sa e che non vede l'ora di stare con te. Credo che ti ami davvero. Questo rende la mia decisione un po' più facile.»

«Quindi hai detto di sì?»

«Vi ho dato la mia benedizione.» Guillermo sospirò. «Quindi credo che diventerò il suocero del famigerato Diego Rivera.» La guardò con un sorriso triste.

«Oh, papà. Non devi preoccuparti, sarò felice con lui.» Frida si alzò e abbracciò suo padre.

Lui la guardò. «Non puoi provare a parlare con tua madre?»

Matilde stava ancora cercando di impedire il matrimonio. Due giorni dopo la proposta di Diego, Frida si sedette di fronte a lei al grande tavolo della cucina e si mise a tagliare le cipolle. Matilde non ci girò intorno a lungo.

«Diego ha divorziato due volte e ha già dei figli! Per quanto riguarda le donne, è un mostro. È un comunista. Ha vent'anni più di te. C'è bisogno di altri argomenti?» Matilde aveva le lacrime agli occhi, se per le cipolle o per la rabbia verso il suo futuro genero, Frida non avrebbe saputo dirlo. «Per giunta sembra un elefante. L'elefante e la colomba!» disse in tono di scherno.

Sentendo le sue ultime parole, Frida pensò solo a quanto trovasse meraviglioso e confortante appoggiarsi al petto di quell'elefante e sentirsi protetta da tutto. Ma non lo disse a sua madre.

«Mamma, sposerò Diego perché lo amo e lo ammiro, e non perché può pagarmi le medicine. È l'uomo adatto a me. Mi aiuta a credere in me stessa e a dipingere. Da quando lo conosco, i miei quadri spingono per uscire da me! È la mia ispirazione. A volte ho l'impressione che la mia creatività sia più veloce delle mie mani. Tutto questo lo devo a Diego. La pittura mi aiuta a superare il mio dolore. Lui mi ripete spesso quanto sia orgoglioso di me per come so padroneggiare la mia vita. Mamma, Diego va bene per me. E io lo amo! Non puoi provare a capirmi? Almeno augurami buona fortuna.»

Guardò le sue cipolle e riprese a tagliarle ostinatamente con il coltello. Perché sua madre non riusciva a condividere la sua felicità come faceva suo padre? Il rapporto con lei era sempre stato difficile. Semplicemente Frida non riusciva a capire sua madre. Annoverava tra i suoi antenati un generale spagnolo e un indio. Era originaria di Tehuantepec, una striscia di terra a sud del Paese, nello stato di Oaxaca, dove le donne detenevano un ruolo di primo piano nella società. Frida si ricordava di una volta in cui l'aveva accompagnata a fare visita ad alcuni parenti, e di quanto le zie della madre l'avessero impressionata. Avevano la pelle scurissima e le più anziane portavano i capelli grigi tagliati corti, che sottolineavano ancora di più i loro lineamenti decisi e gli occhi scuri. Sicure di sé, stavano dietro le loro bancarelle del mercato e comandavano a bacchetta i loro mariti se non erano abbastanza veloci. Non avevano tempo per le chiacchiere. Se c'era un cliente schizzinoso che non riusciva a decidersi, non lo consideravano più. Tra quelle donne sua madre le era apparsa diversa, molto più libera e sicura di sé rispetto al solito. Aveva riso molto e si era anche mostrata disposta a fare piccole pazzie. A Tehuantepec, Frida aveva riconosciuto la bellezza e la forza che sua madre doveva aver avuto un tempo. Da lei aveva ereditato le folte sopracciglia nere che si univano sopra il naso, così come un'ombra di baffetti. Cosa le era successo con il passare degli anni? Come aveva fatto a diventare la matrona eternamente insoddisfatta che dominava implacabilmente sulla casa e sulla salvezza dell'anima delle sue figlie e che esasperava la propria religiosità al punto da trasformarla in un susseguirsi di esaurimenti nervosi e crisi isteriche? Perché aveva relegato l'orgoglioso costume delle donne tehuana in fondo al guardaroba? Frida si rese conto che non sapeva quasi nulla dell'infanzia e dell'adolescenza di sua madre. Solo che, in passato, Matilde era stata follemente innamorata di un tedesco che si era sparato davanti ai suoi occhi.

Anche questo Frida l'aveva scoperto solo perché si era imbattuta per caso nelle lettere d'amore di quell'uomo che sua madre custodiva ancora come un tesoro. Quindi Matilde sapeva cosa fosse il vero amore. Allora perché non concedeva a sua figlia di vivere appieno quel sentimento?

Frida prese un'altra cipolla dal cestino che si trovava sul tavolo in mezzo a loro e cominciò a togliere la pelle sottile. Prese fiato per riprendere il discorso con sua madre, ma un'occhiata gelida di Matilde la spinse a desistere.

La donna, armeggiando nervosamente con il coltello, si tagliò l'indice. Il sangue gocciolò sul tavolo di legno. Senza parlare, si alzò per andare a mettere il dito sotto l'acqua fredda.

7

«Vieni, devo farti vedere una cosa» disse Diego. La portò al Ministero dell'Istruzione in calle Argentina e salì alla galleria del secondo piano dove aveva appena terminato la sua *Ballata della rivoluzione proletaria*. Frida non veniva qui da qualche giorno perché era stato lui stesso a chiederglielo. Ora capì il perché: Diego l'aveva raffigurata al centro del dipinto come un'eroina popolare, con una camicia rossa e la stella rossa sul petto, intenta a distribuire fucili ai rivoluzionari. Sulla destra c'erano Tina Modotti e Antonio Mella.

«Ho dipinto te e la tua rivoluzione» le disse dolcemente prendendole la mano e stringendola nella sua. «Perché è così che sei per me, coraggiosa e forte. E meravigliosa. È il mio regalo di nozze per te.»

Frida rimase senza parole per la gioia. Non avrebbe potuto farle una dichiarazione d'amore più bella. Gli prese la mano e gliela baciò. Restarono davanti al murale a lungo, strettamente allacciati, prima di tornare a casa.

«Se ti sposo, non voglio una festa pomposa come quella di tua sorella» disse Diego dopo aver percorso alcuni metri in silenzio. «E non voglio nemmeno andare in chiesa.»

Poi venne il giorno delle nozze, il 21 agosto 1929. Frida si svegliò troppo presto e saltò subito giù dal letto. Di lì a poche ore avrebbe legato per sempre la sua vita a quella di Diego! Aprì la porta che dava sul patio e aspirò profondamente l'aria vellutata. Le farfalle svolazzavano tra i rami dell'arancio, e Frida le guardava danzare leggere di fiore in fiore. I due pappagalli nella grande voliera situata accanto alla porta emettevano i loro rauchi richiami.

«Be', volete una mela?» chiese Frida e ne infilò un pezzo tra le sbarre della gabbia. Poi tornò nella sua stanza per prepararsi.

Alla semplice cerimonia presso l'anagrafe di Coyoacán parteciparono solo i genitori di Frida e i testimoni – un parrucchiere e un medico – che avevano raccattato per strada poco prima. Il sindaco pronunciò la formula del matrimonio e li fece firmare un foglio di carta, dopodiché Frida era diventata la signora Rivera. Guardò Diego. Era felice di essere sua moglie. Felice e orgogliosa. Mentre lasciava l'anagrafe dandogli il braccio, pensò a come la loro felicità e la loro vita insieme avrebbero potuto essere riassunte in un quadro.

La sera Tina Modotti organizzò una piccola festa in loro onore. Frida ripensò alla sua prima serata in quella stessa casa, quando non sapeva quale direzione prendere. Era il luogo dove aveva incontrato Diego, dove tutto era cominciato. Ora c'era solo una decina di persone. Le stanze erano decorate con palloncini colorati e lanterne di carta, e ai becchi delle colombe di cartapesta disseminate ovunque erano appese stelle filanti e bandierine colorate sulle quali Tina aveva scritto frasi augurali: VIVA FRIDA! VIVA DIEGO! VIVA LA VIDA! Era stato allestito un ricco buffet, e una banda di *mariachi* era pronta a esibirsi per rallegrare l'atmosfera. Quando arrivarono Frida e Diego, i presenti li festeggiarono, li baciarono e li abbracciarono.

«Grazie per aver fatto tutto questo per noi» disse Frida a Tina. Prese la mano di Diego.

«Be', era il minimo che potessi fare» replicò Tina. «Dopotutto vi siete conosciuti a casa mia.»

«È vero, ma comunque...» Frida lasciò andare la mano di Diego e avvolse Tina in un abbraccio sincero. Per un istante, stringendola al cuore, si accorse di quanto fosse diventata magra. Era chiaro a tutti che non se la passava bene. Le sue guance si erano afflosciate, i capelli avevano perso lucentezza. All'inizio dell'anno Antonio Mella era stato ucciso per strada da un sicario. Tina non solo si era vista uccidere fra le braccia l'uomo che amava, ma era anche stata accusata di complicità nell'omicidio. Diego si era adoperato per la sua riabilitazione. Ma si vedeva che Tina soffriva. Piangeva ancora la morte di Antonio e sapeva che la sua situazione in Messico era più che mai incerta. Il governo avrebbe voluto espellerla dal Paese, eppure, nonostante tutto, lei aveva insistito per organizzare questa serata per Frida e Diego.

«Se non fosse stato per te, io e Diego non ci saremmo incontrati» disse Frida.

«Brindiamo a questo» disse Diego alzando il bicchiere.

Quando Tina si allontanò per raggiungere gli altri ospiti, lui disse: «Quello che hai appena detto non è del tutto vero. Ci saremmo incontrati comunque, a casa di Tina o altrove. Perché siamo fatti l'uno per l'altra». Le rivolse uno sguardo pieno di tenerezza e la fece sedere sulle sue ginocchia.

Frida si rannicchiò contro il suo petto. Come mai si sentiva così sicura tra le sue braccia? All'idea che d'ora in avanti avrebbe trascorso la sua vita accanto a quell'uomo, che ogni giorno avrebbe goduto dell'immenso privilegio di far parte della sua vita, si sentiva attraversare da una felicità infinita. Con il suo sostegno avrebbe dipinto quadri, avrebbe lottato per un Messico migliore, avrebbe riso insieme a lui e lo avrebbe ascoltato mentre le raccontava una delle sue storie, che fossero vere o meno. Al fianco di Diego, lei avrebbe avuto tutto questo. Si sarebbe sentita viva! In più lui era l'archetipo di un uomo forte e sensuale, affascinante, calmo e talvolta di una crudeltà casuale. Avrebbe passato le sue notti con lui, e ogni notte sarebbe stata piena di tenerezza e di passione.

«Ora sei la moglie di un genio!» disse il suo amico Miguel avvicinandosi e strappandola ai suoi pensieri.

«Oh, Chong Lee, allora diventerò un genio anch'io!» esclamò lei, e poi aggiunse con un sorriso: «Ma prima proverò come ci si sente a essere una moglie. Vieni, facciamo un brindisi. Oggi inizia la mia nuova vita!»

In men che non si dica l'atmosfera divenne allegra. Si mangiava, e ancora di più si beveva, si cantava e si ballava. Arrivò anche Cristina con il marito, il quale era di cattivo umore e non voleva che la moglie ballasse con Alfaro Siqueiros. Siqueiros era l'altro grande muralista messicano oltre a Diego. Anche lui era un compagno di partito.

«Cosa c'è che non va con Siqueiros?» Tina apparve all'improvviso accanto a Frida e al marito di Cristina. «Chi l'ha invitato, tra l'altro? E poi balla? Quale donna riesce a distrarlo dal pesante fardello della responsabilità politica che porta con sé?»

Frida abbozzò un sorriso stentato. A Siqueiros piaceva passare come l'attivista scontroso che, di fronte a tante preoccupazioni, non poteva permettersi di essere felice. Ma ora si presentava come l'affascinante ballerino. Tuttavia quando Cristina notò i pugni serrati di Pablo, il suo sorriso svanì. Pablo era geloso, c'erano spesso litigi tra lui e Cristina. *Non è un buon matrimonio*, pensò Frida. *Io farò sicuramente di meglio.*

«Dove sono gli sposi? Voglio fare una foto!» gridò a un certo punto uno dei loro amici. Manuel Álvarez Bravo era un fotografo molto promettente. «Mettetevi in posa!»

Frida impiegò qualche istante per rispondere all'invito. Era ancora tutta accaldata dal ballo, le era quasi sembrato di tornare indietro nel tempo, a prima dell'incidente, tanto era assorbita dalla musica. Il suo sguardo si posò sul grande specchio appeso alla parete laterale della sala da pranzo. I fiori erano ancora intrecciati nei suoi capelli? Si bloccò a metà del movimento.

Era scomparsa, nello specchio si vedeva solo Diego, dietro di lui era letteralmente invisibile.

«Frida, così non ti si vede, perché non ti metti in piedi accanto a Diego?» le chiese Manuel ridendo.

Ma ogni movimento le sembrava impossibile. Continuava a fissare l'immagine riflessa nello specchio.

Impaziente, Manuel fece un passo verso di lei, la prese per mano e la allontanò da Diego, che non si era accorto di nulla. «Ecco, ora va meglio. La sposa non può mancare nella foto. Oppure aspetta, facciamo così: tu ti siedi su una sedia e Diego sta in piedi accanto a te. Diego, togliti il cappello.» Ci misero un po' a trovare la posizione giusta.

«Un momento» disse Diego all'improvviso. Si inginocchiò davanti a Frida, le prese il viso tra le mani e la baciò teneramente. «Ecco, ora possiamo fare questa dannata foto.»

Frida lo guardò negli occhi e nel suo sguardo lesse un amore infinito. La brutta sensazione, tutti i dubbi di poco prima erano scomparsi.

Diego le mise la mano sulla spalla e lei si raddrizzò e sollevò il mento. Accavallò la gamba sinistra sopra la destra e, con movimenti consumati, si sistemò la gonnellona in modo che la sua gamba più esile non si vedesse. Si stampò in faccia il sorriso di rito. Manuel premette il pulsante dell'otturatore.

«Grazie mille!» gridò.

«Solo un momento. Fermi, per favore. Questa posa sembra buona. Un'altra foto per *La Prensa*!» Un giornalista si piazzò davanti a loro e fece un altro scatto.

«Il giornale ha mandato un inviato?» sussurrò Frida voltandosi verso Diego.

«Non importa cosa scrivono» replicò lui. «E ora brindiamo!» esclamò.

Qualcuno gli passò un bicchiere e lui attirò Frida accanto a sé e la baciò appassionatamente sulla bocca. Gli ospiti applaudirono.

Arrivò la torta nuziale, una torta al cioccolato a tre piani con colombe bianche e in cima una coppia di sposi di glassa. Diego tagliò delle fette grosse e le distribuì agli ospiti. «Questa torta è molto simile a quella che una volta ho ordinato con Lenin in un caffè di Mosca. Non eravamo ancora riusciti ad assaggiare nemmeno un boccone quando ci siamo ritrovati coinvolti in una sparatoria.»

Scoppiò in una risata fragorosa. «Raccontaci tutto!» gridò qualcuno. Immediatamente aveva catturato l'attenzione dei presenti. Sapevano che quell'episodio non poteva essere vero, eppure pendevano dalle sue labbra.

D'un tratto risuonò la voce irosa di una donna.

«Anch'io pretendo una fetta di torta. Dopotutto questo è il matrimonio del mio ex marito!»

Le conversazioni si spensero lasciando la scena a Lupe Marín, che si faceva largo tra gli invitati a grandi passi. Si fermò davanti a Diego e Frida e porse loro il piatto con aria provocatoria.

Mio Dio, è ubriaca. Ubriaca eppure attraente, pensò Frida, e osservò il suo corpo florido e seducente, i suoi movimenti sensuali, l'andatura ondeggiante e le labbra piene.

Lupe, che sentiva addosso lo sguardo della sposa, la fulminò con i suoi occhi scuri. «Guardate questo spaventapasseri! Come ha potuto Diego rinunciare a me per questi due stecchi di legno? Avete visto le mie gambe?» Alzò la gonna. «Queste sì che sono gambe. E cos'ha lì, la tua nuova moglie? Dai, dimmelo.» Fece per avventarsi contro Frida, ma Manuel e Cristina la bloccarono.

Frida si voltò verso Diego. Le apparve evidente che non aveva nemmeno preso in considerazione l'idea di intervenire, anzi, si limitava a ridere sino alle lacrime. Prese un grande bicchiere di tequila e se lo scolò per poi farselo riempire di nuovo. Un'ora dopo, era così ubriaco che dovettero trascinarlo a letto.

Frida passò la prima notte di nozze da sola. Di dormire non se ne parlava. Gli eventi della serata danzavano nella sua testa. Quella familiare sensazione di impotenza quando era scomparsa dietro la figura poderosa di Diego. Dopo la poliomielite, a causa della gamba debole, si era spesso sentita emarginata dagli altri bambini. All'epoca si era messa in luce riscattandosi con le sue prove di coraggio. A quindici o sedici anni aveva spesso indossato abiti da uomo nelle foto ufficiali di famiglia e si era pettinata i capelli all'indietro come suo padre. Sospirò. E ora? Ora che Diego era suo marito, cosa avrebbe fatto per non essere oscurata da lui? Diego aveva quasi il doppio della sua età. Era già stato sposato e aveva dei figli. Aveva una storia, il suo posto nella vita.

Allora non mi resta che trovare il mio posto accanto a lui! Voglio stare accanto a lui, non dietro di lui.

Sorrise. Il fatto che nel giorno del suo matrimonio, contro ogni aspettativa, avesse indossato l'abito tradizionale di Tehuantepec dai colori vivaci era stato sicuramente un passo nella direzione giusta. Diego amava vederla con quegli abiti indosso perché dimostravano il suo legame con il popolo messicano. Con un sospiro si accoccolò tra i cuscini. Aveva immaginato qualcosa di ben diverso per la sua prima notte di nozze. Per tutto il giorno aveva desiderato di andare a letto con il suo sposo. Non faceva parte della consueta liturgia quando un uomo e una donna si sposavano, anche se si erano già amati in precedenza?

I suoi pensieri tornarono alla loro prima notte insieme, quando si erano spenti i lampioni. Diego era un amante così tenero! Era stato così attento, le sue mani erano scivolate lungo il suo corpo, le sue labbra l'avevano sfiorata ovunque, avevano baciato le sue cicatrici suscitandole gemiti di piacere. La sensazione che aveva provato quando si era chinato su di lei le piaceva più di ogni altra cosa. *Ora mi prende*, aveva pensato. Sentiva la sua pelle liscia, che era sempre così bella e calda. Inalava il suo respiro e il suo profumo. Quando l'aveva penetrata, era stato particolarmente delicato perché sapeva quanto fosse vulnerabile dopo l'incidente. Aveva sussurrato il suo nome, le aveva chiesto di fidarsi di lui, le aveva confessato il suo amore infinito…

Frida si girò dall'altra parte. Le mancava Diego. Come gli era venuto in mente di ubriacarsi il giorno del suo matrimonio? E se anche lui in cuor suo avesse avuto paura di stare con lei? Non avrebbe dovuto chiedersi come sarebbe stato il matrimonio con una donna che poteva essere sua figlia, che era malata e avrebbe avuto bisogno di medici e farmaci per tutta la vita?

Una donna vittima di un incidente di cui non conosceva le ripercussioni future? Una donna di cui sarebbe stato responsabile, di cui si sarebbe dovuto occupare qualunque cosa fosse successa? Avvertiva anche lui quanto fosse speciale il loro rapporto, un rapporto così stretto che a volte poteva far paura? Era per questo che aveva bevuto così tanto?

Oh, Diego, pensò Frida. *Farò tutto il possibile per liberarti da questa paura. Sono sopravvissuta a quell'incidente. Continuerò a vivere e a dipingere. La mia vita inizia oggi! E devo ringraziare te per questo.*

Non riusciva più a essere arrabbiata con lui. Diego era diverso da qualsiasi altro uomo che avesse mai conosciuto. Ecco perché lo amava così perdutamente. E ci sarebbero state tante, tante altre notti in cui lui sarebbe rimasto al suo fianco. Con questo pensiero in mente, finalmente Frida scivolò nel sonno.

8

Una mattina, qualche giorno dopo il matrimonio, Frida si stiracchiò nelle morbide lenzuola e nel farlo avvertì il familiare dolore sordo nella parte bassa della schiena. Eppure sorrise con aria sognante. Aveva già sperimentato un dolore infinitamente più straziante. Quello non era niente! Mentre stirava le dita dei piedi provò un'altra sensazione molto più piacevole, un profondo appagamento al ricordo delle inesauribili effusioni di Diego. Nelle ultime notti aveva più che compensato la delusione della prima notte di nozze.

Il giorno dopo il matrimonio, si era recato a Coyoacán, profondamente mortificato, per passarla a prendere. Da allora Frida viveva con lui al paseo de la Reforma, l'elegante viale cittadino lungo quindici chilometri, simile a un filo dove le piazze circolari con i loro monumenti si susseguivano come perle. Nello stesso edificio viveva anche Lupe con le figlie di Diego, Ruth e Guadelupe. Frida non l'aveva più rivista dopo la scenata plateale al rinfresco di nozze, ma probabilmente non sapeva che l'ex moglie di Diego fosse così vicina. Mise da parte questi pensieri cupi.

Mio marito è un amante fantastico, pensò compiaciuta stiracchiandosi ancora una volta. *Non c'è da stupirsi che Lupe lo rivoglia indietro e sia gelosa.* Tutto in Diego era sensualità, amava sedurre con parole sussurrate, con le labbra e le mani… Talvolta i suoi baci sembravano il battito infinitamente delicato dell'ala di una farfalla sulle sue labbra, poi diventavano di nuovo avidi, come se volessero divorarla con passione. Mai prima d'ora Frida aveva percepito così intensamente il proprio corpo. Non aveva idea di quali sensazioni potesse provare! Con gli occhi ancora chiusi, fece scorrere la mano sulle lenzuola per raggiungerlo. Il suo lato del letto era ancora caldo, ma vuoto.

Frida si alzò e aprì le persiane. Subito le arrivarono i suoni del paseo. Ma le piacevano quei suoni: le grida dei mercanti, le risate, i clacson delle auto, il latrato di un cane, e ogni tanto persino il verso di un pappagallo selvatico. Gli uccelli si riunivano sui grandi alberi che fiancheggiavano la strada. A Frida piaceva il paseo, anche se era stato l'odiato imperatore Massimiliano a costruirlo.

Attraversò il corridoio a piedi nudi ed entrò in cucina. Diego era seduto a tavola davanti a un'abbondante colazione a base di *mole*, uova e pancetta. Frida rimase colpita dalle bellissime ceramiche di Michoacán in verde scuro e marrone e dalle biscottiere con il bordo dorato su cui erano ammonticchiate focacce cotte al forno dall'irresistibile profumo di cannella.

Diego si alzò per abbracciarla. «Buongiorno, Friducha mia. Vieni a fare colazione. Come hai dormito?» La trascinò verso la tavola imbandita e le versò il caffè. «Tieni. È buono» le disse.

Frida assaggiò il *mole*, che era cremoso e squisito.

«Non sapevo che sapessi cucinare» disse, e ne prese un altro po'.

«Non sono stato io.»

Frida abbassò la forchetta. «E chi, allora?»

«È stata Lupe a cucinare tutto questo per noi» buttò lì Diego con aria soddisfatta, e si tolse una briciola dalle labbra. «È passata stamattina a portarlo. Non è fantastico?»

Frida rimase senza fiato. Lupe! Non le era bastato umiliarla al ricevimento di nozze? Aveva intenzione di continuare a intromettersi nella sua vita?

«Accetti il cibo della tua ex moglie anche se sei sposato con me?» I suoi occhi brillavano di rabbia. «E per giunta la elogi per quanto è brava a cucinare?»

Furibonda, lasciò cadere la forchetta sul piatto e la salsa schizzò sul tavolo. Un grande schizzo atterrò anche sul braccio di Diego.

Lui lo eliminò leccandosi direttamente il braccio e guardò Frida con l'aria di chi non riusciva a capire quale fosse il problema, il che la rese ancora più furiosa. Quell'uomo aveva la sensibilità di un pezzo di legno! Solo un istante prima lo aveva giudicato un amante meraviglioso in grado di farla sentire una dea, e ora si dimostrava un essere ottuso!

«Ma Frida...» balbettò. «Che c'è?»

Frida si alzò e si chinò verso di lui. «Cosa c'è che non va, Diego Rivera faccia da rana? Ora sono io tua moglie. E mangi quello che cucino io. Non quello che ti prepara Lupe. Lei è la tua ex moglie!» Detto questo, prese il suo piatto e lo scaraventò nel bidone dell'immondizia.

«Ma tu non sai cucinare» obiettò Diego con un sorrisetto ironico.

Frida strappò il suo piatto dal tavolo e lo gettò nel secchio della spazzatura, dove andò rumorosamente in frantumi.

«Almeno non bene quanto Lupe...» aggiunse Diego. Allungò la mano per prendere una focaccina alla cannella, ma Frida fu più veloce. Prese il piatto dei dolci e gettò anche quello nel cestino.

«Frida! Se avessi saputo che la cosa ti avrebbe infastidito... Non credevo potessi arrabbiarti così tanto.» La guardò con aria sorpresa, ma lei lo ignorò, raccolse dal tavolo un piatto dopo l'altro e buttò tutta la colazione nel bidone della spazzatura.

Poi si voltò verso di lui, aggrottò minacciosamente le sopracciglia folte e disse: «Be', imparerò».

Frida faceva sul serio quando diceva di voler imparare a cucinare. A Coyoacán l'aveva evitato tutte le volte che aveva potuto, ma ora ne era pentita. Perché ora era la moglie di Diego.

Dopo aver gettato il cibo di Lupe nella spazzatura, andò nella sua stanza e rifletté sul da farsi. Poi salì le scale sino all'appartamento di Lupe.

«Il mio cibo è troppo buono per essere buttato via» dichiarò la donna. Ma c'era un luccichio quasi divertito nei suoi occhi.

Frida se ne accorse e capì di essere molto più simile a Lupe di quanto pensasse. Anche lei era una donna dal carattere forte ed entrambe amavano lo stesso uomo.

«Puoi insegnarmi a cucinare?» le chiese senza mezzi termini.

«Vieni dentro così ne parliamo» disse Lupe.

«Non hai intenzione di saltarmi addosso o di insultarmi?»

«No. A patto che ti impegni e che prometti di pulire bene le pentole.»

«Perché vuoi aiutarmi?» chiese Frida dopo che lei e Lupe ebbero parlato a lungo e si resero conto ancora una volta di avere molto in comune.

«Diego è il padre delle mie figlie. È un artista eccezionale e so che lavora bene solo se mangia bene. Soprattutto il *mole* devi essere in grado di prepararlo, non può vivere senza. E poi...» si voltò verso Frida e sollevò il cucchiaio di legno come fa un insegnante con la bacchetta: «E poi si sa che l'amore di un uomo si conquista con la gola, no?»

Frida cominciò ad apprezzare Lupe. E aveva rispetto per il modo in cui gestiva la situazione. Non doveva essere affatto facile per lei vivere nella stessa casa del suo ex marito.

«Quindi mi insegnerai a cucinare?» chiese Frida alla fine.

Lupe annuì. «Noi donne dobbiamo restare unite.»

Il suo primo giorno era il turno del *mole*. Frida e Lupe si sedettero a tavola e tritarono aglio e cipolle. I cinque diversi tipi di peperoncini, già tostati e poi messi in ammollo, erano su un tagliere davanti a loro e avevano un profumo pungente e speziato.

«La cosa più importante è prendere del buon cioccolato e scioglierlo molto lentamente continuando a mescolare. Solo così ottieni una salsa densa e liscia.» Lupe stava in piedi davanti ai fornelli c rimestava la grande pentola piena di cioccolato non zuccherato che emanava un aroma intenso e inebriante.

«Le cipolle devono essere sminuzzate più fini, altrimenti a

Diego non piacciono» disse lanciando uno sguardo implacabile al tagliere.

Frida gemette e continuò a tritare le cipolle. Poi toccava agli spicchi d'aglio. Presto tutti gli ingredienti sarebbero stati trasformati in una salsa. Oltre a questi, c'era la possibilità di usare noci pestate, uvetta, cannella e anice, e altre spezie. Ogni casalinga messicana aveva la sua ricetta. Il *mole* veniva servito con il pollo, il riso o sulle *tortillas*. E Diego lo abbinava praticamente a qualsiasi cosa.

Finirono per buttare via il primo *mole* perché Frida aveva lasciato attaccare il cioccolato. Così dovettero ricominciare tutto daccapo e solo per pulire la pentola ci volle quasi mezz'ora.

«Devi portargli il pranzo al lavoro. Sai che non fa pause per poter tornare a casa per cena.»

Frida annuì. Diego si stava sobbarcando una quantità di lavoro davvero disumana. Quando pensava alle dimensioni delle pareti da lui dipinte, si chiedeva come facesse. Rimaneva sul ponteggio dalla mattina alla sera, e certi giorni era così stanco che dormiva anche lassù. Frida cominciava a preoccuparsi per la sua salute. E le era chiaro che doveva quantomeno mangiare bene per mantenersi in forze.

«... allora glielo porti tu. E decora bene il cestino, gli piace.»

«Perché mi dici tutto questo?» chiese Frida.

«Te l'ho già spiegato. Voglio che lui stia bene» brontolò Lupe.

Si voltò verso i fornelli e Frida la osservò. La sua pelle era scura, gli occhi quasi neri, e con quelle labbra socchiuse emanava un'esuberante vitalità. Capì ciò che Diego aveva amato di lei, la sua fisicità, la sensualità dei suoi movimenti pigri, la sua naturalezza, che aveva qualcosa di agreste.

«Posso amare solo donne forti» aveva detto Diego quando Frida gli aveva chiesto della sua relazione con Lupe.

«Allora cosa ti attrae di me?» aveva replicato lei meravigliata, abbassando gli occhi sul suo corpo malato.

Diego l'aveva guardata con aria sbalordita. «Ma Frida, davvero non sai quanto sei forte? Sei incorruttibile. Dici sempre ciò che pensi. Sei una rivoluzionaria, te l'ho già detto.»

«Il *mole* non si cucina da solo.»

Frida sussultò.

Lupe le aveva gettato un asciugamano per riscuoterla dalle sue fantasticherie. La guardò scuotendo la testa. «Se continui così, lo farai bruciare per la seconda volta. E dobbiamo ancora preparare la pastella per le *tortillas*.» Gettò un sacchetto di farina sul tavolo e l'orlo, slabbrandosi, ricoprì Frida di una nuvola bianca che la fece starnutire.

Entrambe scoppiarono a ridere.

«Se Diego sapesse che noi due andiamo così d'accordo» disse Frida, e non poté trattenere un'altra sonora risata.

«Non preoccuparti di questo. Probabilmente a lui va bene così. E se non è così, è un suo problema.»

Quando scese nel suo appartamento, Frida aveva la strana sensazione che lei e Lupe potessero diventare in qualche modo alleate.

Prese un cesto e vi infilò il pranzo di Diego. Stese in fretta un panno di lino ricamato sulle vivande e avvolse intorno al manico una delle sue cinture dai colori sgargianti. Poi si mise in cammino verso il Palazzo Nazionale. La conoscevano tutti ormai. Salutò gli operai e salì da Diego sull'impalcatura.

«Il tuo pranzo, amore mio» gli disse e lo baciò.

Il suo sorriso estasiato le disse che aveva fatto la cosa giusta.

Nelle settimane successive continuò ad andare da Lupe per essere introdotta all'arte della cucina. Con sua stessa sorpresa, trovava piacere in quell'attività. Si sentiva bene quando si prendeva cura di Diego. E comunque le rimaneva ancora abbastanza tempo per sedersi accanto a lui sul ponteggio e dipingere i suoi quadri.

Il mio è un matrimonio felice, pensava spesso Frida.

Non si poteva dire lo stesso di sua sorella Cristina, che nel frattempo aveva avuto una bambina, l'adorabile piccola Isolda. Qualche giorno prima era andata a trovarla.

«Cristina?» la chiamò entrando nella casa silenziosa.

Non rispose nessuno e, preoccupata, si mise a cercarla. La trovò distesa sul divano, con la piccola Isolda addormentata accanto a lei.

«Frida» mormorò Cristina, e si alzò con un lieve gemito. Si sistemò una sciarpa che le nascondeva il lato sinistro del viso.

Frida gliela scostò e notò che sua sorella aveva un'ecchimosi intorno alla tempia gonfia.

«È stato lui?» Si rifiutò di pronunciare il nome del marito di Cristina. Il presentimento che aveva avuto al matrimonio non l'aveva ingannata. Suo cognato era un violento che picchiava la moglie! Lo sospettava da tempo, ma ora lo sapeva per certo. «Hai appena avuto una bambina. Come osa! Dov'è?» Si girò per cercarlo. Gli avrebbe detto quello che pensava!

«Lascia stare, Frida. Non c'è.»

«Perché sopporti tutto questo?»

Cristina sorrise, tormentata. «Cosa potrei fare altrimenti?»

«Lascialo. Subito. Puoi trasferirti da noi.»

Negli occhi di Cristina si accese un barlume di speranza. Ma poi rifiutò l'offerta. «Sa anche essere diverso. E poi è il padre di Isolda. Lei non dovrà mai scoprirlo, hai capito bene?» Cristina le afferrò il braccio.

«Mamma e papà lo sanno?»

Cristina scosse la testa e scoppiò a piangere. «Mi vergogno tanto. Mi sento così umiliata quando lui è così.»

Frida la strinse fra le braccia. «Non sei l'unica donna che viene picchiata, lo sappiamo entrambe. Ma tu sei mia sorella, e questo mi fa impazzire di rabbia. Lascialo e vieni da noi.»

«Vuoi che mi trasferisca nel vostro covo di comunisti?» disse Cristina cercando di sdrammatizzare. «Devo pensare alla salvaguardia dell'anima di mia figlia.»

«Hai sentito Matita?» chiese Frida per cambiare argomento. Non c'era motivo di fare pressioni su Cristina. Lo faceva già suo marito. Poteva solo sperare che sua sorella prima o poi tornasse in sé.

Scosse la testa. «La mamma non la vuole di nuovo in casa. Ferisce i suoi sentimenti. Ma almeno lei è felice con suo marito.»

«Oh, Cristina» disse Frida.

Qualche giorno dopo, qualcuno bussò violentemente alla porta. Frida sobbalzò e mise da parte il suo ricamo. Stava ricamando la scritta MI CORAZÓN su un telo bianco destinato a diventare un tovagliolo per Diego. Non appena aprì la porta cacciò un urlo. Davanti a lei c'erano due assistenti di Diego che lo sostenevano puntellandolo sotto le braccia. Era pallido come un cadavere e riusciva a malapena a reggersi in piedi.

«Svelti, andate in camera da letto. Fatelo distendere!»

Gli uomini trascinarono Diego a letto. Gemeva debolmente.

«Che cosa è successo?» chiese Frida agli uomini.

«È caduto dal ponteggio. Probabilmente ha avuto un colpo di sonno.»

Da quando gli era stato affidato l'incarico di dipingere l'enorme scalone del Palazzo Nazionale, Diego lavorava sino a diciotto ore al giorno. Non tornava quasi mai a casa prima di mezzanotte. Quando non dipingeva, faceva fronte ai suoi nuovi compiti di direttore dell'Academia de San Carlos. Da ragazzo aveva frequentato lui stesso quella scuola d'arte, e subito dopo la sua nomina aveva iniziato a rivoluzionare i programmi di studio, il che gli costava parecchio in termini di tempo ed energie.

«Credo che non si sia rotto niente. Ma è decisamente esausto. È meglio che chiami un medico» disse uno degli uomini.

Frida annuì.

Il medico gli prescrisse riposo assoluto, farmaci e cibo sano. Nelle settimane successive Frida si fece carico di aiutarlo a rimettersi in forze. Teneva lontano i visitatori, leggeva ad alta voce per lui e si sedeva al suo capezzale per tirarlo su di morale. All'inizio Diego era irrequieto e non accettava quella sorta di reclusione. Non era abituato a essere inattivo e a starsene sdraiato a letto. Strepitava e voleva assolutamente uscire di casa, ma ben presto, rendendosi conto che gli mancava la forza per farlo, tornava a stendersi continuando a lagnarsi. Con il tempo, però, Frida riuscì a calmarlo e a distrarlo, e finalmente Diego cominciò ad accettare la sua condizione e persino a godersela, in qualche modo. Questo la rinfrancò. Frida si prendeva cura volentieri del marito malato, le piaceva ricoprire questo ruolo a lei sconosciuto.

Assaggiò di nuovo il *mole* alla maniera di Oaxaca che aveva preparato da sola per la prima volta. Il giorno prima era stata al mercato ed era tornata a casa con due ceste piene di cibarie che a stento riusciva a reggere. Non era riuscita a trovare i peperoncini Pasilla, secchi e aromatici. Al loro posto aveva preso dei Cascabel essiccati perché sembravano delle ciliegine e anche per via del piacevole rumore che fanno i semini quando si scuote il frutto. Non a caso erano soprannominati "piccoli sonagli". Ma non aveva considerato che questa varietà era tra le più piccanti in assoluto. Affondò il cucchiaio nella salsa e lo leccò. Dio, se pizzicava! A Diego piaceva mangiare piccante, ma questo era davvero un'esagerazione. Frida rifletté su cosa fare, poi decise di aggiungere un po' di cioccolato grattugiato e dell'uvetta per attenuare il sapore. Lupe l'avrebbe certamente guardata con aria di disapprovazione perché per lei esisteva solo un modo per preparare il *mole* di Oaxaca. Ma per fortuna Lupe non c'era. E Frida si divertiva a sperimentare le sue creazioni.

Quando fu tutto pronto, chiamò Diego e lo invitò a sedersi a tavola di fronte a lei. L'aveva decorata con tovaglioli ricamati e un grande mazzo di calle selvatiche e berrette del prete. Il *mole* li aspettava in una grande ciotola di ceramica con il bordo colorato. In una vaschetta bassa e quadrata Frida aveva disposto del riso rosso, bianco e verde uno accanto all'altro. In cucina faceva caldo per via del vapore delle pentole, ma il profumo era invitante.

«Ci ho messo una porzione extra di uvetta e ho usato meno strutto perché fosse più digeribile» precisò mentre lo guardava mangiare. Diego si portò il cucchiaio alla bocca e iniziò con un assaggio. Poi arricciò le labbra, inspirò ed espirò più volte e agitò le mani davanti al viso.

«Cosa…? È troppo piccante, vero?» disse Frida. Ma capì subito che Diego stava scherzando. Lo vide chiudere gli occhi con l'aria deliziata e continuare ad assaporare quella specialità reinterpretata.

«Frida, questo *mole* è delizioso. Non cremoso come sono abituato…»

«… perché c'è meno strutto» spiegò Frida. «Il dottore ha detto che devi…»

«Il tuo viso sembra il muso di un cane quando mi sgridi. Te l'ha mai detto nessuno?» Si fermò e le rivolse un ampio sorriso.

Frida non prese nemmeno in considerazione l'ipotesi di risentirsi per la sua osservazione. Niente poteva scalfire il suo buonumore in quel momento. «E tu sembri una rana. Anche quando non sei arrabbiato.»

Diego, che aveva già preso il boccone successivo, scoppiò in una risata isterica che gli fece andare tutto di traverso. Frida gli diede una pacca sulla schiena e si affrettò a mettergli del riso nel piatto.

Poi, soddisfatta, rimase seduta a guardarlo mangiare.

Dopo cena lo costrinse a tornare a letto per riposare. E così iniziò la parte della giornata che lei amava di più. Si sdraiava accanto a lui e lo teneva fra le braccia. Lo ascoltava respirare o gli parlava a bassa voce. In quei momenti la sua vita con lui sembrava perfetta. Destinata a non finire mai.

«Diego, non puoi lasciarmi. Non adesso che ti ho appena trovato» gli sussurrò all'orecchio. «Non sopravvivrei a tutto questo. Promettimi che ti rimetterai.»

Diego si voltò verso di lei e le prese il viso tra le mani. «Sarò sempre al tuo fianco, Friducha, ti do la mia parola.»

Nel pomeriggio pioveva regolarmente perché ormai la stagione delle piogge era arrivata. Frida spinse il letto verso la finestra e la spalancò per poter vedere meglio quello spettacolo. A volte la pioggia era così fitta che sembrava formare un muro impenetrabile e scrosciava tanto forte da inghiottire tutti gli altri rumori. Talvolta si sentiva il gorgoglio delle fognature e il ritmo irregolare delle grosse gocce che cadevano sui davanzali di lamiera. Entrambi amavano quel ticchettio. Diego se ne stava sdraiato con gli occhi socchiusi e rifletteva, e Frida, accoccolata tra le sue braccia, seguiva indolente il filo dei propri pensieri.

Durante quelle settimane passate a prendersi cura di Diego, la vita di Frida scorreva in un flusso tranquillo. Non dipingeva, ma non sentiva nemmeno la mancanza delle ore passate davanti al cavalletto. Perché in cambio aveva qualcos'altro. Finalmente, per una volta, poteva stare accanto a una persona cara, prendersene cura ed essere responsabile del suo benessere. E le piaceva avere Diego tutto per sé in questo periodo. Ripresero le conversazioni che avevano fatto durante le lunghe passeggiate a Coyoacán. Parlavano delle ultime strategie del Partito Comunista e soprattutto di arte. Frida chiedeva a Diego di raccontarle nei dettagli i suoi anni in Europa, voleva sapere tutto del suo passato. *Stiamo davvero crescendo insieme in questi giorni e in queste settimane*, pensava spesso con soddisfazione. Si sentiva così incredibilmente viva e completa che avrebbe voluto fermare il tempo. È vero, non dipingeva, ma nella sua mente continuavano a germogliare idee per nuovi quadri che non aspettavano altro che essere realizzati. Ma non era possibile perché il suo cavalletto e i colori erano ancora a Coyoacán. Quando andava a trovare i suoi genitori, si lasciava attirare dal richiamo della sua vecchia stanza. Si chiudeva la porta alle spalle e toglieva il lenzuolo che Amelda aveva messo sopra la tela per proteggerla dalla polvere. In realtà la stanza era scrupolosamente in ordine. Si percepiva l'odore di limone e aceto che Amelda aveva usato per pulire. Tutto era ancora al suo posto: il letto con il baldacchino, la figura di Giuda che Diego considerava il suo amante e la sua scrivania, ma soprattutto i tanti quadri, le foto, le bambole e le piccole cose con cui l'aveva decorata. Sul cavalletto c'era il dipinto sul quale stava lavorando prima di trasferirsi al paseo de la Reforma. Con il telo che lo riparava ancora in mano, Frida restò a osservarlo a lungo. Ritraeva se stessa con un semplice vestito bianco. Solo le maniche corte erano bordate di pizzo. Fissava l'osservatore con uno sguardo serio. Le sopracciglia unite sopra la radice del naso formavano una linea simile alle ali di un uccello, e le guance erano truccate di rosso con un effetto poco naturale. La Frida dipinta indossava una spessa collana di giada con un grande pendente piazzato esattamente al centro dell'immagine. A destra della testa c'era una sveglia appoggiata su una colonna tornita. È contorta come la mia spina dorsale, pensò. Le lancette segnavano le tre meno otto minuti. La sveglia era moderna, proprio come l'aereo che passava sopra la sua testa, fuori della finestra.

Il tempo vola, pensò Frida. *Unisce passato e futuro, gioielli antichi e pizzi cuciti a mano con la tecnica moderna. E io mi trovo proprio in mezzo a questi due estremi.*

Forse poteva aggiungere dei lunghi orecchini di giada per sottolineare le sue radici azteche?

Prese un pennello fine per mescolare i colori. Ma in quel momento udì la voce di Diego.

«Eccoti qui, Frida. Forza, andiamo.»

Tenne il pennello nella mano sollevata ancora per un istante. Poi lo rimise nel bicchiere insieme agli altri e lasciò la stanza.

Alla fine di settembre Diego si era quasi completamente ristabilito.

«Devo tutto a te, Friducha» disse, e le baciò le mani. «La prossima settimana riprendo a lavorare. La scalinata del Palazzo Nazionale sarà la mia opera più importante.»

Aveva mostrato a Frida i bozzetti su cui aveva lavorato nelle ultime settimane. Voleva rappresentare la storia del Messico, a partire dalla conquista spagnola del 1519, passando per il periodo coloniale, l'invasione americana, il periodo della Riforma e la successiva invasione francese, sino alla dittatura di Porfirio Díaz e alla rivoluzione del 1910. Il suo nuovo assistente, Ramón

Alva Guadarrama, passava da casa loro quasi tutti i giorni per discutere i progetti e fare preparativi.

Frida dava per scontato che presto avrebbero ripreso la loro vecchia vita com'era prima della malattia di Diego. Il medico che lo aveva visitato aveva detto che sarebbe potuto tornare al lavoro nel giro di tre giorni. E lei avrebbe di nuovo trovato il tempo di dipingere. C'erano così tante cose che aveva vissuto con lui di recente e che spingevano per sprigionarsi da lei ed essere raffigurate sulla tela.

Diego era al Palazzo Nazionale da due giorni per preparare il dipinto nella scalinata. La sera si udirono degli strepiti alla porta d'ingresso. Alfaro Siqueiros era sulla soglia e chiedeva di parlare con lui. Quando Diego arrivò, Alfaro, senza nemmeno un saluto o un sorriso, gli annunciò l'espulsione dal Partito Comunista.

«La tua inaffidabilità politica è da tempo una spina nel fianco per il partito. E ora vuoi anche dipingere il Palazzo Nazionale, l'emblema del governo che ci ha venduto agli americani e ha sfruttato il Paese?»

Diego lo guardò sprezzante. «Cosa ci posso fare se il governo non commissiona più affreschi in edifici pubblici? Sei solo geloso perché questo incarico è stato affidato a me e non a te.»

Siqueiros boccheggiò. «Tu lavori per i capitalisti, per un governo di sfruttatori e oppressori! E guarda un po' gli amici che hai. Questo è un tradimento contro la lotta di classe! Dov'è il tuo slancio rivoluzionario?»

«I miei dipinti avvicinano i messicani alla loro storia. Per la prima volta! Questo risveglia la loro coscienza politica! E con la giusta consapevolezza, impareranno a combattere per la giusta causa.»

«Il compagno Stalin non è d'accordo.»

Diego lo guardò con un'espressione impenetrabile. Poi disse: «Allora il compagno Stalin si sbaglia».

Siqueiros era allibito. «Con questo hai definitivamente dimostrato che non sei degno di essere un membro del partito.»

«Io sono il segretario generale del Partito Comunista messicano, e dal momento che ricopro questa carica ho la facoltà di autoespellermi.» Si fermò un istante. «A tal fine, convocherò una riunione di partito. Il 3 ottobre.»

Diego chiese a Frida di non accompagnarlo quella sera. Qualche ora più tardi tornò a casa abbattuto.

«Saranno tempi duri, ho appena perso la mia patria.»

La mattina dopo, Frida capì cosa intendeva dire Diego. In un articolo sulla rivista del partito, *El Machete*, Siqueiros lo definiva pubblicamente un traditore e un estremista di destra e metteva in guardia dal trattare con lui.

«Una volta ero io il direttore di questo giornale!» gridò Diego con la voce incrinata dalla rabbia accartocciando la pagina dell'articolo. «Per anni mi sono battuto per le idee marxiste. Sono stato in esilio e sarei stato disposto a farmi incarcerare per il partito. In tutti i miei dipinti elaboro idee marxiste. E ora è tutto sbagliato solo perché c'è una nuova direttiva di Mosca? Ma qui non siamo a Mosca! Siamo in Messico. Avrei dovuto saperlo fin da allora. Con Stalin non si può ragionare.»

Frida si sentiva impotente nel vederlo soffrire. Ogni giorno leggevano nuovi attacchi contro di lui sul giornale. Diego si sentiva moralmente devastato e cominciò a mettere in discussione il lavoro di tutta una vita.

«In sostanza si esprimono solo con degli slogan» cercava di consolarlo Frida. «Mancanza di disciplina di partito, ma cosa intendono nel concreto?»

«Che non mi piego, non chino la testa» rispose Diego. Si raddrizzò sulla sua sedia. «Ma non lo farò nemmeno in futuro. Continuerò a dipingere i miei murales in modo che tutti possano vederli. E rimarrò marxista.»

«Domani darò le dimissioni dal partito. Solo per solidarietà con te» disse Frida. «E ora andiamo a ballare.» Gli passò davanti. La sua ampia gonna gli sfiorò la coscia e frusciò misteriosamente.

Diego la guardò sorpreso. Poi il suo viso si illuminò. «Forse è proprio questo il modo giusto di gestire la cosa.»

Andarono in un locale animato dai *mariachi* sullo Zócalo e ordinarono tequila. Mentre si apprestavano a tornare a casa, Tina Modotti entrò nel locale. Frida spalancò le braccia per salutarla, ma Tina si ritrasse rifiutando l'abbraccio. «Traditori!» sibilò.

Frida impallidì. Rimase lì impalata a guardare la loro amica che prendeva posto a un altro tavolo.

Quella notte non riuscì a dormire. Perdere l'amicizia di Tina la rattristava profondamente. Le faceva male quasi quanto quella volta in cui Alejandro le aveva detto di essere in partenza per l'Europa.

Diego si rotolava nelle lenzuola accanto a lei. Neanche lui riusciva a prendere sonno.

«Forse dobbiamo andarcene dal Messico» borbottò a un certo punto. Mise il braccio attorno a Frida e la strinse a sé. «Ora cerchiamo di dormire un po'.»

9

«Vuoi davvero fare questo per la mia famiglia?» chiese Frida.

Diego annuì. «Non solo per la tua famiglia. Anche per noi» disse. «Pagherò i debiti di Guillermo, e in cambio lui mi intesterà la casa. Naturalmente lui e tua madre continueranno a vivere lì. Ma ho pensato che potremmo trasferirci lì anche noi. La casa piace molto a entrambi e c'è spazio in abbondanza per un atelier.»

Frida era profondamente sollevata. Suo padre riceveva sempre meno incarichi e le costose cure mediche di cui lei aveva bisogno avevano consumato tutti i suoi risparmi. Anche il denaro ricavato dalle ipoteche sulla casa si era esaurito, e i suoi genitori avevano già dovuto vendere molti dei vecchi mobili per riempire i buchi più grandi.

«Se vivessimo a Coyoacán, non dovremmo più condividere la stessa casa con Alfaro» disse Frida. «Quell'uomo terribile non mi rivolge nemmeno la parola quando ci incontriamo sulle scale. Inoltre mi manca il giardino. Potremmo anche tenere degli animali, magari un cane o una scimmietta.»

Prima di trasferirsi intrapresero un'ampia opera di ristrutturazione. Gli elementi decorativi sui muri esterni della casa piatta furono eliminati in modo che l'edificio non avesse più un aspetto neoclassico francese, bensì tipicamente messicano. Le griglie ornamentali a mezza altezza davanti alle finestre sparirono. Poi fecero dipingere tutto di un blu brillante e sostituirono i mobili europei che Guillermo aveva venduto con mobili messicani. Nel cortile Frida creò un piccolo stagno, acquistò dei pesci rossi e anche un paio di anatre. Le stanze si riempirono rapidamente di oggetti d'arte precolombiana, statuette, figurine, giocattoli, vasi di terracotta e animali domestici che Diego acquistava in ogni occasione. Frida riprese a collezionare immagini votive e le appese alla parete della sua camera da letto.

«Casa mia somiglia sempre più a un museo di storia naturale» osservava Guillermo ogni volta che Diego o Frida portavano qualcosa e decoravano le stanze. Non fu l'unica cosa a cambiare. Le zie di Frida e altre persone non andarono più a trovarli. Anzi, spruzzavano acqua santa sul marciapiede per scacciare il maligno che ormai pensavano vivesse in quella casa.

Frida progettò la cucina con particolare dedizione. Da quando aveva scoperto che le piaceva spadellare, aveva iniziato a dare importanza a un ambiente che fosse funzionale ma anche, e soprattutto, bello esteticamente. Fece dipingere la cornice in mattoni intorno alla stufa dello stesso blu delle pareti esterne, e per i ripiani in legno e il grande tavolo scelse un giallo brillante come colore a contrasto. Alle pareti appese decine di pentole di rame, lucidate e disposte in base alle dimensioni. Attaccò delle piccole brocche di terracotta al muro in modo tale da formare i nomi "Frida" e "Diego" ai lati del forno aperto. Sui davanzali delle finestre e nelle vetrinette con i ripiani gialli c'erano bicchieri verdi e blu di ogni forma e dimensione.

«Questa casa diventerà una casa blu» disse un giorno Guillermo quando Frida ridipinse una sedia di quel colore.

«Il blu tiene lontani gli spiriti maligni» replicò Frida.

Il nome "casa blu" fu gradualmente adottato dai vicini, e in breve tempo in città si prese a parlare semplicemente di "Casa Azul" quando la gente voleva sapere dove vivevano i coniugi Rivera.

«Ci pensi? Dwight Morrow mi ha invitato a realizzare un murale nella loggia del Palacio de Cortés a Cuernavaca!» disse Diego una sera sventolando una lettera.

«Dwight Morrow?» ripeté Frida. «L'ambasciatore americano? Non è il suocero di Charles Lindbergh?»

«Sì, sua figlia Anne è sposata con Lindbergh. Lui e sua moglie verranno a cena domani, così discuteremo dei dettagli. Ah, porteranno anche un altro fotografo, un americano originario dell'Ungheria o qualcosa del genere.»

«Ma non hai ancora finito i lavori al Palazzo Nazionale» obiettò Frida.

Diego si voltò verso di lei. «Eravamo entrambi d'accordo che ci avrebbe fatto bene allontanarci dalla città per un po', finché le cose non si fossero calmate.»

Frida annuì. "Le cose" erano le ostilità degli ex compagni. Avevano aspettato al varco Diego mentre lavorava al Palazzo Nazionale per poi insultarlo. La settimana prima qualcuno era persino arrivato a colpire uno dei suoi murales con un piccone.

Frida non sapeva cosa pensare mentre faceva del suo meglio per apparecchiare una tavola festosa e preparare piatti tipici messicani da offrire agli ospiti. Dwight Morrow non era esente da critiche; un anno prima aveva strappato al governo messicano dei privilegi a favore degli americani riguardo lo sfruttamento delle risorse del sottosuolo. C'erano state dimostrazioni contro di lui nelle strade. Anche Frida e Diego avevano partecipato alle proteste. Tra i compagni, l'ambasciatore era considerato l'avanguardia dell'imperialismo americano ed era uno degli uomini più odiati.

E se ora stesse usando Diego solo per gettare acqua sul fuoco? D'altra parte era stato proprio Morrow a mediare tra il governo e la Chiesa cattolica quando c'era stata una resistenza armata contro le aspirazioni laiche del governo durante la rivolta dei *cristeros*. A quel tempo il Messico era scampato per un pelo a un'altra guerra civile.

Sono curiosa di conoscere quest'uomo, pensò Frida mentre

lustrava i bicchieri e li disponeva accanto ai piatti. *E potrei benissimo considerare l'idea di vivere in un'altra città per un certo periodo.*

Osservò la tavola imbandita con aria critica. Mancava qualcosa. Era fin troppo grande per cinque coperti. Senza esitazione prese una brocca di rame lucida e aggiunse una decina di boccali in vetro verde. In alcuni di essi infilò delle calle bianche, che in quel momento erano i suoi fiori preferiti e crescevano spontanee a decine nel cortile. Guardò la sua *mise en place* e fu soddisfatta, anzi no, mancava ancora qualcosa. Corse in camera da letto e prese il ricamo cui stava lavorando. La scritta MI CORAZÓN non era ancora finita, ma se avesse drappeggiato sapientemente il tessuto sul tavolo, non si sarebbe notato. Ecco, ora era tutto perfetto.

Si piazzò davanti allo specchio e controllò il suo aspetto. Indossava una tunichetta indaco tessuta a mano, bordata di ricami rossi lungo la scollatura e le maniche. La gonna, realizzata con la stessa stoffa pesante, aveva tante piccole pieghe in vita e terminava con un bordo di raso nero fissato con fettucce ornamentali blu. L'abito, a differenza del solito guardaroba di Frida, era piuttosto discreto per quanto riguardava i colori, ma si distingueva per la qualità del tessuto che proveniva da una piccola città nei pressi di Puebla. Stava per mettersi l'ampia collana d'argento con le pietre in malachite quando Diego arrivò alle sue spalle e la aiutò.

«Sei bellissima» le disse baciandola sul collo.

Frida guardò se stessa e Diego allo specchio. Come quando si erano incontrati per la prima volta…

Era chiaro che anche Diego ci aveva pensato. «Ogni volta che ti vedo così, davanti a uno specchio, mi innamoro di nuovo di te.» La abbracciò e la attirò a sé. Frida sentì crescere il desiderio e si voltò verso di lui per baciarlo.

Quando bussarono alla porta, si staccarono con un sorriso.

«Più tardi» le sussurrò Diego.

Dwight Morrow era un tipo elegante, magro, con il naso dritto e un'aria distinta. Era più alto di tutta la testa rispetto alla moglie Elizabeth, che per via del suo viso largo dalle guance rosse non si sposava bene con lui.

Mentre Frida li salutava e dava loro il benvenuto, osservò il terzo ospite alle loro spalle. Raramente aveva incontrato un uomo che fin dal primo istante l'aveva colpita per il suo aspetto attraente. Aveva degli occhi bellissimi e portava i capelli leggermente ondulati pettinati all'indietro, come quelli di Diego. Le rivolse uno sguardo cordiale e tese la mano verso di lei.

«Nickolas Muray» disse con un luccichio negli occhi. «Sono lieto di conoscerla. Anzi, se posso: sono estasiato.»

«Con quanto amore ha preparato questa tavola!» Frida udì il commento di Elizabeth, che si era già inoltrata in sala da pranzo con Diego. «Tutto questo è per noi? E queste sono calle selvatiche? Sono splendide!»

Frida sorrise a Nickolas Muray e seguì gli altri. Quel fotografo era un uomo estremamente interessante. La serata si prospettava divertente.

«Perché vuole realizzare un murale a Cuernavaca?» chiese Diego quando arrivarono al dessert, uno sformato di pinoli che Frida aveva sistemato su un piatto di un blu acceso.

«Vorrei ringraziare la città…»

«Ci sentiamo molto a nostro agio lì» interloquì la moglie. «E ci dispiace di doverci presto trasferire a Londra. Ah, signora Rivera, questo sformato è davvero delizioso.»

«Sarò felice di darle la ricetta.»

«Londra?» tornò alla carica Diego.

«Esatto. La conferenza navale. Tra l'altro, questo mi porta a un altro pensiero. Vorrei offrirvi la nostra casa. Potete rimanere lì finché lei lavora a Cuernavaca, finché lo desiderate.»

«È un'offerta generosa» disse Diego con aria pensosa. «Io e Frida potremmo trascorrere lì la nostra luna di miele, visto che ancora non siamo riusciti a farla.»

«Luna di miele?» chiese Nickolas. «Vi siete appena sposati?»

Qualcosa nella voce di quell'uomo suscitò l'interesse di Frida. Sembrava provenire dalle profondità della gola e le piaceva quell'accento. Ungherese, aveva detto Diego?

«È passato qualche mese ormai» disse Frida,. «Ma sinora non abbiamo potuto fare un vero viaggio di nozze.»

«Casa nostra le piacerà» disse Elizabeth posandole la mano sul braccio. «Vedo che ama i fiori e tutto ciò che è bello. Abbiamo diverse terrazze e fontane intorno a casa. Può raccogliere le banane, se vuole. E c'è una torretta belvedere da cui si gode di una vista mozzafiato su Tres Marías. È il villaggio vicino, molto pittoresco, con un mercato interessante.»

Frida era entusiasta: avrebbe fatto un viaggio e sarebbe vissuta in campagna per un po'. Finalmente avrebbe visto e vissuto qualcosa di diverso. E finalmente sarebbe andata in luna di miele con Diego. Avrebbero trascorso del tempo insieme come quando lui era malato. Cristina e suo marito erano stati ad Acapulco dopo il loro matrimonio. Cristina era al settimo cielo e Frida la invidiava perché era tornata incinta. Quel pensiero non la abbandonava mai.

«Parliamo del murale che ha in mente. Quale dovrebbe essere il tema?» chiese Diego rivolgendosi a Morrow.

L'uomo si accese una sigaretta e rilasciò una boccata di fumo prima di rispondere. «Be', pensavo di lasciar fare a lei. Ma naturalmente, in base ai suoi lavori precedenti, mi immagino un capitolo della storia messicana. La conquista spagnola? La lotta di liberazione messicana? Forse Emiliano Zapata? Come ho detto, dipende da lei.»

«Forse non le piacerebbe quello che dipingo» suggerì Diego.

«Finché corrisponde a verità, sono d'accordo. Sono un grande estimatore delle sue opere.»

Diego versò una tequila prima di chiedere dettagli sul pagamento.

«Dodicimila dollari. E può vivere in casa nostra.»

Frida guardò suo marito con gli occhi spalancati. Erano un sacco di soldi, più di quanti ne avesse mai guadagnati Diego.

«Si potrebbe raccontare la storia dello Stato di Morelos. E anche quella della costruzione del Palacio de Cortés» suggerì Diego, e dal tono un po' sognante in cui lo disse, Frida capì che stava già facendo degli schizzi mentalmente.

«È un'idea eccellente» intervenne Morrow. «Il Palacio de Cortés è il simbolo della conquista spagnola...»

«... e, mostrando chi l'ha costruito, potrei mostrare anche a chi appartiene realmente ed è sempre appartenuto...»

«... ossia il popolo messicano.»

«Brindiamo, allora!» gridò Diego alzando il bicchiere.

«Peccato che non ho portato la mia macchina fotografica. Mi sarebbe piaciuto immortalare questo momento» intervenne Nick, ma stava guardando solo la padrona di casa. Frida si era sentita i suoi occhi addosso per tutta la serata e non aveva provato disagio. Ora aveva la sensazione che in sostanza lui volesse fotografare lei.

«Abbiamo degli amici in comune» disse a Frida.

«Davvero? Chi?»

«Miguel Covarrubias e sua moglie Rosa.»

«Oh, è stato lei a farle quelle foto meravigliose?»

«Certo. Sono un ritrattista.»

«E molto in gamba, peraltro» aggiunse Elizabeth. «Lavora per le grandi riviste americane. Ed è uno dei primi a scattare foto a colori.»

«A colori? Questo mi interessa molto. Io adoro i colori. Mi piacerebbe vedere altre sue foto» disse Frida.

«E a me piacerebbe fotografarla» replicò Nick rivolgendole uno sguardo che la lusingò.

Quando i Morrow se ne furono andati, Frida si apprestò a sparecchiare, ma Diego la attirò a sé e la fece sedere in grembo.

«Cosa pensi della proposta?» le chiese.

«Quei due mi piacciono. E lui mi sembra una persona leale. Ha pur sempre cambiato il nome dell'ambasciata americana in "ambasciata degli Stati Uniti" perché sa quanto questo abbia offeso noi messicani. Dopotutto, anche noi facciamo parte dell'America!» Esitò.

«Ma...?»

«Non so, tutto questo lavoro... Non hai ancora finito lo scalone del Palazzo Nazionale. D'altra parte, è un'idea allettante. Mi piacerebbe tantissimo trascorrere la nostra luna di miele laggiù.»

«Il clima a Cuernavaca è meraviglioso, è sempre primavera. E non è poi così lontano, solo due o tre ore di macchina. Potrei sempre tornare qui se fosse necessario. E la proposta di vivere nella casa di Morrow è fantastica. Ci aiuterebbe a distrarci.» Si interruppe e la guardò scuotendo la testa. «A patto che ci andiamo entrambi. Non andrò mai più da nessuna parte senza di te. Sei mia moglie.»

Frida deglutì.

«Che c'è?» chiese Diego.

«Non sono mai uscita da questa città» confessò. «Alejandro e io abbiamo sempre sognato di andare negli Stati Uniti... Invece ho avuto l'incidente. Sono... sono così felice. Non hai idea di quanto questo significhi per me.»

Diego le prese le mani. «Vuoi andare negli Stati Uniti, Friducha? Ti ci porterò un giorno, te lo prometto.»

«Cosa ne pensi di quel fotografo?» chiese Frida.

Diego si mise a ridere. «Mi pare follemente innamorato di te» disse. «Non sarà facile tenerlo a bada!»

A dicembre arrivò il momento di partire. Fecero le valigie e si lasciarono la città alle spalle. Il viaggio durò poco più di due ore, ma Frida si mostrò subito entusiasta. Per la prima volta in vita sua vedeva dei paesaggi deserti. In lontananza svettavano le montagne che circondavano l'altopiano su cui sorgeva Cuernavaca. Si vedeva persino il Popocatépetl innevato.

La città le piacque fin dall'inizio. Apprezzava il suo clima mite e la tranquillità di una piccola comunità. La spaziosa casa dei Morrow, con i giardini terrazzati circostanti, superava tutte le sue aspettative. Amava gironzolare lì intorno per ore. Familiarizzò con Paco, il vecchio giardiniere, si fece illustrare le varie colture e lo aiutò nei lavori più facili.

«È il mio modo di ringraziare per averci permesso di stare in questa casa da sogno» spiegò, elettrizzata. «E sto anche raccogliendo l'ispirazione per i quadri che dipingerò.»

«Solo perché non sei mai stata da nessuna parte» la stuzzicò Diego.

Ma Frida ribatté: «Mi piace l'aria buona che si respira qui. E mi piacciono le grandi *haciendas* con le case padronali e i giardini ben curati. Mi piace questa coesistenza di ordine e natura. Hai fatto caso a come fioriscono le agavi? Giù lungo il fiume ci sono degli alberi di Giuda. E qui, proprio dietro la casa, crescono dei cactus che raggiungono l'altezza di un uomo.»

«Va bene, Frida» disse Diego ridendo. «Sono contento che ti piaccia qui. Butta giù qualche schizzo!»

La mattina presto Diego si recava al palazzo risalente al XVI secolo fatto costruire da Hernán Cortés e restava lì a dipingere sino a tarda sera.

Frida dormiva più a lungo. Poi si vestiva con cura scegliendo tra i suoi abiti colorati e gli cucinava il pranzo che gli portava in cantiere. Si sedeva con lui sul ponteggio e si tratteneva finché voleva.

Festeggiarono il nuovo anno con amici venuti dalla capitale. Prima andarono tutti al Palacio de Cortés per vedere come procedevano i murales di Diego, poi Frida mostrò i suoi numerosi schizzi. Anita Brenner lesse un capitolo del suo libro e Manuel scattò delle foto. A mezzanotte brindarono al nuovo anno sotto un cielo trapunto di stelle. «Ogni stella è un momento felice!» esclamò Anita.

Più tardi Diego e Frida fecero l'amore.

«Quest'anno ti amerò ogni notte, Friducha mia» le sussurrò Diego all'orecchio.

«Devi farlo, altrimenti divento intrattabile» ribatté lei, e si rannicchiò contro la sua schiena. Dal lieve fremito del suo corpo, capì che Diego stava ridendo tra sé.

Sono grata per la vita che ho, pensò quando lui era già sprofondato nel sonno. *Sono grata che Diego mi ami. Sono felice. Voglio che tutto rimanga così com'è ora.*

10

L'anno era appena iniziato e Frida si sentiva felice e in armonia con il mondo come non mai. La decisione di voltare le spalle alla sua vecchia vita per qualche mese si era rivelata azzeccata. Euforica, camminava verso il Palacio de Cortés tenendo in mano un cesto con il pranzo di Diego. La mattina aveva dipinto un po', poi era sparita nella grande cucina dei Morrow per preparare *tortillas* con petto di pollo e salsa agrodolce al peperoncino, oltre a delle crêpes con fragole fresche. Sollevò il tovagliolo ricamato e il profumo allettante delle *tortillas* le arrivò al naso. Oggi le erano riuscite particolarmente bene.

Nel cestino c'era anche un raffinato bicchiere blu che aveva comprato al mercato apposta per Diego. E come sempre vi aveva aggiunto un breve messaggio d'amore per lui. Quando non aveva altro a portata di mano, scribacchiava i suoi messaggi su una busta usata, proprio come in questo caso: «Diego, amore mio, non dimenticare che una volta finito l'affresco, ci ameremo per sempre. La tua Frida». Aveva chiuso con l'impronta delle sue labbra dipinte di rosso, ritenendosi soddisfatta.

Quando vide i primi colori del murale di Diego nel porticato, tirò un sospiro di sollievo. All'interno l'edificio sembrava molto più arioso e vivace che all'esterno, con la sua facciata senza finestre.

Salutò silenziosamente Emiliano Zapata, cui Diego aveva riservato un posto d'onore in una delle nicchie al piano terra.

Il leader della rivoluzione messicana reggeva il fucile con piglio deciso, mentre nell'altra mano stringeva la sciabola. Diego lo aveva ritratto spesso, una volta anche su un cavallo bianco. «Ma le zampe del cavallo non vanno bene, sono troppo massicce» aveva detto Frida quando Diego le aveva mostrato i bozzetti. «Allora dipingile tu» aveva ribattuto lui, e Frida aveva fatto uno schizzo che Diego aveva utilizzato.

Frida salì le scale in fretta passando davanti alle raffigurazioni della conquista spagnola e alla sua immagine preferita, quella dello zuccherificio. Un barbuto conquistatore spagnolo in sella a un cavallo dirigeva gli operai con la frusta. Gli uomini con una tuta bianca non avevano volti riconoscibili, ma i loro movimenti irradiavano un'umanità che toccava Frida. Ammirava Diego per il modo in cui restituiva agli oppressi la loro dignità. Non vedeva l'ora di rivederlo; sentiva ancora le sue carezze appassionate perché avevano fatto l'amore proprio quella mattina.

Arrivata al secondo piano, fece vagare lo sguardo sull'impalcatura, ma non riuscì a scorgerlo da nessuna parte.

«Hai visto Diego?» chiese a uno degli operai.

Questo scosse la testa in silenzio e se la svignò.

Strano, di solito gli uomini erano sempre in vena di chiacchiere, ma oggi non sembrava esserci nessuno in giro.

Passò sotto il ponteggio, dove gli strumenti e gli utensili per dipingere erano conservati in una stanzetta. E fu allora che vide la scena. Diego le dava le spalle e si stava tirando su i pantaloni. Di fronte a lui, una donna india si abbottonava la camicetta. Quando scorse Frida, le rivolse un'occhiata di sfida per poi andarsene ondeggiando i fianchi.

Frida era come pietrificata, si sentiva improvvisamente vuota, tutta la vitalità che aveva avvertito sino a un istante prima era sparita. *Quindi questa simultaneità era possibile*, pensò meccanicamente. *Sto qui davanti alla sua opera e lo ammiro e penso che abbiamo appena fatto l'amore, e lui fa sesso con un'altra donna. Come ho potuto anche solo pensare che tutto questo sarebbe cambiato una volta sposata? Mio Dio, sono un'oca ingenua! Sono un'idiota cieca!*

«Frida» disse Diego. «Non significa niente.»

«Forse non per te. Ma per me sì.» Si meravigliò di quanto fosse controllata la sua voce. Voleva essere forte, non avrebbe mai e poi mai dato sfogo ai propri sentimenti lì, dove tutti potevano vederla, questo l'avrebbe umiliata ancora di più. Avrebbe voluto scagliarsi contro di lui con pugni e artigli, ma le mancava la forza per farlo. Tutto ciò cui riusciva a pensare era che il suo mondo, l'immagine che aveva del suo matrimonio e dell'amore di Diego, era appena andata in frantumi.

Senza aggiungere altro, posò il cestino, girò sui tacchi e se ne andò.

Si rifugiò nel vasto giardino dei Morrow. *No, non piangerò nemmeno ora*, si disse. *Il mio orgoglio non me lo consente.* Ma la scena cui aveva appena assistito le provocava un dolore bruciante nel cuore. Diego aveva un aspetto ridicolo con i pantaloni abbassati. *Spregevole*, pensò in preda alla rabbia. Ma lo sguardo di quella donna l'aveva colpita profondamente. C'era dentro una nota di trionfo. All'improvviso Frida capì che non era stata la prima volta, e che quella non era l'unica donna con cui Diego l'aveva tradita. Tutte quelle modelle che stavano seminude davanti a lui e si mettevano in posa obbedendo ai suoi suggerimenti. Che pendevano dalle sue labbra ed erano orgogliose di essere immortalate dal pittore più famoso del Messico. Le vennero in mente le parole di Tina la sera in cui aveva incontrato Diego: «Non credo ci sia una donna in questa stanza con cui Diego non sia andato a letto».

Aveva sottovalutato l'avvertimento. Aveva ignorato le tante donne americane, le studentesse di arte e le collezioniste che consideravano una notte con il celebre Diego Rivera parte integrante di un viaggio in Messico, e che lei, con le guance in fiamme e gli occhi lucidi, aveva sorpreso nell'atelier di suo marito. Tutti quegli sguardi furtivi, le risatine soffocate o i gemiti che coglieva quando passava davanti al suo studio. Perché non aveva voluto ammetterlo, anche se era così ovvio? Era stata cieca, ingenua sino al midollo! E questa constatazione era più dolorosa dell'infedeltà di Diego. Non aveva visto ciò che era evidente perché non l'aveva voluto vedere. Aveva tradito un principio importante nella sua vita senza il quale lei, con il suo corpo martoriato, non sarebbe potuta sopravvivere. Aveva tradito la sua promessa di essere fedele a se stessa e questo ora le sarebbe costato caro. Non era riuscita a impedire l'infedeltà di Diego. Ma forse sarebbe riuscita a smettere di mentire a se stessa, questo sì.

Faceva male, ma doveva ammettere di essersi cullata in un falso senso di sicurezza. Non esisteva una possibilità del genere. Era al sicuro solo quando si affidava completamente alle proprie risorse. In preda alla disperazione si batté entrambi i pugni sulle cosce. Il dolore fu istantaneo. Ma il dolore fisico non poteva annullare quello che le attanagliava il cuore.

Lungo il tragitto verso casa le venne in mente l'andatura seducente e lasciva della donna india.

Si sforzò di raddrizzare la schiena anche se farlo le procurava dolore, risistemò il suo *rebozo* intorno alle spalle con uno slancio aggraziato e proseguì più eretta e sicura di sé. A ogni passo le cose si facevano più chiare.

«Non fingerò mai più di non vedere la realtà solo perché è sgradevole. Rimarrò fedele a me stessa, alla mia verità, perché è meglio dare un nome alla verità, anche se fa male, piuttosto che mentire a se stessi. La bugia ti colpisce alle spalle. D'ora in poi non farò più finta che Diego non mi tradisca. Se prima del matrimonio speravo che non avrebbe avuto bisogno di altre donne dal momento che aveva me, sono stata una dannata stupida e adesso l'ho capito.» Si spaventò quando si rese conto di aver parlato a voce alta.

Ma perché Diego l'aveva tradita? Lei gli aveva dato tutto. Il suo corpo ferito talvolta richiedeva particolare riguardo, ma in amore era sempre stata un'amante appassionata.

Cosa significava il suo tradimento? Che lei doveva lasciarlo? Il solo pensiero la atterriva. No, lo amava troppo per farlo.

Sarebbe rimasta con Diego, ma d'ora in avanti non avrebbe badato alle sue scappatelle. Avrebbe continuato per la sua strada, l'unica che poteva percorrere. Era una decisione difficile, ma anche l'unica giusta. A quel pensiero si sentì un po' più leggera.

La sera Diego tornò a casa tardi e lei gli lesse in faccia che voleva spiegarsi. Con un solo sguardo lo mise a tacere. Non voleva parlarne, le avrebbe fatto ancora più male. Entrambi sapevano che non c'era niente da dire. Diego non avrebbe smesso di desiderare altre donne, e Frida non lo avrebbe lasciato per questo.

Nei giorni successivi continuò a portare il pranzo a Diego, ma non si trattenne nel palazzo. Prese l'abitudine di vagare da sola per la città e la campagna circostante dando libero sfogo ai suoi pensieri. Più conosceva Cuernavaca, più le piaceva la città e i suoi abitanti perché univa il passato precoloniale del Messico con la modernità. Qui il conquistatore Cortés aveva trascorso gli ultimi anni della sua vita, e ora Diego stava dipingendo il palazzo che lui aveva fatto costruire. A Cuernavaca c'erano ancora le grandi *haciendas* e le piantagioni di canna da zucchero risalenti all'epoca del dittatore Porfirio Díaz. Ma qui viveva anche il fantasma di Zapata, che era stato ucciso nelle vicinanze e il cui corpo in seguito era stato esposto pubblicamente. Camminando per le strade, Frida vedeva spesso gli enormi cappelli che soleva indossare il capo della rivoluzione. E quando si alzava il vento, gli indios dicevano di aver visto la polvere alzarsi da sotto gli zoccoli del suo cavallo. Ma Cuernavaca era più di questo. Qui Frida aveva scoperto la natura, che la affascinava e le infondeva pace interiore. Si chinava a guardare fiori e foglie, ne osservava le varie forme e affondava il naso nel loro profumo. Prendeva una manciata di terra rossa e dura e sbriciolava le zolle tra le dita. Nel farlo pensava al sangue dei ribelli che aveva inzuppato quella terra. Si imprimeva nella mente i profili delle colline e dei tetti. Ancora di più, tuttavia, era colpita dalla vita dei contadini che vedeva per la prima volta a Cuernavaca. Era questa la vita di cui parlavano le immaginette degli ex voto. Doveva solo guardare e ascoltare attentamente, e avrebbe imparato come vivevano queste persone semplici, cosa amavano e cosa temevano. *Mi sento legata a questa gente di campagna*, rifletteva. *Mi piacerebbe dipingere quello che provano.* Osservava le donne che, camminando erette con grandi brocche in testa e avvolte in abiti colorati, portavano le merci al mercato o lavoravano nei campi. Le interessava tutto. Al mercato c'era un pittore che dipingeva ex voto su commissione. Frida divenne sua amica e si fece raccontare le storie che lui rappresentava su quei quadretti votivi. Il vecchio era abilissimo con il pennello e Frida amava il modo in cui usava i colori. Un'altra delle sue bancarelle preferite era quella di una tessitrice che vendeva tessuti con antichi motivi indios. Si fece spiegare nel dettaglio il significato dei disegni e dei colori. Ogni villaggio aveva le sue tradizioni che nel corso dei secoli avevano trovato la loro espressione in quelle fantasie vivaci.

«Questo viene da Tuxla. Lo tessono le donne del posto. Vede questo motivo? Significa donna forte.»

Frida guardò la donna, poi di nuovo la stoffa. «Lo prendo. E anche gli altri. E quei nastri laggiù.»

Presto i commercianti impararono a conoscerla, sicché, appena arrivava al mercato e si sedeva su una panchina all'ombra, loro andavano a presentarle la loro mercanzia. Frida aveva sempre con sé abbastanza pesos per dare ai mendicanti qualche moneta e ai bambini gli spiccioli per un gelato. E per comprare quello che le piaceva: i *rebozos* e i tessuti con cui si faceva cucire le gonne e gli *huipil*, le tuniche squadrate tipiche del luogo. Poi si faceva portare a casa gli acquisti da un ragazzo indio.

«Frida, cosa te ne fai di tutta questa roba?» chiese Diego ridendo quando, tornando a casa, la trovò circondata da tessuti colorati.

«Queste cose mi toccano. Rappresentano il Messico. E mi sento forte quando li indosso.»

«Mi piaci con quegli abiti. Questo diventerà una gonna?» chiese lui indicando un tessuto scuro, quasi nero, ricamato con un motivo a punto croce rosso. Era prezioso, proprio per le ore e ore che aveva richiesto il ricamo.

«No, voglio farmi cucire una camicetta. E guarda qui…» Indicò un mucchietto di nastri di seta in tutti i colori. Accanto c'erano vari merletti all'uncinetto. «Con questi farò la bordura. Ma non so ancora come.»

«Anch'io ho qualcosa per te» disse Diego guardandola con quella tenerezza che solo lui sapeva esprimere e che la emozionava ogni volta come se fosse la prima. Le consegnò un sacchettino di stoffa che faceva un tintinnio promettente.

Frida sciolse il nastro e trovò due dozzine di pietre di giada di diverse dimensioni, alcune tonde, altre piatte. Brillavano in tonalità di verde che andavano da quello più pallido, quasi bianco, a quello più deciso che si avvicinava al turchese.

«Oh, Diego, sono splendide. Le adoro!»

«Guarda il pugnetto. Ho pensato che potrebbe diventare un pendente.»

«Dove le hai prese?» chiese Frida.

«Me le ha regalate una persona. Avranno qualche centinaio di anni. Suppongo che un tempo formassero una collana. Potresti riadattarlo.»

«Grazie» disse Frida. Si alzò e lo baciò.

Quando fu di nuovo sola, tenne in mano le pietre di giada finché non diventarono calde. Le avrebbe dipinte.

Diego, pensò in un impulso d'amore.

Alzò lo sguardo e attraverso le grandi finestre vide il paesaggio spoglio che circondava la casa al di là del giardino. Com'era diverso lì! Tutto era proiettato verso l'esterno, l'interno della casa e il paesaggio sembravano fondersi. Casa Azul era circondata dalle mura e isolata dal mondo.

Frida lasciò vagare lo sguardo fuori delle finestre e notò le enormi agavi. E poi pensò ai suoi primi quadri, i ritratti, che non avevano sfondo. Perché? Non sarebbe stato molto più appropriato raffigurare le cose, i simboli, il mondo? Mettere le persone nel proprio contesto e così attribuire loro un significato?

Era eccitata, si sentiva ricca di creatività, sentiva crescere qualcosa di nuovo dentro di sé, qualcosa che la appagava nel profondo.

Ancora una volta si guardò intorno, percepì intensamente tutto ciò che la circondava: i colori e le forme, persino gli odori e i suoni, il vento e il latrato di un cane in lontananza. Le tornarono alla mente tutte le storie del pittore di *retablos*, la linea del collo della giovane donna del mercato che portava il figlio sulla schiena, le mani ruvide della contadina che macinava il mais tra due pietre, i ricami elaborati… Tutto si ricomponeva per formare un grande affresco che raffigurava il Messico.

La sua mano prese una matita e un foglio di carta e cominciò a tracciare linee e contorni. Quasi non c'era bisogno di guardare, il collegamento tra la sua immaginazione e la mano che si muoveva sul foglio veniva naturale.

Quando alzò di nuovo lo sguardo, era passato molto tempo. Fuori stava già cominciando a imbrunire. Frida osservò i disegni di fronte a lei. Per chiunque altro potevano essere semplici scarabocchi, invece lei conosceva il significato di ogni tratto. Si sentiva esausta, ma anche soddisfatta come non le succedeva da tempo.

D'ora in poi i miei quadri avranno un'altra dimensione, si disse. *Ho trascurato la pittura per troppo tempo.*

Il giorno dopo si mise a sistemare le pietre di giada. Le ordinò in base alle dimensioni e al colore e le dispose in cerchio sul tavolo davanti a lei. Continuò a spostarle in varie posizioni finché non le sembrò di aver trovato l'ordine giusto. *Forse così la collana ha esattamente lo stesso aspetto di un tempo*, si augurò. Il pugno chiuso sarebbe caduto proprio al livello dell'incavo del collo. Lo appoggiò a quell'altezza per fare una prova e avvertì il freddo della pietra sulla pelle. Tuttavia il pendente si riscaldò subito e parve persino ammorbidirsi. Emanava uno sfolgorio o un tremolio, una sorta di aura che raccontava la storia di quelle pietre millenarie.

Frida dovette disfare la collana due volte per trovare la posizione corretta dei nodi. Le giade dovevano essere vicinissime tra loro, il che era possibile perché erano appiattite su un lato. Non sapeva se questo dipendesse dall'usura o dal fatto che qualcuno le avesse lavorate. Frida ci riprovò e finalmente annuì. Sì, così era perfetta. Si mise la collana al collo: aveva un peso considerevole. Tutto il peso della storia dei maya continuava a vivere in quel monile antico.

Nello specchio notò il bagliore e la diversa colorazione di ogni pietra. Si domandò come avrebbe ottenuto un tale colore e quale effetto avrebbe fatto sulla tela. Prese la tavolozza e sperimentò. Poi prese un pennello e dipinse un piccolo tratto direttamente su una sfaccettatura per capire se aveva azzeccato la tonalità. Voleva pulire la traccia di colore, ma poi lasciò perdere. Era molto più bella così. In questo modo aveva creato una connessione fra l'antichità e il presente.

Si era già procurata un cavalletto e delle tele. Le sarebbe piaciuto dipingere subito un altro autoritratto con quella collana, ma non c'era più luce sufficiente. Appoggiò con cura il pennello e la collana di giada sul tavolo. Aveva già in mente la composizione del quadro, ma avrebbe dovuto pazientare sino all'indomani.

Canticchiando a bocca chiusa, lasciò la sua stanza e andò in cucina.

Non dipingo seriamente da troppo tempo. Ma la pittura mi è mancata. Le tante cose che ho osservato e raccolto durante le mie passeggiate: sono queste le cose che voglio dipingere. Saranno quadri pieni di vita. Quadri con i colori e le forme del Messico, con cui racconto storie come sui retablos. *Ma soprattutto voglio illustrare la mia vita, con tutto quello che comporta, le mie paure, i dolori che mi accompagnano, i miei amici. Dipingerò la mia realtà.*

D'un tratto si sentì leggera e si voltò verso la grande portafinestra che conduceva al giardino. Nel frattempo fuori era diventato buio, la sua figura si rifletteva nel vetro.

Quasi con nostalgia guardò il cavalletto che veniva lentamente inghiottito dal crepuscolo.

11

Alcune settimane dopo andò a trovarli un amico di Diego, lo scrittore e storico dell'arte Luis Cardoza y Aragón. Era cresciuto in Guatemala e viveva in esilio in Messico.

A Frida piacque subito perché, con i suoi baffetti, le ricordava Charlie Chaplin. Era un buon diavolo, almeno quanto Charlot, ed era intelligente e molto colto. Il suo modo di parlare di opere d'arte era coinvolgente.

«Stare accanto a lei è come camminare in un museo» gli disse Frida in più di un'occasione dopo aver ascoltato le sue spiegazioni.

Quell'uomo le piaceva così tanto da indurla a mostrargli l'autoritratto con la collana di giada su cui stava lavorando e alcune pagine del suo quaderno di schizzi per chiedergli un parere.

«Il suo stile pittorico è profondamente messicano. Molto originale, direi, e lontano da tutto ciò che ho visto sinora.»

«So dipingere anche alla Botticelli» disse Frida con un sorriso. «Ma non dipingo più così. Voglio i miei colori, i miei soggetti.»

«Dove ha imparato?»

Frida si strinse nelle spalle. «Da me stessa. Da mio padre. Molto l'ho imparato grazie ai libri. E parlo spesso con Diego del suo lavoro.»

«Ha già venduto qualcosa? A chi?» Lo chiese seriamente, ma Frida scoppiò a ridere.

«No. Che cosa le salta in mente? Tengo i miei quadri per me, oppure li regalo. Per venderli dovrei lavorare regolarmente.»

«Be', non è così assurdo. Ci pensi.»

Frida seguì il suo suggerimento e ci rifletté a lungo. Una volta aveva chiesto a Diego se pensava che lei potesse vivere dei suoi quadri. Ma da allora erano successe tante cose. Ed era lui l'artista più grande dei due!

La mattina dopo, Diego uscì di casa di buon'ora per andare al lavoro. Frida e Luis si alzarono tardi e fecero una lunga colazione insieme sulla terrazza all'ombra di un grande mango.

«Bene, ora però deve mettersi al lavoro» disse lui posando la tazza di caffè.

Frida lo guardò con aria sorpresa. Aveva un ospite, perciò non poteva dipingere.

«Pensavo che avremmo fatto una gita» disse. «Il paesaggio qui è molto variegato, e più tardi potremmo passare a prendere Diego.»

Luis appoggiò i gomiti sul tavolo e inarcò le sopracciglia.

«Frida, lei deve dipingere perché ha un grande talento e ha qualcosa da dire. E perché *ha bisogno* della pittura. Senza di essa, alla sua vita mancherebbe qualcosa di cruciale. Vuole continuare ad aspettare di trovare il tempo di dipingere quando tutto il resto è finito? Come pensa che nasca l'arte?»

Poiché Frida non reagiva, Luis si alzò e fece un gesto come a invitarla ad andare. «Forza, andiamo. Le terrò compagnia, se posso.»

Un istante dopo, Frida si trovava di fronte alla sua tela, travolta da una sensazione di pace profonda. Naturalmente Luis aveva ragione. Come aveva potuto dimenticarsene? Voleva dipingere! Più di qualsiasi altra cosa al mondo. La pittura rappresentava le sue ali, la sua danza, la sua vita! Ciò che le aveva donato la vita. Se voleva creare arte, se voleva lavorare, doveva prendersi del tempo per farlo. Proprio come faceva Diego. Sempre e ogni giorno. Le vennero in mente Tina Modotti o Anita Brenner. Donne che ammirava per il loro impegno. Entrambe si dedicavano a un'attività che amavano, entrambe *lavoravano*! Per Tina e Anita e molte altre donne il lavoro veniva prima di tutto perché era importante, più importante di qualsiasi altra cosa. E lei voleva essere come loro.

Luis le aveva fatto capire quello che in sostanza lei già sapeva: che doveva dipingere ogni giorno e che la pittura occupava il posto più importante della sua vita.

«Grazie, Luis» gli disse.

Nei giorni successivi continuarono così, con lui che si sedeva accanto a lei a guardarla oppure leggeva mentre lei dipingeva. Solo quando le sembrava che per quel giorno fosse sufficiente, andavano a fare escursioni nelle località circostanti, visitavano mercati e giardini o facevano un picnic. Sulla via del ritorno passavano a prendere Diego al Palacio de Cortés.

«Guardi, Luis» disse Frida indicando le pareti che Diego aveva già dipinto. «Diego è un mago. È lui l'artista fra noi due.»

Diego aveva sentito le sue parole. «Posso fare magie solo perché tu sei al mio fianco» disse. «Sei in ogni parte dei miei quadri, non solo nelle zampe del cavallo di Zapata.» La prese tra le braccia e la tenne stretta a sé per un istante.

Luis non era a suo agio davanti a quella vicinanza tra loro. Si schiarì la gola rumorosamente. «E anche Frida è una pittrice straordinaria» disse.

Diego si staccò da lei e batté le mani con aria divertita. «Frida, hai di nuovo stregato qualcuno.» E rivolgendosi a Luis disse: «Stia attento o finirà per innamorarsi di lei. E ora ho sete. Usciamo!»

Andarono in un locale. Bevvero molto e Diego raccontò loro le sue storie.

«Come fa, Diego?» chiese Luis e si passò le mani nei capelli con una buffa smorfia mentre Diego ordinava un'altra bottiglia di tequila. «Come fa a mantenere questo ritmo di lavoro micidiale? Quando dorme?»

Diego rise e gli versò da bere. Frida lo guardò con ammirazione. Quanto amava quel grande uomo che brillava di energia, di voglia di vivere e di creatività! Diego stringeva amicizie facilmente, ma era anche disposto a farsi dei nemici, se la situazione lo richiedeva. «Preferirei avere un solo buon nemico piuttosto che cento amici noiosi» soleva ripetere.

Lo sguardo di Frida vagava con gratitudine da Diego a Luis. Questi l'aveva incoraggiata a fare la pittrice. Si era divertita con lui in quelle settimane così piene. Aveva raccolto altre idee per nuovi soggetti. Il quaderno di schizzi che le aveva regalato Diego si riempiva sempre più rapidamente. Chiese a Carleta, la moglie del giardiniere, se le andava di diventare la sua modella. Dipinse quella donna tarchiata con i seni pesanti come una figura seminuda davanti a una lussureggiante vegetazione tropicale fatta di lucide foglie digitiformi e meloni a polpa rossa accostati ai fiori a forma di becco della strelitzia. Carleta canticchiò tra sé per tutto il tempo, e anche il suo canto confluì nel dipinto. Frida trovava che quella melodia vibrasse di vita. Poi dipinse le figlie di Carleta con i loro visi tondi e gli occhi attenti. Quando riuscivano a rimanere sedute abbastanza a lungo, le ricompensava con dei dolcetti e si attardava a giocare con loro.

«I bambini sono pazzi di lei» osservò Luis mentre Frida puliva i pennelli e le bimbe di Carleta trotterellavano lì intorno. Continuava a spronare Frida a dipingere e commentava i suoi quadri. Raccontava storie alle bambine e faceva le boccacce quando non volevano più stare ferme.

«Scriverò un articolo su di lei» disse. «È ora che il mondo sappia chi è Frida Kahlo.»

Luis era con loro a Cuernavaca solo da due settimane e Frida già non riusciva più a immaginare come avrebbe trascorso le sue giornate senza quell'uomo così amabile. Quella mattina, però, lei non gli fece compagnia a colazione. Si ritrovò a vomitare appena alzata, e il solo pensiero del cibo le provocava nuove ondate di nausea. *Devo aver esagerato con la tequila ieri sera*, pensò.

Verso mezzogiorno si sentiva meglio e si dimenticò del suo

malessere. Inoltre le figlie di Carleta la stavano aspettando nello studio.

Ma la mattina dopo si sentì di nuovo poco bene. Barcollando sulle gambe, fece quattro passi in giardino nella speranza che l'aria fresca le facesse bene. Si fermò davanti a un cespuglio e tirò un ramo verso di sé per annusarlo. L'odore le provocò un conato. Si strinse la mano sulla pancia e si contorse dal dolore.

Paco, vedendola, si precipitò da lei. «Señora, cosa succede?» chiese, preoccupato.

«Sto bene» rispose lei, cercando di tirarsi su.

Il giardiniere la guardò. «Vado a chiamare Carleta» disse. «Ci metto pochissimo.»

Scappò via e poco dopo tornò con la moglie, che lui continuò ad assillare di chiacchiere.

«Stai zitto» disse Carleta al marito. Prese la mano di Frida, poi la posò sulla sua pancia. «Paco ha ragione. È successo perché lei aspetta un bambino. Le ho portato una cosa.» Tirò fuori una bottiglietta dalla tasca della gonna. «Prenda un cucchiaino di questo sciolto nell'acqua. La aiuterà.»

Frida la guardò sbalordita. «Sono incinta?»

«Non lo sapeva?»

«No, ma lei come fa a saperlo?»

Carleta rise. «Lei mi ha osservato attentamente mentre mi faceva il ritratto, ma anch'io ho osservato lei. Inoltre, lei e il Señor Rivera siete una coppia di sposi novelli. Non serve avere il dono della chiaroveggenza!»

Più tardi lo avrebbe detto a Diego. Era già a letto e rabbrividiva un po' perché sino a poco prima erano rimasti seduti fuori e la serata era fredda. Si tirò la coperta sino al collo e attese Diego, che stava bevendo l'ultimo bicchiere con Luis. Con le portefinestre spalancate, udì i due uomini parlare piano e poi augurarsi la buonanotte. Le tende si gonfiavano nella brezza della sera, e lei ascoltava i suoni della notte che arrivavano dal giardino. Il fruscio delle foglie sugli alberi e il gracidio in lontananza delle rane in uno degli stagni. Diego entrò nella stanza in punta di piedi per non svegliarla.

«Sono ancora sveglia perché devo dirti una cosa. Aspetto un bambino, Diego. L'ho scoperto oggi.»

Un sorriso incredulo apparve sul volto di lui.

«Davvero?» sussurrò stupefatto. In quel momento era bellissimo.

Frida annuì e sollevò la coperta.

Diego si sdraiò accanto a lei con estrema cautela. Come sempre il materasso cedette sotto il suo peso, e Frida rotolò nella conca e nelle sue braccia. Ridacchiò. Rannicchiarsi contro quel corpo caldo le piaceva più di ogni altra cosa.

Diego le adagiò la testa sulla propria spalla e la guardò negli occhi. «Frida, ti amo» sussurrò. «Tu mi dai tutto ciò che ho sempre sognato nella vita. Provo qualcosa che non ho mai provato per nessun'altra donna. Non smetti mai di stupirmi. Mi capisci come nessun altro. Quando sono sul ponteggio e dipingo, dipingo te in ciascuna delle mie figure. La lotta degli indios contro gli spagnoli, questa è la tua lotta, l'orgoglio e la bellezza delle donne al mercato, sono loro il tuo orgoglio e la tua bellezza. Ti ammiro per la forza con cui sopporti il tuo dolore. Non pensare che non lo veda! Io dipingo i colori messicani sulle pareti, ma tu li indossi nei tuoi vestiti e risplendi al mio fianco come il Messico. Ho il doppio dei tuoi anni, sono quasi un vecchio, eppure mi fai vivere l'amore come se fosse la prima volta. Non voglio mai più stare senza di te. E ora mi regali un figlio. Grazie, Fridita. Ti amo.»

I suoi baci e le sue carezze si fecero più appassionati, e Frida vi si abbandonò. Tra le sue braccia si sentiva al sicuro.

«Ti sto facendo male?»

«No» disse lei sottovoce. «E anche se fosse, la felicità che sento quando mi abbracci mi fa dimenticare il mio dolore. Mi rendi la donna più felice del mondo.»

Sarò madre, pensava Frida almeno cento volte al giorno, e l'euforia che ne derivava le faceva girare la testa. Con un bambino, la sua felicità sarebbe stata perfetta. Si mise di profilo davanti allo specchio e controllò se già si vedeva qualcosa. Accettò la sua nausea mattutina con rassegnazione. In cambio presto avrebbe tenuto in braccio un bambino. Già immaginava come lo avrebbe dipinto, nel sonno, mentre sorrideva... Talvolta il senso di gratitudine la travolgeva e faceva tremare ogni fibra del suo corpo.

Sono la moglie di Diego. Faccio parte del suo lavoro. E posso vivere in questo ambiente meraviglioso e vivere la storia del Messico, la mia storia. E io mi dedicherò alla pittura. Sono la donna più felice del mondo.

Quel pomeriggio Luis decise di tornare in città poiché doveva consegnare degli articoli. Frida era triste. Aveva trovato un amico e non voleva che se ne andasse.

«Ti ringrazio per tutto, per il tuo incoraggiamento» gli disse congedandolo.

«Sono io che devo ringraziare te. Sei una donna meravigliosa...» La guardava con affetto. «Ho apprezzato molto la tua compagnia. E mi mancheranno le nostre ore di silenzio davanti alla tela. Emani un bagliore che ritrovo nei tuoi quadri, e da lì si irradia a chi li osserva.» Si avvicinò e le prese le mani. «Promettimi che ti aggrapperai alla tua felicità con tutte le tue forze. E, soprattutto, promettimi che non smetterai di dipingere. Perché questo fa parte della tua felicità.»

«Perché dovrei?» chiese Frida d'impulso. «Perché dici questo?»

«Tu promettimelo e basta.»

Frida annuì in silenzio.

Da quel momento capitava che si trovasse spesso sola durante il giorno. Questo le dava più tempo per dipingere e per rallegrarsi al pensiero del bambino che aspettava. Quando l'eccessiva solitudine iniziò a pesarle, riprese l'abitudine di andare a sedersi sull'impalcatura con Diego.

Nel Palacio de Cortés lui aveva annunciato con orgoglio che presto sarebbe diventato padre. Ma questo non gli impediva di portare avanti una relazione con la sua assistente Ione Robinson.

«La lascerai?» chiese Frida, stanca. Era sdraiata a letto poiché avvertiva un doloroso strappo alla schiena. Non era il solito dolore che scaturiva dalle sue ferite. Sembrava estraneo. «Questa volta è una cosa seria, vero?» Ione non era una delle tante, la solita modella che se ne sarebbe andata dopo pochi giorni, ma la sua attuale assistente, un'americana.

«No» disse Diego prendendole la mano. «Non è niente di serio.»

«Se è così, allora lasciala!» Piena di rabbia, ritirò la mano. «L'altra sera mi hai detto che ti ho dato tutto ciò che sognavi e che non avevi mai provato per una donna quello che provi per me. Allora perché hai bisogno di altre donne? Perché? Sai cosa mi stai facendo? Mi stai strappando il cuore.»

Diego abbassò gli occhi come se stesse riflettendo. Poi la guardò. «La desidero. Ma tu, Friducha, sei tu la donna che amo.»

Quelle parole non fecero che irritarla ancora di più. «Ma se mi ami, perché mi ferisci? Cosa ti dà quella donna che io non posso darti? È il mio corpo? È la mia maledetta gamba?»

Diego si inginocchiò pesantemente davanti al letto e la prese in braccio. «Frida, ascoltami. Pensavo che avessimo superato queste idee borghesi. Siamo socialisti. Vogliamo abolire le convenzioni borghesi e andare oltre. Nella politica, ma anche in amore.»

Frida lo interruppe con un gesto rabbioso. «L'hai pensata proprio bella. Essere comunista e continuare a scopare in giro? Essere comunista, ma accettare comunque i soldi dell'ambasciatore americano?»

Diego le rivolse uno sguardo penetrante. «Con quei soldi ci vivi anche tu. E poi, la gelosia è da borghesucci!» esclamò. «Non ti si addice. Posso prometterti che non ti lascerò mai. Ma niente di più.»

Si alzò e lasciò la stanza. Frida si ritrovò in uno stato di agitazione che non riusciva a controllare. Si premette le mani sulla pancia per reprimere il dolore. Il medico le aveva detto di evitare qualsiasi stress e di prendersi cura di se stessa perché le sue condizioni fisiche non erano ideali per portare avanti una gravidanza. Frida aveva letto preoccupazione nei suoi occhi, ma non aveva voluto ammetterla. Per fortuna Cristina sarebbe venuta a trovarla l'indomani con i suoi figli e Frida avrebbe avuto qualcuno cui chiedere consiglio.

Cristina si presentò a casa sua con Isolda e il neonato Antonio. Il motivo ufficiale era quello di assistere Frida nella gravidanza a rischio. Ma, appena arrivata, Cristina le annunciò che non intendeva tornare da suo marito.

«Continua a frequentare altre donne ed è persino arrivato a picchiarmi quando ero incinta di Antonio. Non tornerò da lui.»

«Lo ami ancora?»

Cristina sbuffò. «Come posso amare un uomo che mi picchia? E che mi tradisce?»

Io posso, pensò tristemente Frida. *Posso amare un uomo più di qualsiasi altra cosa, sebbene mi tradisca.*

Frida non si stancava mai di tenere in braccio il suo nipotino. Guardava la sorella che lo allattava e ascoltava gli schiocchi del piccolo che succhiava rumorosamente. Tutto in lei era gioiosa attesa. Nel giro di qualche mese avrebbe tenuto in braccio un bambino tutto suo.

«La mamma non mi ha mai allattata» disse un pomeriggio a sua sorella. «Sono stata affidata a una nutrice india. Le lavavano sempre il seno prima di attaccarmi. Me l'ha detto Matita.»

«È rimasta incinta di me subito dopo la tua nascita. Non poteva farlo lei.»

Frida la guardò con aria sorpresa. «Ti dico questo non perché ne soffro, ma perché attraverso questa balia ho ricevuto latte indio. E nostro nonno, il padre della mamma, era indio. Scorre sangue indio dentro di me. Me ne rendo conto sempre di più.»

«Che cosa intendi dire?»

Frida non dovette rifletterci a lungo. Ne aveva parlato spesso con Luis Cardoza, e il pensiero che presto sarebbe stata responsabile di un bambino aveva fatto scattare una molla dentro di sé. «Voglio dipingere alla maniera messicana. Voglio far conoscere il mio Paese. Non come Diego, ma a modo mio. Voglio mostrare tutta la bellezza del Messico.»

Cristina le prese la mano. «E non conosco nessuno che possa farlo meglio di te.»

La sera si sedettero a tavola tutti insieme.

«Perché non mangi?» chiese Cristina indicando il piatto di Frida, dove il cibo era quasi intatto. «Non ti piace?»

«La mia Friducha è diventata un'ottima cuoca» disse Diego. «Ma anche il tuo arrosto di maiale non è da disprezzare.»

«Puoi prendere anche il mio» disse Frida spingendo il suo piatto verso di lui.

«Che c'è?» chiese Cristina preoccupata, ma Frida non rispose.

Se ne stava impettita sulla sua sedia, rigida per l'orrore, e non osava muoversi. Dovette raccogliere tutte le sue forze per non urlare a squarciagola. Non voleva che gli altri se ne accorgessero. Lei stessa non voleva accorgersi di quello che le stava accadendo. Forse allora avrebbe potuto far finta che non fosse reale.

Con una voce che percepiva come estranea, Frida cercò di inserirsi nella conversazione. D'un tratto la sua nipotina gridò spaventata: «Mamma, c'è tanto sangue sulla sedia della zia Frida! Sta gocciolando sul pavimento!»

In un lampo Diego si precipitò da lei e la prese in braccio, la portò a letto e Cristina mandò a chiamare un medico.

Solo in quel momento Frida si svegliò dall'irrigidimento che la bloccava. Cominciò a piangere contorcendosi dal dolore.

Non doveva aspettare il medico per sapere che aveva perso suo figlio.

PARTE SECONDA

Al confine
1931–1935

12

Novembre 1930

Frida caricò in ascensore i numerosi pacchetti colorati e le pezze di tessuto legate con nastri di seta cercando di far stare tutto in equilibrio. Si stava stretti nella piccola cabina che all'improvviso si riempì di un forte sentore di incenso e di profumi di spezie. Al secondo piano l'ascensore si fermò e la porta si aprì.

«Frida, ha fatto acquisti?» Lucile Blanch salì stringendosi accanto a lei. «In realtà dovrei scendere, ma prima salgo con lei. Chissà quando questo trabiccolo tornerebbe di nuovo.»

Frida sorrise e le fece spazio. Un'altra nuvola di essenze orientali si alzò dalle sue borse. «Buongiorno, Lucile. Sono stata nel quartiere cinese e temo di aver esagerato un pochino. Ma c'erano cose meravigliose.» Passò la mano sulle pezze di tessuto a filo d'oro e sulla seta pesante.

Lucile annuì. «E non sono nemmeno costose. Ma cosa diavolo se ne fa?»

«Ci cucio i vestiti.»

«Sono sicura che le staranno d'incanto.»

Frida storse la bocca. «In effetti proprio poco fa, per strada, alcuni bambini mi fissavano con la bocca aperta» raccontò ridacchiando.

Lucile sorrise a sua volta. «Come sta suo marito?» chiese.

«Lavora come un pazzo. Più tardi andrò a portargli uno spuntino. Altrimenti si dimentica di mangiare.»

«Allora ci vediamo domani sera per un drink a casa nostra?»

«Certo.»

L'ascensore si fermò al piano di Frida. Lucile scese per far passare Frida con i suoi pacchetti.

«A domani, cara.»

«Arrivederci.»

Frida aprì la porta del suo appartamento. Appena entrata, lasciò cadere i pacchi. Non riusciva a togliersi dalla testa la scena che aveva appena vissuto con i bambini. Con Lucile aveva ironizzato, ma dietro quell'episodio si nascondeva molto di più. Erano sei o sette tra maschi e femmine in età prescolare. Bambinetti cinesi dalle guance tonde, i grandi occhi scuri e i capelli di seta che le ricordavano gli indios in Messico. Li trovava così carini e commoventi che in una lettera alla sua amica Isabel aveva scritto che avrebbe voluto adottarli tutti. L'avevano fissata con aria incuriosita, e poi uno di loro si era fatto avanti, l'aveva indicata e le aveva chiesto dov'era il circo cui lei, ai suoi occhi, apparteneva di certo. Accidenti, perché aveva raccontato a Lucile dei bambini? Ci aveva messo mesi per elaborare la perdita del suo bambino mai nato. Le faceva ancora male quando ci pensava. Dopo l'aborto spontaneo i medici le avevano sconsigliato di rimanere di nuovo incinta perché i suoi organi erano stati troppo danneggiati nell'incidente dell'autobus. Da allora era rischioso per lei pensare o parlare di bambini. Non sapeva mai se sarebbe riuscita a trattenere le lacrime.

Andò in cucina e si versò un abbondante bicchiere d'acqua per calmarsi.

Erano a San Francisco da un mese e di lì a qualche settimana sarebbe arrivato Natale. Vivevano nell'appartamento di Ralph Stackpole, un amico che Diego aveva conosciuto in Europa. Lucile e suo marito Arnold vivevano nello stesso edificio, ed essendo anche loro pittori, erano diventati amici.

Frida amava San Francisco. Prima di allora aveva conosciuto solo la limitatezza di Coyoacán e del Messico e poi di Cuernavaca. E ora si trovava in America, a Gringolandia, come la chiamava lei. Il sogno che aveva già accarezzato con Alejandro era diventato realtà. A poco a poco, Frida aveva esplorato la città. La sua curiosità la portava ogni giorno in un quartiere nuovo. «Non preoccuparti per me» diceva a Diego. «Non mi perderò! Camminerò per la città e terrò gli occhi ben aperti.» Fin da quando era sbarcata per la prima volta nel quartiere cinese, che con sua grande sorpresa si trovava a pochi isolati dall'appartamento di Stackpole, era davvero entusiasta di San Francisco. Ogni volta che poteva gironzolava per le strade che brulicavano di persone. Le piacevano i tetti a pagoda e i sonagli a vento appesi alle porte che risuonavano dolcemente a ogni alito di vento. Frequentava i negozi dove si vendevano le cose più strane: rane e insetti vivi, genitali di animali ed erbe che puzzavano terribilmente. La sua attività preferita era rovistare nei negozi dove si potevano acquistare tessuti, bottoni, cordoncini e nastri, piccole lanterne e mille altre cose colorate. Le piaceva il contatto con le persone, soprattutto con i bimbi, che trovava così carini. Molto più carini dei *gringos* che avevano la faccia come il pane raffermo.

Non lontano dal suo appartamento c'era anche la baia. La bellezza del mare l'aveva rapita a prima vista. Quando aveva visto quella distesa azzurra per la prima volta, si era tolta le scarpe e le calze ed era corsa in acqua a piedi nudi. Un'onda aveva inzuppato l'orlo della sua gonna pesante, ma non se n'era curata. Mai prima di quel momento aveva sentito un'acqua così fredda. Percorreva in tram su e giù le strade rocambolescamente ripide e al porto amava osservare le enormi navi mentre venivano scaricate.

La sera, di solito, accompagnava Diego a qualche ricevimento e cocktail party o a una delle numerose conferenze in cui veniva invitato a parlare del rapporto fra arte e politica.

Quando qualche mese prima Diego aveva ricevuto la richiesta di realizzare alcuni murales per la Borsa di San Francisco e la California School of Fine Arts, non aveva esitato a lungo prima di accettare. Non si sentiva più a suo agio in Messico da quando i suoi amici politici si erano allontanati da lui e il nuovo governo aveva rinunciato a ogni slancio rivoluzionario in favore del potere. In Messico non esisteva più un mercato per la pittura murale; dopo il loro ritorno da Cuernavaca, Diego non aveva più ricevuto commissioni. Se voleva continuare a dipingere, doveva farlo fuori dal Messico. Perciò la richiesta di San Francisco era parsa una salvezza, ma aveva incontrato difficoltà a ottenere un visto per gli Stati Uniti perché era ancora considerato comunista. Dwight Morrow e il mercante d'arte Albert Bender si erano impegnati in suo favore e avevano garantito per lui. E ora lui e Frida erano qui.

«Ti avevo detto che ti avrei portato in America. San Francisco è solo l'inizio, ma prima o poi andremo anche a New York, vedrai» le aveva detto Diego.

Per Frida era un sogno che si avverava. Era scesa dall'aereo a San Francisco piena di aspettative. Si era guardata intorno cercando di assorbire il Paese straniero. Ma Gringolandia era diversa da come aveva pensato. La terra che da lontano brillava come oro aveva angoli brutti e arrugginiti ovunque. Per certi aspetti la città le ricordava il Messico, ma la maggior parte di essa era molto diversa. I grattacieli e gli enormi impianti industriali che coprivano l'orizzonte, il traffico infernale, per non parlare dello stile di vita completamente estraneo. Quegli infiniti cocktail party! Non le piacevano granché e restava sempre vicina a Diego perché non conosceva nessuno e non sapeva cosa dire. Quegli americani erano così rigidi! Mancava loro la voglia di vivere! Per lo più la fissavano solo per il suo abbigliamento fuori dal comune.

Frida raccoglieva impressioni, buone e cattive, ispiratrici e repellenti. Le avrebbe elaborate nei suoi dipinti. Anche se la pittura per lei era possibile solo in circostanze avverse.

Qui vedete me, Frida Kahlo, con il mio beneamato marito Diego Rivera. Ho dipinto questo ritratto nella meravigliosa città di San Francisco, in California, per il nostro amico Albert Bender, nel mese di aprile del 1931.

Frida fece un passo indietro con il pennello ancora in mano. In realtà non ci sarebbe stato bisogno di questa iscrizione tracciata sul nastro perché lei e Diego erano riconoscibili a prima vista. Era un dipinto grande per i suoi standard, un metro per novanta centimetri. Ci aveva lavorato nelle ultime settimane. Fece un altro passo indietro e urtò una pila di cornici che Diego aveva appoggiato contro il muro. Imprecò sottovoce. L'atelier di Ralph Stackpole non era certo piccolo, eppure a stento riusciva a trovare spazio per i suoi strumenti di lavoro perché Diego aveva monopolizzato la stanza. Anche se in realtà non dipingeva affatto lì, ma andava ogni giorno nella sala da pranzo della Borsa. Lì conservava ogni genere di cose che gli servivano come ispirazione: piccoli mobili, foto, utensili, parti di automobili, fiori e frutti che prima o poi iniziavano a marcire e a puzzare terribilmente, aeroplanini giocattolo, racchette da tennis, parrucche, gioielli e un tegame di latta per setacciare l'oro, strumenti nautici… Frida aveva rinunciato da tempo a volerne sapere di più. Diego aveva un'immaginazione sfrenata e si circondava di mille cose per poi raffigurarle nei suoi murales.

Si girò con cautela e i telai cominciarono a franare trascinando con sé alcuni cappelli impilati uno sopra l'altro sul pavimento.

Lasciò tutto così come stava. Forse avrebbe rimesso a posto più tardi, ma in quel momento voleva occuparsi del suo quadro.

Ritraeva lei e Diego. *La colomba e l'elefante*, pensò mentre notava la differenza di statura. Mamma aveva ragione. Diego era almeno trenta centimetri più alto di lei, la cintura larga che reggeva i pantaloni si trovava all'altezza del petto di Frida. Indossava un completo ruvido e delle enormi scarpe da operaio. Accanto a lui Frida sembrava fluttuare da terra, con i suoi piedi delicati che sporgevano da sotto un vestito verde con bordura. Diego la teneva per mano, quasi come un padre con la sua bambina. Nell'altra mano teneva una tavolozza. Gli accessori di Frida comprendevano uno scialle con le frange di un rosso brillante e dei gioielli appariscenti, tra cui la collana di giada con il ciondolo a forma di piccolo pugno.

Persa nei suoi pensieri, si girava il pennello tra le mani. Il nastro con la dedica ad Albert Bender sopra la sua testa non si inseriva bene nel dipinto. Frida ci pensò su, poi le venne un'idea. Con qualche tratto di pennello dipinse una colomba che teneva il vessillo nel becco. Ancora una volta fece un passo indietro e osservò a lungo il risultato. *Ho reso la differenza di altezza tra me e Diego più chiara di quanto non sia in realtà. Accanto a lui sembro quasi una bambina*, pensò. *E perché solo lui tiene in mano una tavolozza? Il mio subconscio deve avermi giocato uno scherzo, e ho inconsciamente trasferito questo squilibrio sulla tela. Ma io non voglio essere così.* Riprese il pennello in mano e dipinse sopra lo scialle, aggiungendo qualche piega alla gonna verde, come se sotto indossasse diverse sottogonne. Poi ridipinse la sciarpa. Come un'armatura.

Ecco, così va meglio, pensò. *Ora sono percepita come una donna, anche se delicata.* E se si fosse messa anche un fiore o un fiocco nei capelli per sembrare più alta? Si passò le mani nei capelli. Oggi portava un ampio nastro legato con un fiocco. E orecchini pendenti. Stava per iniziare a dipingere gli orecchini quando udì la voce di Diego.

«Frida, dove sei? Frida?» Aprì la porta e si fermò nella stanza, che all'improvviso divenne ancora più piccola. Non poteva raggiungerla a causa dei telai rovesciati. «Che cosa diavolo è successo qui?»

Con un sospiro, Frida posò il pennello nel bicchiere d'acqua. L'immagine interiore che le era appena venuta in mente era scomparsa. E sapeva che era inutile chiedere a Diego di pazientare un momento per permetterle di abbozzare la sua idea. Lui stesso veniva costantemente interrotto quando era intento a dipingere sul ponteggio. Rispondeva alla domanda di un assistente, dava istruzioni, arrivava un amico o un ammiratore... Ma con Frida questo metodo non funzionava. Lei aveva bisogno di silenzio e di immergersi nel suo quadro. E di spazio...

«Arrivo» disse. Diede un'altra occhiata all'immagine. Mostrava esattamente com'era la loro relazione. Diego occupava la maggior parte dello spazio della sua vita, tutto il resto veniva dopo.

«Be', che cosa hai combinato oggi?» chiese lui quando, poco dopo, si ritrovarono seduti uno di fronte all'altra al tavolo della cucina. «Mi sei mancata al lavoro.»

«Ho dipinto» rispose Frida. «E poi ho perso la cognizione del tempo. Non voglio far aspettare così tanto Mr Bender per il suo quadro.»

Con quel ritratto Frida intendeva ringraziare Albert Bender per essersi adoperato per l'ingresso di Diego negli USA e per avergli procurato un incarico.

«Ne sarà felicissimo.»

Frida annuì. Ma spesso era difficile trovare occasioni per dipingere. Troppo spesso si intrometteva qualcosa, lei si distraeva e la voglia e l'ispirazione si spegnevano. Ciò era dovuto anche allo spazio ricavato alla bell'e meglio che costituiva il suo studio, in pratica un semplice angolino davanti alla finestra di quella stanza stracolma. Aveva bisogno di un ambiente più ampio che non fosse così stipato da impedirle di pensare con chiarezza.

D'altra parte, Diego aveva bisogno di lei. Erano venuti a San Francisco perché lui aveva degli incarichi qui e guadagnava soldi per entrambi.

Nonostante tutte le difficoltà, Frida aveva sistemato il suo cavalletto, e la riempiva di profonda gioia realizzare quel quadro per Alfred Bender. Tuttavia non aveva previsto che durante il lavoro si sarebbe resa conto di quanto fosse grande il divario tra lei e Diego. Come spesso accadeva, la pittura l'aveva aiutata a capire bene le cose.

Nonostante tutto le mancavano i suoi amici e la sua famiglia, soprattutto suo padre, Matita e Cristina. Le mancavano anche i compagni di partito che per lei erano stati come una grande famiglia. Lì non aveva ancora trovato amici veri, al massimo ammiratori o persone che speravano di beneficiare della sua intercessione per avvicinare Diego. Non parlava abbastanza bene l'inglese per intrattenere una conversazione fluida e per esercitare il suo fascino. E le donne americane le risultavano estranee. Le trovava superficiali e per la maggior parte poco attraenti. Quando sentiva i loro sguardi denigratori su di lei, si stringeva il *rebozo* intorno alle spalle e faceva svolazzare le gonne con un giro su se stessa. Così i suoi abiti messicani e gli enormi gioielli diventavano una specie di armatura. Proprio come la gonna verde nel ritratto destinato ad Albert Bender.

Lavorando al quadro si rese conto ancora una volta di quanto la pittura le facesse bene, di quanto fosse confortante. Mentre dipingeva dimenticava che la sua famiglia e i suoi amici erano lontani. Quando un quadro le riusciva bene, provava una profonda soddisfazione interiore. Aveva letteralmente la sensazione di aver creato qualcosa e andava a letto la sera piena di aspettative perché poteva continuare a dipingere la mattina dopo.

L'emozione che Bender provò quando Frida gli mostrò il quadro le diede le conferme che cercava e la riempì di orgoglio.

«Mi piace molto» disse l'uomo. «Lo appenderò in un posto ben visibile in casa mia e lo illustrerò a chiunque voglia ascoltarne la storia.» Diede un'altra occhiata ravvicinata al dipinto. «Non me ne separerò mai. È l'inizio di qualcosa di molto grande, me lo dice la mia esperienza.» Le sue lodi fecero bene a Frida. Già dedicarsi a quell'opera le aveva fatto bene, e ora un comprovato intenditore e collezionista la incoraggiava. E aveva già un'idea per altri ritratti. Dipinse l'orticultore Luther Burbank. Con questo dipinto si lasciò alle spalle per la prima volta i confini della realtà e raffigurò Burbank che spunta da un albero le cui radici sono alimentate da uno scheletro.

Quando Diego lo vide, gli si bloccò il respiro. «Frida, è fantastico!» esclamò con ammirazione. Lui stesso aveva dipinto il biologo sullo scalone d'accesso della Borsa di San Francisco, ma in una posa più convenzionale, inginocchiato a terra e intento a esaminare una pianta.

«Non me ne sono nemmeno accorta, all'improvviso era lì» replicò Frida. «Mi è sembrato più reale della realtà. E volevo mostrare come dalla morte può nascere una nuova vita.»

L'altro ritratto era quello del dottor Leo Eloesser. Stackpole lo aveva presentato a Frida quando lei aveva bisogno di un medico per il dolore al piede. Frida aveva immediatamente riposto fiducia in quell'omino dalla natura compassionevole. Gli aveva raccontato via via tutta la sua storia clinica senza nascondere l'aborto spontaneo. Sentiva che con lui le sue paure e i suoi sensi di colpa erano in buone mani. Leo Eloesser l'aveva ascoltata pazientemente e le aveva fatto altre domande per farsi un quadro della situazione. Per la prima volta Frida aveva provato la piacevole sensazione di essere presa sul serio. Leo le aveva spiegato esattamente cosa le era successo. Capiva quanto fosse importante per lei avere comprensione di tutto. Le aveva portato persino dei libri di medicina e aveva fatto dei disegni delle sue ferite. Le aveva dato consigli e prescritto farmaci e iniezioni ricostituenti. A quel tempo era già più un amico che un medico per Frida. Gli altri medici non le piacevano e spesso si sentiva trattata male e con condiscendenza. Ma di Leo Eloesser si fidava ciecamente e gli dava retta. Si sentiva così vicina a lui che aveva avvertito il bisogno di ritrarlo. E aveva cominciato a scrivergli delle lettere. *Non voglio più avere altro dottore all'infuori di lei, caro Doctorcito*, scrisse. Lo aveva dipinto in piedi con un abito scuro, la testa leggermente protesa in avanti, come se fosse intento ad ascoltarla – come faceva spesso, del resto – e fosse tutto per lei.

Nel giugno del 1931, avendo Diego terminato il suo lavoro, lui e Frida tornarono in Messico.

Frida era felice di essere di nuovo a casa. Quando si svegliò la prima mattina dopo il rientro, era ancora presto, ma non voleva più dormire. Ascoltò i tacchini che gloglottavano tranquilli in giardino. Amelda si avvicinò alla porta con il suo passo strascicato per andare al mercato e fare la spesa per il pranzo.

Frida avrebbe preferito andare con lei e unirsi al lento flusso di persone che si dedicavano alle loro attività quotidiane. Poi udì altri passi: era sua madre che andava a Messa. Quanto le era mancato tutto questo, i rumori della strada, oltre il muro che circondava la casa, il sapore del *mole* e delle *enchiladas*, i temporali quotidiani che si scaricavano con tuoni e acquazzoni nel giardino della Casa Blu, portando con sé la meravigliosa frescura che la faceva tornare a respirare. Com'era tutto molto più tranquillo e naturale qui rispetto al chiasso e all'artificiosità americani! Ora poteva godersi il silenzio di Coyoacán, sentire di nuovo i suoni familiari, mangiare i piatti tradizionali, parlare nella sua lingua. Con un sorriso felice sulle labbra si alzò, pronta a iniziare una nuova giornata.

Trascorse del tempo con i suoi familiari, soprattutto con suo padre e con Cristina e i bambini.

Il ritorno in Messico, invece, mise Diego di cattivo umore. Preferiva la vita in America. E a cosa avrebbe lavorato una volta terminata la scala del Palazzo Nazionale? Non c'erano nuovi incarichi in vista. Per il momento stava sviluppando i progetti per una casa a San Ángel, un sobborgo di Città del Messico come Coyoacán situato a circa quattro chilometri di distanza. Quando Frida vide i disegni, si allarmò. Diego aveva progettato due case, una grande per lui, una più piccola per Frida, collegate da un ponte al livello del tetto.

«Ognuno di noi avrà il suo studio. Potrai dipingere quando vorrai. È quello che hai sempre desiderato. Sarà bello, Frida, vedrai» le spiegò.

Frida pensava che lui stesse tramando qualcos'altro. «Quindi è così che immagini il nostro rapporto» lo accusò. «Mi vuoi sempre vicino a te, ma creando una distanza di sicurezza tra noi. Assicurati solo che non sia io ad alzare il ponte levatoio.»

13

«Ma siamo appena tornati. Non ho neanche finito di disfare tutte le valigie e vuoi già ripartire?» Frida si guardò intorno con rammarico nella sua bella cucina colorata. Sul tavolo c'erano i peperoncini e le melanzane, i limoni, i pomodori e i fiori che aveva comprato al mercato. «Ne ho abbastanza degli Stati Uniti per il momento, Diego! Ora fa freddo lì, e qui inizia la stagione più bella.» Iniziò a distribuire frutta e verdura nelle grandi ciotole di terracotta.

Diego le prese le mani nelle sue. «Ascolta, Fridita, il MoMA mi offre una retrospettiva. Sinora ci è riuscito solo Matisse. Sarà la mia svolta in America!»

«E il tuo lavoro al Palazzo Nazionale? Dopotutto non c'è posto migliore per diffondere le tue idee presso il popolo. È quello che hai sempre voluto: accelerare la rivoluzione attraverso le tue opere.»

Diego la guardò e alzò le spalle. «Anche i lavoratori americani devono essere liberati. Laggiù sono molto più avanti in termini di industrializzazione. Pensa agli enormi stabilimenti che hanno creato lì! Quindi è ancora più necessario ora educare le persone, convincerle della cosa giusta. Così come gli operai hanno costruito l'industria, costruiranno anche il socialismo.»

«Ma non con una mostra in un museo!»

Diego la guardò. «Prima di tutto il MoMA è il museo più

famoso al mondo, e in secondo luogo, andremo a Detroit, nel cuore dell'industria automobilistica americana.»

Dopo ulteriori discussioni in cui ciascuno di loro continuò a presentare le stesse argomentazioni, Frida finalmente cedette. La ragione le diceva che era un bene lasciare il Messico. Il clima politico stava diventando sempre più velenoso, e inoltre avrebbero potuto godere immediatamente degli eventuali guadagni. Si rese conto che Diego doveva approfittare di una opportunità del genere e forse la situazione in Messico sarebbe stata più favorevole nel giro di qualche mese. Tuttavia non se la sentiva di fare di nuovo i bagagli. Quanto le era mancato il Messico negli ultimi mesi, il Paese capace di toccarla così profondamente e al quale si sentiva legata attraverso la loro storia comune. Qui un albero di jacaranda in fiore o la vista di una donna india particolarmente bella al mercato poteva commuoverla sino alle lacrime. Qui aveva la sua famiglia e i suoi amici. In America tutto era freddo e superficiale, la gente non metteva a nudo le proprie emozioni. Laggiù non aveva amici. Fece un sospiro profondo. Ma naturalmente sarebbe andata con Diego. Non lo avrebbe mai lasciato viaggiare da solo.

Vagò per le stanze di Casa Azul e pensò a cosa poteva mettere in valigia per avere un pezzo di patria con sé, perché a Gringolandia avrebbe certamente provato nostalgia di casa.

Due giorni dopo Diego salutava l'arrivo della nave in porto. «Ti rendi conto? Stiamo per imbarcarci sulla *Morro Castle*!» esclamò.

Frida poteva capire il suo entusiasmo. Il piroscafo era in regolare servizio tra L'Avana e New York ed era noto per i comfort che offriva. Gli americani prenotavano i viaggi per i Caraibi per sfuggire al proibizionismo per un po' e fare scorta di liquori.

L'arrivo a New York fu una gran delusione.

«Non si vede nemmeno la Statua della Libertà!» Frida era salita sul ponte di passeggio con Diego nonostante il brutto tempo di novembre perché non voleva perdersi la vista. Ma c'era nebbia e Frida se ne stava lì, delusa, come avvolta in una nuvola. Il suo cappotto era troppo sottile e si era inzuppato in un attimo e lei non era riuscita a vedere niente.

Quando la nave attraccò, scorsero immediatamente i numerosi amici e ammiratori di Diego che li aspettavano sulla banchina agitando i cappelli e sventolando gli striscioni. BENVENUTO, DIEGO si leggeva ovunque. Diego era visibilmente felice e si lasciò abbracciare e dare pacche sulle spalle. Alcuni giornalisti erano venuti ad accoglierlo per fargli delle domande. Frida stava un po' discosta, in silenzio.

Poi attraversarono la città in taxi. Qui gli edifici erano ancora più alti, tutto era ancora più congestionato che a San Francisco. Il tassista sfrecciò per le vie strette suonando costantemente il clacson e quasi investendo un pedone. Frida gli fu grata quando, dopo una corsa pressoché interminabile, si fermò con uno strattone davanti al Barbizon Plaza in Central Park.

«Ora andiamo subito nella nostra stanza, così puoi riposare» le disse Diego in ascensore.

Ma purtroppo anche la camera d'albergo si rivelò un disastro. Dopo aver goduto di tutte le comodità a bordo del piroscafo, Frida si sentiva stipata come in un pollaio. Quando il fattorino portò tutte le valigie di sopra, non ci si poteva più muovere di un passo perché la stanza era piena zeppa.

«Che mobili brutti e scomodi!» disse Frida. «Dove metterò il mio cavalletto qui dentro?»

Diego la prese tra le braccia. «Non essere così negativa. Troveremo una soluzione. E guarda fuori della finestra, per favore. Questo panorama non ha prezzo.»

Frida fece un sorriso sghembo. «Ti ringrazio per lo sforzo che fai cercando di rendermi la cosa allettante.»

Iniziarono a disfare le valigie e a spostare alcuni mobili. Frida si liberò senza tante cerimonie di una delle enormi poltrone spingendola nel corridoio, ma quando il giorno dopo tornarono dal MoMA, dove avevano dato un'occhiata alle sale, tutto era tornato al solito posto.

«Un pollaio, te l'avevo detto!» tuonò Frida.

L'indomani, passando davanti a un negozio di fiori durante una passeggiata, scelse, senza pensarci troppo, un fascio di rose, e siccome le sembravano ancora troppo poche, raccolse tutti i fiori di cui le piaceva il colore. Non riusciva a fermarsi e alla fine aveva quasi svuotato il negozio. Si fece consegnare i bouquet in hotel, e alla sera l'appartamento sembrava un giardino. «Ma non è ancora bello come il giardino di Casa Azul» disse quando Diego tornò a casa. Lui era divertito solo a metà, perché Frida aveva speso un patrimonio.

Frida era seduta su una delle poltrone ingombranti con un blocco da disegno sulle ginocchia e cercava di mettere sulla carta le diverse varietà di fiori. Quelli che aveva comprato qualche giorno prima stavano cominciando ad appassire, ma era proprio questa bellezza un po' morbosa e agonizzante che la attirava. In mancanza di un'alternativa, aveva appoggiato il bicchiere d'acqua per i pennelli sul bracciolo della poltrona. Se non altro, quei mobili senza forma sarebbero stati utili a qualcosa. Voleva mescolare una tonalità di rosso per dipingere il petalo increspato di un garofano, ma quando fece per intingere il pennello umido nel colore, urtò il bicchiere sul bracciolo. Si rovesciò e l'acqua sporca le cadde sulla gonna.

Frida saltò in piedi, ma nel farlo il bicchiere cadde a terra e andò in frantumi. Un violento dolore le percorse la schiena.

«Come faccio a dipingere qui dentro?» esclamò con rabbia.

Esasperata, si mise a raccogliere i frammenti di vetro. Ci aveva provato, ma New York non le piaceva. Diego, come sempre, era impegnato con il suo lavoro e la lasciava sola. Frida era costantemente congelata perché faceva freddo e il cielo era grigio, e i tanti poveri che stavano in lunghe file davanti alle mense pubbliche e la fissavano con aria tetra la deprimevano.

Inoltre la città era troppo caotica per lei. Quando aveva scoperto che c'era una Chinatown anche a New York, ci era andata piena di aspettative, ma si era persa disperatamente nelle viuzze strette ed era tornata al Barbizon Plaza solo ore dopo.

«Avevo perso l'orientamento. E la gente mi guardava con sospetto. Molto diverso da San Francisco. Nessuno mi ha chiesto se poteva aiutarmi» si era lamentata con Diego quando finalmente era tornato in albergo.

«Perché non hai preso un taxi?» aveva chiesto lui meravigliato. L'aveva guardata come se fosse una bambina piccola che non sapeva le cose più semplici. Come se fosse colpa sua!

Mentre tamponava il tappeto con un panno, la sua mente tornò a quell'episodio. Non solo si era persa a Chinatown, ma stava perdendo di vista anche se stessa. Il pensiero la terrorizzò. Esausta, si sedette sul pavimento senza prestare attenzione alla gonna che si bagnava. Chi era diventata? Poco più di un'esotica figura accessoria al fianco di Diego. Cosa ci faceva qui, in questa città che non le piaceva e che la paralizzava? Invece di dipingere, spendeva ingenti somme per i fiori ed era infelice. E si era pure smarrita.

Il giorno dopo si aggirò per ore nella sua stanza d'albergo sbattendo contro quei mobili ingombranti. Se solo avesse potuto dipingere! Davanti alla tela avrebbe allontanato le sue paure e delusioni e avrebbe sognato se stessa in altri mondi più colorati. Ma questa New York non le dava proprio niente! Furiosa, prese a calci una poltrona.

La mostra di Diego fu inaugurata il 22 dicembre. Frida si preparava per una serata che si sarebbe svolta come tante altre prima e dopo: sarebbe rimasta al fianco di Diego come Madame Rivera senza dire una parola, nessuno avrebbe conosciuto lei né i suoi quadri, la gente avrebbe guardato con curiosità il suo abbigliamento esotico, si sarebbe divertiva a commentare il suo accento e per il resto l'avrebbe ignorata.

Ma Frida aveva pianificato con cura la sua vendetta. Al pensiero le affiorò un sorrisetto sulle labbra. Inoltre sarebbe stata presente anche Anita Brenner. Un raggio di luce!

Tuttavia, quando arrivarono al ricevimento, accanto ad Anita c'era Lucienne Bloch. Frida, innervosita, inarcò le sopracciglia.

Aveva incontrato Lucienne a una cena qualche giorno prima. Un'altra delle assistenti di Diego che gli faceva gli occhi dolci!

Mentre Diego era circondato da giornalisti ed estimatori, le tre donne stavano in piedi davanti a uno dei suoi quadri.

D'un tratto Lucienne iniziò a ridere. «Questo vernissage con tutta questa pompa è grottesco! Non riesco ancora a credere che l'élite di New York si presenti qui...»

«Il tuo accento svizzero non migliora la situazione» osservò Anita, e si unì alle risate.

Le tre guardavano gli uomini con il frac e i cappelli a cilindro che fumavano grossi sigari. Le donne indossavano abiti di alta moda e si erano agghindate con pesanti gioielli.

«Quegli abiti e quei gioielli costano diverse volte il salario annuo di un operaio, e stanno qui ad ammirare il quadro in cui il proprietario di una piantagione colpisce a frustate un tagliatore di canna da zucchero. Che manica di bigotti!» Frida sbottò.

«Cercano di accattivarsi i favori di Diego e vogliono farsi vedere con lui. Forse il pericolo li eccita. Che gli faccia sborsare quanti più soldi possibile!» commentò Lucienne lanciando una rapida occhiata a Frida. «Mi dispiace, non volevo offendere suo marito. Ammiro il suo lavoro, ma c'è qualcosa di strano nel modo in cui si pone come comunista radical chic.»

In realtà ha solo un interesse professionale per Diego, pensò Frida sollevata. E in effetti quella svizzera era molto simpatica. Anche lei era una straniera in questo Paese. Forse sarebbe potuta diventare un'amica? Così, piano piano, Frida iniziò a godersi la serata. Si schiarì la gola, poi rivolse ad Anita e Lucienne un'occhiata allusiva, alzò l'orlo della sua gonna e si voltò leggermente in modo che si potesse vedere la sottoveste che arrivava appena sopra la caviglia. Abbassò gli occhi e con uno sguardo invitò le due a fare altrettanto. Lucienne fu la prima a vederlo. Scoppiò in una risata isterica.

«È... è semplicemente delizioso! Non parlo spagnolo, ma che *porquería* significa porcheria lo capisco persino io. Frida, lei è meravigliosa.»

Ora anche Anita riconobbe il ricamo che Frida aveva applicato sulla sua sottoveste in colori vivaci. Riproduceva in caratteri grandi e chiari una semplice parola: PORQUERÍA. Ancora una volta le tre donne scoppiarono a ridere. Si premevano le mani sulla bocca senza riuscire a trattenersi. Non appena si guardavano, ricominciavano a ridere. Frida si era tirata su la gonna in modo che il ricamo fosse ben visibile a tutti. La gente guardò nella sua direzione, e nei loro sguardi inorriditi Frida lesse che anche loro avevano capito cosa pensava dell'evento la moglie del grande Diego Rivera. I presenti si diedero gomitate a vicenda per richiamare l'attenzione su di lei.

Frida girò ancora una volta lentamente in cerchio senza battere ciglio. Aveva avuto la sua piccola vendetta. Lasciò ricadere la gonna e assunse un'espressione innocente. Le tre donne si guardarono divertite.

«Andiamo al cinema domani?» chiese Anita.

«Oh sì, andiamo a vedere un film di Stanlio e Ollio!» esclamò Lucienne.

Frida non aveva idea di che genere di film fosse, ma il pomeriggio seguente si recò a Broadway, dove aveva appuntamento con Anita e Lucienne. C'era anche Suzanne, la sorella di Lucienne. Mentre aspettavano in coda, Frida constatò che c'erano newyorkesi di tutti gli strati sociali. Anche uomini e donne con vestiti semplici. Il cinema evidentemente era un piacere alla portata di tutti.

Si sedettero l'una accanto all'altra sulle comode poltroncine, e la proiezione iniziò con una musichetta piena di slancio. Trattenendo il fiato, Frida osservò il grassone e il magrolino muoversi goffamente sullo schermo cadendo uno addosso all'altro e scambiandosi battute irresistibili. Rise così tanto che le faceva male il fianco. Quando la luce si riaccese due ore dopo, era convinta di non aver mai assistito a niente di così divertente.

«Possiamo rivederlo subito?» chiese mentre erano di nuovo per strada. Nel frattempo si era fatto buio e innumerevoli insegne al neon lampeggiavano e inondavano la strada di colori abbaglianti.

Anita scosse la testa. «Che ne dite invece di Frankenstein? Lo danno nell'altra sala. Lo spettacolo inizia tra un'ora.»

«Intendi il film con questo mostro?» chiese Frida indicando le locandine nelle vetrinette che mostravano un uomo con la faccia distorta e un occhio solo in procinto di strangolare una donna bionda.

Anita annuì. «Niente paura. Prima beviamo qualcosa per farci coraggio. Conosco uno *speakeasy* dietro l'angolo.»

«*Speakeasy?*» chiese Frida.

«Un locale che serve alcolici anche se è proibito. Seguitemi.»

Poco dopo si fermarono davanti a un edificio piuttosto anonimo.

«Ma è un'impresa di pompe funebri!» esclamò Frida quando vide l'insegna sopra la porta. Davanti all'ingresso c'era un uomo con una specie di uniforme.

«Be', aspettati una sorpresa» disse Anita. Scambiò qualche parola con l'uomo e tirò Frida all'interno attraverso una porta massiccia.

Un'ora dopo erano di nuovo sedute al cinema, tutte eccitate. Di tanto in tanto, quando il film diventava troppo spaventoso, Frida strillava e si copriva gli occhi perché sullo schermo si vedeva una donna di spalle che camminava tutta sola in una strada buia, seguita furtivamente da un essere orripilante. Si sentiva soltanto il rumore dei tacchi e il respiro pesante del mostro. Frida osservò gli altri spettatori, che si tenevano le mani davanti al viso dalla paura. Proprio come Frida, si erano lasciati trasportare da ciò che accadeva sullo schermo.

Al termine di quel secondo film, aveva fatto un meraviglioso bagno di emozioni e si era divertita tantissimo. «Non avrei mai immaginato che i *gringos* potessero essere anche così, spensierati ed esuberanti. E che potessero lasciarsi andare sino a questo punto. E poi quegli strani bar. Oh, vi ringrazio tanto per avermi portata con voi.»

Con le amiche al suo fianco, la vita per Frida divenne più facile. Faceva quello che facevano tutti i newyorkesi e si era resa conto che in città ci si poteva divertire. Non si limitava più a starsene seduta rigida accanto a Diego quando venivano invitati all'ennesima cena nell'alta società. Avendo acquistato maggior sicurezza di sé, prendeva la parola più spesso perché sapeva di cosa parlavano gli ospiti quando citavano un film, un nuovo grattacielo o una rivista.

La mostra di Diego al MoMA fu un grande successo. L'alta società di New York faceva a gara per invitarli entrambi. Lentamente Frida si abituò a tutto questo. Una sera andarono a una cena sulla Fifth Avenue. Purtroppo non erano state invitate né Anita né Lucienne, e senza di loro Frida finì per annoiarsi quasi subito.

Dopo cena gli ospiti si sparpagliarono nell'ampio salone. Frida si sedette in un angolo con un'aria scontrosa. Un maggiordomo si aggirava con un vassoio e offriva da bere. Lei prese un calice di champagne, anche se avrebbe preferito di gran lunga un brandy. Non chiese perché qui si consumavano liberamente gli alcolici. Come sempre, ai ricchi tutto era concesso, ma in questo caso le stava bene così.

Poi lanciò un'occhiata a Diego, che era seduto su una poltrona. Intorno a lui ronzava un'altra di quelle donne che cercava la vicinanza di uomini ricchi o famosi civettando apertamente. Dopo aver osservato la scena per un po', Frida, con il bicchiere in mano, si avvicinò a loro a passo provocatoriamente lento e con la gonna che ondeggiava.

«*Fuck!*» disse ad alta voce asciugando qualche goccia di champagne che le si era rovesciata sul vestito. All'improvviso intorno a lei calò il silenzio e la signora dalla carnagione slavata accanto a Diego la guardò in preda all'imbarazzo. Il suo grande collier era quasi scomparso nelle pieghe del suo doppio mento. «Oh, chiedo scusa, era una parolaccia? Mi dispiace. Ma non parlo ancora molto bene la sua lingua...» disse Frida con un sorriso da ragazzina ingenua.

Si sedette con grazia sul bracciolo della poltrona di Diego e cominciò ad accarezzargli le mani, mentre la sua rivale usciva dalla stanza schiumando di rabbia.

Frida guardò Diego. Il suo corpo pesante tremava perché riusciva a fatica a reprimere una risata.

«Ti senti meglio, tesoro mio?» le chiese teneramente mentre erano a letto quella sera.

Frida annuì. «Con Anita e Lucienne al mio fianco la città è sopportabile. Ci divertiamo molto insieme e imparo sempre cose nuove.»

«Presto partiremo per Detroit.»

«Lo so.»

«Sarà lo stesso a Detroit? Continuerai a sentirti infelice e a non amare la città?»

Frida ci pensò un momento. «Forse no» disse. «Sono cambiata. Non sono più la ragazzina che hai sposato. E a Detroit dipingerò, vedrai. Non avrò tempo per nient'altro.» Dopo una breve esitazione, aggiunse: «Sono solo stanca che le persone non mi vedano quando sono accanto a te».

Diego rise sommessamente. «Ah, quindi è questa la ragione delle tue piccole provocazioni? Mi piacciono, ma ho dovuto spolmonarmi parecchio per cercare di rimediare. Mi chiedo come rappresenterai questa nuova Frida nei tuoi quadri.»

Lei non ci aveva nemmeno pensato. Tuttavia era naturale che esprimesse nei suoi autoritratti i cambiamenti che stavano avvenendo dentro di lei. Le balenarono nella mente delle immagini. Avrebbe voluto alzarsi immediatamente per buttar giù qualche schizzo.

«E se mi dipingessi come un'americana, ma solo esteriormente, perché dentro rimarrò sempre messicana? Che ne dici?» Stava ancora riflettendo su come poteva esprimerlo e voleva chiedergli una cosa, quando, ascoltando il suo respiro costante, si accorse che si era addormentato.

Lo farò domani, pensò con trepidazione.

14

Il viaggio in treno da New York a Detroit richiese una giornata intera. Frida rimase seduta accanto al finestrino per tutto il tempo, assorbendo il paesaggio esterno che scorreva davanti ai suoi occhi. Era fine aprile e la natura stava esplodendo. Notò grandi tappeti di fiori bianchi lungo i ruscelli e il verde delicato degli abeti che non aveva mai visto in Messico. E di tanto in tanto la sagoma di un enorme albero maestoso che plasmava l'intero paesaggio. Si concesse solo un breve pisolino perché non voleva perdersi nulla di tutto questo. Come poteva un Paese essere così bello quando produceva città così brutte?

«Diego, guarda! Là dietro, le diverse tonalità delle foglie.»

Diego alzò lo sguardo per un istante. «Dove? Ah sì, bello.» Poi si chinò di nuovo sui suoi disegni.

Ora Frida ne aveva abbastanza, lui avrebbe dovuto parlarle. «Vado a farmi la barba» disse, e fece per alzarsi.

«Sì, sì, vai pure» replicò Diego, distratto. Poi esitò, alzò la testa e gonfiò le guance in modo da sembrare davvero una rana.

Entrambi si guardarono e scoppiarono a ridere, il che attirò gli sguardi divertiti dei compagni di viaggio.

Poco dopo Diego, pur essendo di nuovo immerso nei suoi schizzi, prese a parlarle per raccontarle il sistema di produzione delle automobili. La tecnologia moderna lo affascinava. Credeva nel potere miracoloso dell'acciaio al servizio dell'umanità. Aveva il massimo rispetto per gli uomini che stavano davanti agli altiforni dalle bocche roventi e azionavano i macchinari della Ford. «A Detroit ci sono i sindacati più potenti d'America. Gli operai della Ford hanno il potere!» Era interessato a ogni singola fase del processo produttivo perché era ciò che avrebbe dipinto. I suoi assistenti erano partiti prima per misurare le pareti e prepararle per la campitura. Ordinavano sabbia e ghiaia finissima in Messico e si occupavano dei materiali base per i colori.

A Detroit, Frida e Diego si stabilirono di nuovo in un hotel, ma questa volta almeno avrebbero avuto a disposizione una piccola cucina. Frida era felice di poter cucinare. Il cibo americano non le piaceva più da tempo, lo trovava troppo insipido e non abbastanza speziato. Subito dopo il loro arrivo chiese dove poteva trovare un negozio che vendeva cibo messicano.

Il giorno dopo parteciparono a una grande visita guidata allo stabilimento cui erano presenti Edsel Ford e altri membri della commissione artistica della città, i collaboratori di Diego con le loro mogli e alcuni giornalisti. Il tour durò ore perché Diego voleva vedere il più possibile. Fece schizzi e prese appunti e diede istruzioni ai suoi assistenti di fare altrettanto e di misurare i singoli macchinari. Quel giorno Frida indossava un paio di sandaletti con il tacco alto e sottile e un abito di broccato scuro. Era vestita in modo decisamente inappropriato per una visita guidata della fabbrica, glielo dicevano anche gli sguardi degli altri. Nemmeno per la società di Detroit il suo abito messicano sarebbe stato adatto. Dalle sopracciglia inarcate con aria interrogativa, capì che qui si applicavano regole ancora più severe che a New York e sospettava che sarebbe stata oggetto di curiosità e critiche ancora di più.

«Mrs Rivera, una foto, per favore!» Un fotografo le puntò addosso la macchina fotografica, e lei arricciò le labbra e sfoderò un sorriso adorabile. A quel punto le facevano già male i piedi e aveva difficoltà a salire e scendere le scale strette.

Guardò Diego, che invece sembrava essere completamente nel suo elemento. Il suo entusiasmo per la produzione industriale travolse gli altri, che pendevano dalle sue labbra. Parlò con gli operai, diede loro delle pacche sulle spalle e ne tracciò qualche schizzo. A Frida non sfuggì che le donne presenti se lo mangiavano con gli occhi. Pur non essendo un uomo attraente in senso tradizionale, la sua capacità di entusiasmarsi, la sua bontà e il suo umorismo contagioso facevano sì che conquistasse facilmente il cuore di tutti.

Immersa nei suoi pensieri, Frida si appoggiò a un muro per dare un istante di sollievo ai piedi doloranti. Se almeno Lucienne le fosse stata accanto in quel frangente, invece li avrebbe raggiunti da New York soltanto in seguito. Nel frattempo lei aveva accettato l'idea che quella donna fosse l'assistente di Diego, anzi, ne era felice. Per lei era diventata un'amica. La delegazione stava uscendo da uno dei grandi capannoni quando Diego si fermò e indicò un passaggio che conduceva a un altro capannone.

«E lì cosa si fa? Voglio vedere anche quello!»

Frida lo seguì con un sospiro rassegnato.

L'entusiasmo di Diego si protrasse sino a sera, quando furono invitati a bere qualcosa da Henry Ford dopo la visita guidata dello stabilimento. Frida era seduta accanto a una signora che le dava sui nervi con le sue chiacchiere a proposito di un ballo di beneficenza che organizzava ogni anno. Quando la donna cominciò a irritarsi per l'insolenza della servitù, Frida ne ebbe abbastanza. Tutta quella ipocrisia le faceva ribollire il sangue nelle vene! Si protese verso Henry Ford, un antisemita dichiarato, e gli chiese con una voce dolce come il miele: «Mi dica, è vero che lei è ebreo? Perché è un uomo così potente?»

D'un tratto la stanza sprofondò in un silenzio glaciale. Tutti abbassarono lo sguardo. Solo Diego le fece l'occhiolino senza farsi vedere. Qualche minuto dopo si congedarono in fretta. Frida fu grata quando in albergo poté finalmente togliersi le scarpe. Posò i piedi nudi in grembo a Diego, che glieli massaggiò con le sue mani grandi e delicate.

«Quello che fanno gli operai americani della Ford è incredibile» disse lui. «Infili un pezzo di metallo davanti e dal retro esce un'automobile.»

Frida sbuffò. «Con il loro lavoro rendono infinitamente ricche alcune persone che, per giunta, pensano di essere superiori e si alleggeriscono la coscienza con donazioni caritatevoli. Se avessi sentito quella donna prima!»

«È naturale che sia così, e mi sono appena reso conto che non posso rappresentare questo stato di cose solo su due pareti. Proporrò alla commissione artistica di dipingere tutt'e quattro le pareti dell'istituto d'arte.»

«Ma Diego, sono quasi cinquecento metri quadri!»

Lui la guardò con un sorriso malizioso. «Negozierò un prezzo al metro quadro. Vedrai. La cosa importante è che non mi metti i bastoni fra le ruote. Stasera sei stata piuttosto irruente. In futuro faresti meglio a essere più attenta. Anche se hai ragione, naturalmente» si affrettò ad aggiungere, vedendo che lei stava per protestare.

Frida fece una smorfia. «Mentre tu continui con la rivoluzione, io vado a vedere a che punto è la nostra cena.» Entrò in cucina a piedi nudi. Era dominata da un'enorme stufa elettrica con diverse manopole e interruttori con cui lei non andava d'accordo. C'era puzza di bruciato, e quando alzò il coperchio della pentola, vide che il pollo era bruciacchiato.

«Tu dipingi la saga della costruzione di automobili e io non riesco nemmeno a usare un semplice fornello» si lamentò.

Diego si avvicinò a lei e le mise le braccia intorno alla vita. Poi prese una coscia di pollo carbonizzata e la addentò.

Frida gli lanciò sfacciatamente un'occhiata in tralice. «Questo non sarebbe successo in Messico» disse, e lo fissò con aria di sfida.

Alla fine di maggio Frida si rese conto di essere di nuovo incinta. Al ritorno a casa, dopo che il medico le aveva confermato i suoi sospetti, non poteva credere alla sua fortuna. Aveva tanto desiderato un figlio, e c'erano segnali di una gravidanza, ma non aveva osato sperare per non rimanere delusa. Ma ora aveva avuto la certezza dal dottor Pratt.

Avrebbe voluto correre direttamente da Diego per dargli la notizia, ma qualcosa la trattenne. Voleva prima essere sicura che avrebbe tenuto questo bambino. Il dottor Pratt le aveva confermato che poteva mettere al mondo il bambino senza grandi difficoltà con il taglio cesareo. Tuttavia all'improvviso fu sopraffatta dalla paura. E se avesse di nuovo abortito? Quella gravidanza avrebbe potuto essere davvero pericolosa per lei?

Inoltre, come la prima volta, soffriva di una terribile nausea e si sentiva a malapena in grado di svolgere i compiti più semplici. Scrisse al dottor Eloesser, di cui continuava a fidarsi come di nessun altro.

Pensa che sia più pericoloso interrompere la gravidanza che portarla a termine?

Conosce la mia storia. Due anni fa ho avuto un aborto spontaneo, quando ero incinta di tre mesi. Ora sono solo al secondo, perciò dovrebbe essere più facile, credo. Non capisco perché il dottor Pratt mi abbia consigliato di avere comunque il bambino. Ho molta paura che nasca con la mia tara ereditaria. Inoltre, non mi sento abbastanza in forze per sopravvivere alla gestazione… Temo per la mia salute.

Mise da parte la penna e rilesse quello che aveva scritto. Cosa si era messa in testa? Una gravidanza in queste condizioni. E dove avrebbe partorito il bambino? Lì a Detroit, completamente sola? Senza il sostegno di sua madre e delle sue sorelle? O sarebbe dovuta tornare in Messico, magari a gravidanza avanzata? E Diego non le sarebbe stato accanto alla nascita? No, entrambe le possibilità andavano oltre la sua immaginazione. Le venne in mente un altro pensiero. Leo le avrebbe senz'altro suggerito un aborto. Aveva sempre detto che una gravidanza avrebbe messo in pericolo la sua vita. E comunque non vedeva molte possibilità che lei la portasse a termine. Era questa la soluzione, dunque? Che cosa doveva fare? Travolta da un'altra ondata di nausea, si precipitò in bagno per vomitare.

Qualche giorno dopo arrivò una risposta dal dottor Eloesser. Con le dita tremanti Frida aprì la busta e lesse la lettera ancora in piedi sulla soglia. I suoi occhi cercarono febbrilmente e pieni di paura le parole decisive. Eccole lì: come aveva immaginato, il dottore consigliava a Frida di interrompere subito la gravidanza, aveva già informato il suo collega con un messaggio in codice, dopotutto l'aborto era vietato.

Frida rilesse la lettera da cima a fondo, poi la lasciò cadere. *Non posso seguire il tuo consiglio, caro Leo*, pensò. *Anche se so che probabilmente hai ragione*. Ormai aveva cambiato idea. Stava meglio, si sentiva più forte, la nausea si era placata. Avrebbe tenuto questo bambino.

Quando Diego tornò a casa quella sera, Frida gli comunicò la sua decisione.

«È troppo pericoloso per te. Guardati, stai diventando sempre più magra! Non fai movimento, non esci all'aria aperta...»

«Mi prenderò più cura di me stessa d'ora in poi. Ma forse potresti tu stare di più al mio fianco? Dopotutto è nostro figlio» Lo guardò con aria di sfida.

«Io non volevo questo bambino. Per vari motivi. È una tua scelta. E comunque devo lavorare.» Con questo, Diego lasciò la stanza a passo pesante.

Frida rimase immobile, fremente di rabbia.

Il giorno dopo Lucienne Bloch si trasferì con un letto pieghevole nel piccolo appartamento. Era stato Diego a chiederle di farlo perché era preoccupato per Frida.

Frida, dal canto suo, era felice di non essere più da sola. Perché, sebbene avesse deciso di tenere il bambino, a volte provava una paura paralizzante pensando a ciò che stava per accadere.

La settimana successiva il caldo nell'appartamento angusto

si fece insopportabile. Non c'era un'ora del giorno che promettesse un po' di refrigerio e la prospettiva che la situazione restasse così per le successive otto o dieci settimane la faceva impazzire. Non c'era modo di sfuggire all'afa, a meno di non immergersi in una vasca da bagno piena di acqua fredda. La riempiva più volte al giorno e poi ci si sedeva dentro, con gli occhi chiusi per la stanchezza, e rifletteva.

Lucienne, preoccupata, le fece notare che questo non faceva bene al bambino.

«Almeno vai a farti visitare dal dottor Pratt regolarmente» disse.

«Queste case americane sembrano forni» inveì Frida. «E tra l'altro funzionano meglio dei fornelli elettrici in cucina!»

Sbatté la porta del bagno dietro di sé, scivolò nell'acqua fresca con un sospiro di piacere e chiuse gli occhi. Era consapevole di essere insopportabile. Lucienne ci provava con tutte le sue forze, e lei era spesso cattiva nei suoi confronti. E anche di Diego. Se solo la paura non fosse stata così grande! Aveva il presentimento che ci fosse qualcosa che non andava nel bambino. Ecco perché non si faceva visitare dal dottor Pratt. Voleva crogiolarsi ancora un po' nel sogno di diventare madre. All'improvviso avvertì di nuovo quello strappo nel bassoventre e sussultò leggermente facendo schizzare l'acqua dal bordo della vasca. Conosceva già quel dolore perché l'aveva accompagnata negli ultimi giorni. Ma oggi era diverso, la contrazione era più intensa, e poi... Frida aprì gli occhi e vide una striscia di sangue allungarsi nell'acqua. Si premette la mano sulla bocca per non urlare a squarciagola. Le sfuggì un gemito.

Lucienne si precipitò in bagno e la aiutò a uscire dalla vasca e a mettersi a letto. «Devo chiamare il dottore?»

«No, sto già meglio. Il dottor Pratt ha detto che è normale avere leggere perdite.»

Di sera, in effetti, l'emorragia si era fermata. «Può succedere, dice il dottor Pratt» ripeté cercando di rassicurare Diego quando tornò a casa dal lavoro. Ma non riusciva a crederci nemmeno lei.

«Rimani a letto» le ordinò lui. «Devi riguardarti.»

«Vieni, siediti qui» disse Frida. «Raccontami cosa hai fatto oggi.»

Il viso di Diego cominciò a illuminarsi. «Ricordi quando abbiamo visitato lo stabilimento Ford? Dove assemblano la V8? Sarà il motivo centrale sulla parete sud. Sopra ci saranno le allegorie delle diverse etnie che vivono e lavorano in America. Centomila persone, solo alla Ford! Nelle sezioni sottostanti presento le diverse scienze: chimica e farmacia e così via. E la cosa più importante: la produzione del vetro. Sai che producono i vetri di sicurezza in autonomia? E poi viene la fase di assemblaggio vero e proprio, come si montano le portiere, come si applica la carrozzeria, eccetera. E ovunque gli installatori e gli operai. Come modelli prendo i miei assistenti e lavoratori. Ho già parlato con loro. Ti ricordi il messicano robusto che teneva in mano quell'enorme chiave inglese? Si chiama Enrique ed è di Oaxaca. Ha combattuto per Zapata ed è venuto a Detroit tre anni fa perché in Messico temeva per la sua vita. Lo farò diventare un leader sindacale, è perfetto per il ruolo, che ne pensi?»

La guardò con aria impaziente in attesa della sua approvazione. Frida ricordava con grande rispetto quell'uomo che aveva rinunciato alla sua patria per le sue convinzioni politiche. Annuì, ma i suoi pensieri erano tutti per Diego. *In pratica lui è come quel messicano*, pensò. Combatte per le sue convinzioni, giorno e notte. È per questo che lo amo così tanto e devo lasciarlo dipingere. Anche se non ha tempo per me.

«Frida? Mi stai ascoltando?»

«Sì, certo...»

Diego, eccitato, si era alzato e camminava su e giù. «Di solito mostro gli operai di lato o di spalle. Vedi? Così...» Si girò dall'altra parte e si piegò in avanti, con il braccio destro alzato sopra la testa come se stesse brandendo un martello pesante. «Devono essere totalmente concentrati sul loro complesso lavoro. Se fanno anche solo un minimo errore, l'automobile non parte e loro perdono il lavoro. Li rappresento nella loro dignità di operai, saranno bellissimi. E poi inserirò anche delle allusioni al sindacato dei lavoratori. Pensavo a un manifesto che spunta dalla tasca dei pantaloni di Enrique, oppure a uno striscione, o… mi verrà in mente qualcos'altro. A mezzogiorno ho presentato i disegni preliminari alla commissione artistica, che si è dichiarata d'accordo. Ora possiamo iniziare lentamente i preparativi, e poi…» D'un tratto si girò verso di lei e rimase in silenzio. Il suo sguardo cambiò, diventò affettuoso e tenero. Non smise di camminare avanti e indietro, ma iniziò a canticchiare dolcemente una melodia messicana di cui teneva il ritmo battendo sulle cosce. Il suo canto si fece sempre più forte, alla fine prese dalla toeletta una delle campanelle che Frida talvolta si cuciva sui vestiti e la suonò seguendo il tempo. Sembrava un orso ballerino, faceva piroette, alzava braccia e gambe.

Frida rise a crepapelle finché non cominciò ad avvertire un'altra fitta nel ventre.

«Grazie, Diego» disse sottovoce mentre lui si lasciava cadere sul letto accanto a lei, esausto. «È stato dolce da parte tua. Ti amo.»

«Ti amo anch'io, Frida.»

La domenica successiva le perdite tornarono con maggiore frequenza.

Quando Lucienne guardò Frida, si spaventò: «Sei tutta blu in faccia. Vado subito a chiamare il dottore».

Frida la sentì telefonare a Diego in preda al panico nella stanza accanto. Si afflosciò e posò le mani sulla pancia per proteggere il suo bambino. Ma aveva il presentimento di non poterlo salvare. Forse sarebbe addirittura morta senza aver dipinto i suoi quadri? Una nuova ondata di dolore la attraversò. Emise un gemito. Tutto questo doveva finire!

Poco dopo Diego era lì. Era, se possibile, ancora più pallido di lei, con i capelli scarmigliati.

«Frida!» gridò precipitandosi al suo letto.

Un'altra doglia le si abbatté addosso, e un getto di sangue scuro macchiò il lenzuolo sotto di lei. Frida lesse il terrore sul volto di Diego, poi si contorse dal dolore. Quasi non si accorse dell'arrivo di un'ambulanza che la portò all'Henry Ford Hospital.

Quando si svegliò, si sentiva vuota e avvertiva ancora i dolori delle contrazioni uterine.

«E il mio bambino?» chiese, anche se conosceva già la risposta.

L'infermiera, addolorata, scosse la testa. «Ne avrà un altro. Lei è ancora giovane.»

«No, non ce l'avrò, invece!» urlò all'infermiera. In quel momento ne ebbe la certezza. Non avrebbe mai avuto un figlio. Un altro sogno che non si sarebbe realizzato. Era sopraffatta da una rabbia incontrollabile e impotente per quel destino ingiusto. Se avesse potuto, avrebbe distrutto qualcosa.

«Voglio vederlo!» gridò all'infermiera.

«Non si può.»

«Perché no? È il mio bambino. Voglio vederlo.»

«È una richiesta insolita.»

«Chiami subito il dottor Pratt!»

Quando arrivò, il dottore non poté dirle niente di diverso. «La vista di un embrione morto è più di quanto una madre possa sopportare, mi creda. Non… non ha ancora assunto la forma di un bambino. Lo dico per il suo bene. Suo marito mi ha detto che lei voleva fare il medico, che conosce un po' la medicina. Comunque glielo sconsiglio assolutamente. Inoltre…»

«Cosa?»

«Non è più qui. Li portiamo sempre via subito. Mi dispiace. Si riposi. Deve recuperare le forze.»

Quando il dottore se ne andò, la rabbia di Frida si spense a poco a poco. Non poteva fare altro che piangere. Voleva pensare al suo bambino morto in un momento di silenzio. Ma la sua vicina di letto rantolava e faceva fatica a respirare.

«Non ho fatto alcun progresso da allora, dall'incidente» disse con amarezza a Diego quando arrivò. «Sono di nuovo in un ospedale, non so cosa mi sta succedendo e la gente muore accanto a me.» Afferrò la mano di suo marito e i suoi occhi divennero molto scuri. «Diego» lo implorò. «Voglio vedere il bambino. Devo farlo per capire cosa è successo. Sai che cado sempre in piedi come un gatto. Ma devo capire cosa succede intorno a me. Diego, lo sai bene.»

Diego cercò di calmarla. «Faccio quello che posso» disse. «Tornerò il prima possibile.»

Dal suo letto Frida poteva vedere uno spicchio di cielo attraverso la finestra. Il suo sguardo seguiva ogni piccola nuvoletta che passava. Nella sua mente stava prendendo forma un'immagine sempre più chiara. Si vide distesa su un letto d'ospedale troppo grande per lei, da lontano. È nuda, esposta agli sguardi di tutti. Il suo ventre è gonfio, i suoi seni ingrossati come quelli di una donna incinta. I capelli e i peli pubici neri spiccano chiaramente sulla pelle bianca. Dagli occhi le scendono le lacrime. Il letto non si trova in una corsia d'ospedale, bensì in uno spazio desolato color terra. All'orizzonte si intravede un paesaggio industriale con dei silos, una centrale elettrica, dei nastri trasportatori e dei serbatoi d'acqua sopraelevati. Il lenzuolo è coperto di sangue, la mano si sostiene la pancia da cui escono delle cordicelle rosse: vasi sanguigni o cordoni ombelicali? Ce ne sono diversi, collegati a oggetti che giacciono sul pavimento intorno al letto o che aleggiano sopra di esso come le nuvolette fuori della finestra.

Frida chiuse gli occhi per capire cosa fossero quegli oggetti. Vide il plastico di un busto femminile, poi un osso pelvico e una lumaca, che rappresentava la lentezza con cui era avvenuto l'aborto. Davanti al suo letto si trovava l'orchidea viola che Diego le aveva appena portato. Era molto grande e sembrava una vulva ben irrorata di sangue. E poi c'era un altro dispositivo medico. Frida aveva notato che i medici sterilizzavano a vapore la strumentazione in questo contenitore, perciò doveva essere chiuso ermeticamente. A differenza del suo utero, che aveva ceduto e rigettato il feto. Concentrata, nella sua testa assegnò gli oggetti alle rispettive parti dell'immagine. Non voleva dimenticare nessun dettaglio.

Si guardò intorno e scoprì una rivista sgualcita appoggiata sul comodino. Qualcuno, dopo aver risolto il cruciverba, l'aveva lasciata lì accanto a una matita masticata. Frida afferrò avidamente entrambi. Quando Diego tornò con una pila di libri sottobraccio, lei aveva abbozzato l'immagine al meglio possibile sui margini stretti della rivista.

«Che cos'hai lì?» chiese Diego e osservò a lungo il suo disegno scarabocchiato in fretta e furia.

«Ecco come mi sento» disse infine Frida.

Diego trattenne il respiro e si schiarì la gola, poi la strinse delicatamente tra le braccia.

«Scappo via di nuovo e ti procuro un blocco per gli schizzi e dei carboncini. Devi dipingerlo! Ti aiuterà a superare tutto.»

«Lo so» disse lei.

Diego appoggiò i due libri pesanti vicino al suo letto. Erano opere di ginecologia. «Tieni, sono stato nella biblioteca medica, non volevano darmeli, ma li ho supplicati e alla fine anche insultati. Dobbiamo restituirli. Quanto al… feto ho riparlato con il dottor Pratt. Non c'è niente che possiamo fare, mi dispiace.»

«Lì dentro c'è l'immagine di un embrione?» chiese Frida indicando i libri.

Diego annuì.

15

Frida dovette rimanere all'Henry Ford Hospital ancora qualche giorno. Sfruttò il tempo per continuare a lavorare ai suoi schizzi per il quadro. Mantenne i singoli elementi spostandone solo la disposizione intorno al letto. Al centro dell'immagine, in bilico sopra il letto, lasciò spazio al suo bambino mai nato, che aveva già le sembianze di un essere umano e che lei volle raffigurare secondo le illustrazioni dei libri di medicina. Era l'ultimo dettaglio che mancava e lei aveva paura di dipingere questo esserino. Ma era necessario affrontare la paura per superarla. Con una certa esitazione prese la matita e si rese conto di quanto le facesse bene dire addio alla sua piccola creatura in questo modo.

«Sono così felice di avere la mia pittura, mi aiuta ad affrontare la mia sofferenza. Altrimenti impazzirei qui» disse a Lucienne, lanciando un'occhiata al letto vicino dove la vecchia stava per esalare l'ultimo respiro.

Qualche giorno dopo fu dimessa dall'ospedale. Si sentiva debole, ma era decisa a iniziare a dipingere immediatamente, visto che le sue sensazioni erano ancora così reali. A Diego era venuta l'idea di farla lavorare su fogli di metallo perché i bozzetti gli ricordavano molto gli ex voto messicani. Le portò una piccola lamina metallica, non molto più grande di un libro aperto. Frida seguì il suo suggerimento e apprezzò i colori brillanti, che sul metallo risultavano molto più intensi che sulla tela. Una piccola pennellata dopo l'altra, il quadro cresceva davanti ai suoi occhi. Frida rinunciò a ogni forma di prospettiva, e anche sotto questo aspetto rimase fedele ai dipinti votivi.

Alla fine, sul telaio del letto, scrisse la data, luglio 1932, e HENRY FORD HOSPITAL, Detroit. Dopo la data aggiunse le iniziali FK. D'ora in poi sarebbe stata di nuovo Frida Kahlo. Non più Frida Rivera.

Quando dipinse la K, scoppiò a ridere. Era meraviglioso essere di nuovo se stessa, Frida Kahlo. Ma poi all'improvviso si rattristò. Quella K era anche un'ammissione che non poteva essere la signora Rivera perché non aveva dato figli a suo marito? Aveva perso il diritto a quel nome? No! Non poteva permettersi di avere pensieri di questo tipo. Era la moglie di Diego davanti a Dio e al mondo. Ma non era *solo* sua moglie. Anzitutto era Frida. Frida Kahlo. La pittrice.

Quando diede l'ultimo tocco e posò il pennello, sapeva di aver creato una rappresentazione veritiera della sofferenza femminile, profondamente radicata nella sua patria e nella cultura messicana attraverso la sua forma ingenua. Il dipinto era l'espressione del dolore straziante per la gravidanza interrotta che l'aveva catapultata nell'impotenza assoluta e nella sensazione di essere in balia degli eventi. Non aveva tralasciato nulla, ogni ricordo doloroso, sia fisico che mentale, ogni speranza, e alla fine in questo quadro si poteva leggere il grande fallimento. Allo stesso tempo, rappresentava l'incredibile forza che donne come lei avevano anche nei momenti di estrema difficoltà. E attraverso l'orchidea veniva richiamato anche il tema dell'amore. L'amore che aveva reso possibile la gravidanza e il conforto che Diego le aveva dato dopo la perdita del bambino. Quell'orchidea viola ricordava a Frida come lui si era aggirato intorno al suo letto per ore per strapparle anche solo un sorriso.

Dopo Diego, Lucienne fu la prima a vedere il dipinto. Lo fissò per qualche minuto, poi scoppiò in lacrime.

«È proprio così» sussurrò. «Proprio così. Fa terribilmente

male guardarlo, ma con questo quadro hai ridato a noi donne la nostra dignità.» Si avvicinò a Frida e la strinse tra le braccia. «Hai fatto anche tu questa esperienza?»

Invece di rispondere, Lucienne scoppiò in singhiozzi.

Quella sera, quando lo riferì a Diego, lui annuì. «Frida, ascoltami. Dal tuo dolore hai tirato fuori un capolavoro. Mai prima d'ora una donna aveva portato sulla tela una poesia così struggente. È come… come un'esplosione espressionistica, ecco cos'è! Non ho mai visto un dipinto di tale veridicità, non esiste un modello nella storia dell'arte. Tu sei un genio, Fridita, molto più di me. Quello che faccio io usando pareti grandi come i campi da calcio, tu riesci a farlo su una piccola piastra metallica. Io dipingo solo quello che vedo con gli occhi. Tu dipingi ciò che ti suggerisce il tuo cuore. Questo quadro rappresenta il tormento profondo di una donna trasformato in poesia!»

Frida rimase stupita quando venne a sapere che Diego l'aveva raccontato a tutti i suoi amici e colleghi. «Mia moglie è la vera artista tra noi due» assicurava a tutti quelli che erano disposti ad ascoltarlo.

All'inizio Frida avrebbe voluto contraddirlo. Quegli elogi la mettevano quasi a disagio. Ma poiché venivano anche da altre parti, iniziò a sospettare che fossero giustificati. Sì, aveva creato qualcosa di straordinario. E questo atto artistico l'aveva aiutata a superare un dolore incommensurabile.

Posso farlo di nuovo in qualsiasi momento, pensò, e avvertì una velata sensazione di trionfo. *Posso allontanare ogni dolore, per quanto possa essere grande. Non posso annullarlo, ma posso affrontarlo con la mia arte.*

All'inizio di settembre qualcuno suonò il campanello. Con un moto di irritazione Frida posò il pennello, si asciugò una macchia di vernice dalle mani e andò ad aprire. Davanti a lei c'era il fattorino dei telegrammi. Controfirmò la ricevuta. Continuavano ad arrivare telegrammi per Diego, per lo più da parte di giornalisti che volevano accordarsi per un'intervista con lui. O di amici che annunciavano la loro visita. Ma quando vide che il mittente era Cristina, fu assalita dalla paura. *Mamma o papà?* fu il suo primo pensiero.

Strappò frettolosamente la busta e trovò la conferma del suo presentimento.

Mamma molto malata, vieni subito se vuoi salutarla per l'ultima volta. Cristina.

Si precipitò immediatamente da Diego all'Institute of Art e si gettò tra le sue braccia piangendo.

«Devo andare subito da lei» singhiozzò.

«Ma certo, Friducha.»

Non c'era posto su un aereo, doveva prendere il treno, e il viaggio sarebbe durato giorni.

«Questo dannato Paese! Dov'è il progresso quando ne hai davvero bisogno?» inveì sferrando un potente calcio all'odiata stufa elettrica.

La sera Diego le comunicò che non l'avrebbe accompagnata. «Devo lavorare qui. Ho chiesto a Lucienne di venire con te.»

«Non puoi o non vuoi?» urlò Frida. Era fuori di sé, totalmente in balia della sua rabbia. Aveva perso un figlio, sua madre stava morendo e suo marito non era con lei nel momento del bisogno, ma aveva in mente solo il suo lavoro!

In preda alla disperazione, spaccò i piatti e insultò Diego, che la guardava ammutolito. Pestò i piedi e subito dopo fece una smorfia di dolore. Gli si scagliò contro con i pugni alzati e gli rivolse pesanti insulti. Diego si limitò a rimanere accanto a lei e ad aspettare che si calmasse.

A un certo punto le mancarono le forze. Si accasciò su una poltrona e lasciò che Diego la prendesse tra le braccia e la aiutasse ad andare in camera da letto.

«Riposati» continuava a mormorarle. «Dormi. Domani il mondo ti sembrerà diverso. E tra qualche giorno sarai da tua madre.»

Frida non oppose più resistenza. La sua rabbia aveva lasciato il posto a una cupa tristezza. D'un tratto si sentiva terribilmente sola e desiderava la tenerezza di suo marito. No, voleva di più, voleva sentire la sua passione e, con essa, la vita.

Gli si strinse contro e intrecciò la gamba intorno al suo corpo. Lui la lasciò indugiare per un po', poi la spinse di lato, all'inizio dolcemente e, visto che lei non desisteva, più bruscamente.

Frida si appoggiò sui gomiti e, ansando, gli chiese: «Che succede?»

«Niente, Frida. Non voglio venire a letto con te. Non voglio che si arrivi a un'altra catastrofe. Né desidero un figlio.»

Frida rimase pietrificata. All'improvviso aveva freddo e si sentiva desolatamente vuota, troppo esausta per essere arrabbiata, come un guscio. Si separò da lui e si voltò. Quando non poté più sopportare la sua presenza, si alzò e si sdraiò sul divano in soggiorno.

Il mattino seguente, dopo una colazione silenziosa, Diego la accompagnò alla stazione, dove Lucienne la stava aspettando.

Per tutta la mattina Frida aveva cercato le parole giuste per parlargli di quanto era accaduto la sera prima. Non potevano separarsi dopo aver litigato! Ma anche sulla strada per la stazione non era stata in grado di dire nulla. E poi il treno partì. Frida si sporse dal finestrino dello scompartimento. Avrebbe voluto dire un'ultima parola gentile a Diego, avrebbe voluto leggergli in faccia che tra loro si sarebbe sistemato tutto, ma lui le aveva già voltato le spalle ed era scomparso tra la folla.

Durante il viaggio in treno, durato diversi giorni, Frida non degnò di uno sguardo la vasta distesa del paesaggio americano che sfilava al di là del finestrino. Stava seduta al suo posto tutta impettita, con la testa piena di pensieri cupi. Attraversarono diversi Stati, l'Indiana e il Missouri, l'Arkansas e il Texas. Tuttavia né le foreste oscure, né le montagne, né le zone desertiche del Sud riuscivano a suscitare il suo interesse. Desiderava soltanto tornare a casa da sua madre il prima possibile. Negli Stati del Sud c'erano state grandi inondazioni, e spesso il treno era costretto a fermarsi sui binari di manovra o a tentare di proseguire a passo d'uomo sul terreno allagato. Talvolta dovettero persino attendere ore in una stazione per la coincidenza. Quando finalmente raggiunsero il Rio Grande, che segnava il confine con il Messico, scoprirono che il fiume era straripato e che avrebbero dovuto aspettare che l'acqua si ritirasse prima di poter imboccare il grande ponte per passare dall'altra parte. L'attesa si prolungò per un giorno intero. Frida cercò di chiamare Cristina, ma a causa dell'emergenza le linee telefoniche erano interrotte. In preda alla disperazione, lei e Lucienne andarono al cinema. Poi finalmente riuscirono a salire su un autobus che attraversò il fiume lentamente e traballando.

Questo fiume separa le mie due vite, pensò Frida.

Dopo cinque giorni di un viaggio estenuante, finalmente raggiunsero la periferia di Città del Messico. Frida rimuginava costantemente sullo stato di salute di sua madre. In quali condizioni l'avrebbe trovata? Sarebbe stata ancora in vita? Non sapeva nemmeno che cosa avesse di preciso.

«Parlami di lei» disse Lucienne, stremata dal viaggio almeno quanto Frida.

«Il mio rapporto con lei non era dei migliori» cominciò Frida. «Sono sempre stata molto più affezionata a mio padre.»

«Perché?»

«Mia madre era… è» si corresse immediatamente. «È una donna molto devota. Dovevamo sempre andare in chiesa con lei, finché un giorno mi sono rifiutata. Credo che non mi abbia mai perdonato il mio incidente, come se avessi potuto evitarlo! Ma le ha scombussolato la vita, per via delle preoccupazioni e delle costose spese mediche. Ho sempre saputo che le pesava spendere tutti quei soldi. Sa essere davvero tirchia. Penso che sia una donna dal cuore di pietra.»

«Perché?» insistette Lucienne.

Frida si strinse nelle spalle. «Perché non ha mai amato davvero? Una volta, in un momento di debolezza, mi ha mostrato delle lettere che le aveva scritto il suo grande amore.»

«Un uomo diverso da tuo padre?»

Frida annuì.

«Che ne è stato di lui?»

«Si è sparato davanti ai suoi occhi.»

«Per l'amor di Dio!» si lasciò sfuggire Lucienne, scossa.

«Poi ha sposato mio padre. Hanno passato dei bei momenti insieme, ma non credo che lei lo amasse con la stessa passione con cui amava quell'altro uomo. Altrimenti perché avrebbe conservato le sue lettere?»

«Forse non è mai stata veramente felice in vita sua. Che idea orribile.» Lucienne rabbrividì al pensiero.

«Se immagino che potrebbe succedermi qualcosa di simile e magari non avere più Diego al mio fianco, mi sento morire. Non può succedere!»

«È più vecchio di te, vent'anni, quasi una generazione» la fece riflettere Lucienne. Subito dopo guardò Frida sgomenta. «Aspetta. Volevo solo dire che…»

Frida piegò in giù gli angoli della bocca. «In compenso io sono malata. Credo che questo equilibri le cose.»

«Posso ben immaginare che tua madre non fosse molto felice del tuo matrimonio con Diego» disse Lucienne dopo una pausa.

Frida si lasciò scappare una risata. «Lui è tutto ciò che lei detesta. "La colomba e l'elefante", così ci ha definiti. Rimprovera a Diego il fatto di essere divorziato. E comunista. Ma credo che nel frattempo abbia imparato ad apprezzarlo un po', comunque. Perché si prende cura di me.»

Finalmente l'autobus raggiunse il centro città. Cristina la aspettava alla stazione degli autobus. Quando strinse Frida tra le braccia, scoppiò in lacrime.

«Sono arrivata tardi?» chiese Frida temendo la risposta.

«No, ma giusto in tempo.»

«Mi riconoscerà?»

«Non lo so, prende dosi di morfina molto alte. Il cancro la sta divorando. Sta soffrendo molto.»

Quando Frida si presentò al capezzale della madre, Matilde

era assopita. Frida non poté fare altro che sedersi accanto a lei, tenerle la mano e scambiare qualche parola a bassa voce con le sue sorelle.

Due giorni dopo Matilde morì. In cuor suo Frida ringraziò la madre per averle dato l'opportunità di salutarla. Era molto triste, ma al tempo stesso si sentiva confortata. Era la reazione di Guillermo a preoccupare le figlie. Continuava a chiedere di sua moglie, la cercava, e quando gli spiegavano che non c'era più, poteva capitare che agitasse furiosamente in aria un coltello. Stranamente Lucienne era l'unica che riusciva a comunicare con lui. Gli parlava in tedesco e gli cantava vecchie canzoncine tedesche per bambini che lo tranquillizzavano. Frida era infinitamente grata alla sua amica per averla accompagnata in quel viaggio doloroso.

Il giorno dopo il funerale, una volta tornate tristemente dal cimitero, le sorelle e Lucienne si erano sedute su un muretto del giardino della Casa Blu per godersi il sole. Isolda e Antonio giocavano intorno a loro con una delle scimmiette che vivevano in casa. Talvolta erano molto sfacciate e rubavano una banana dal tavolo, ma potevano anche essere molto buffe e amavano essere inseguite.

«Sono così triste per la morte della mamma, eppure sono felice di essere tornata qui. Mi mancava il Messico, i suoi colori, il cielo, il cibo. Mi siete mancate tanto!» disse a Cristina e Matita.

«Come te la passi a Detroit?» chiese Cristina. «Non mi sembri proprio uno splendore, se posso dirlo.»

«Ho perso un altro bambino» confidò Frida a bassa voce.

Cristina si portò la mano alla bocca e Frida vide balenare negli occhi della sorella il ricordo del primo aborto.

«Stavolta è stato anche peggio. Mi hanno ricoverata in ospedale. Ci sono voluti giorni prima di poter intervenire per asportarmi tutto definitivamente.»

«Perché non hai detto niente? Sarei venuta per starti vicino» disse Cristina.

Frida le rivolse un sorriso pieno di gratitudine. «Avevo Lucienne» disse.

«E hai superato questa terribile esperienza dipingendo un quadro» aggiunse Lucienne.

«E Diego? Ti è stato vicino?»

Frida annuì.

«Un giorno avrai un figlio» disse Matita, ma l'esitazione nella sua voce tradiva il fatto che lei stessa era scettica al riguardo.

Frida fece una risata amara. «Per avere un figlio, Diego dovrebbe venire a letto con me.»

Le altre trattennero il respiro. «Vuoi dire che ti sta rifiutando?» osò chiedere Lucienne.

Frida annuì. «Non vuole vivere un'altra catastrofe, così ha detto.»

«Ha un grande senso di colpa nei tuoi confronti, Frida» ribadì Lucienne. «Sa che sei troppo debole ora per avere un figlio.»

«Ti manca?» chiese Matita.

«Più di chiunque altro. Gli scrivo lettere d'amore ogni giorno, premo persino le labbra dipinte di rossetto sulla carta...» Esitò prima di proseguire. «Ma se devo essere sincera, la vita è più semplice se lui non mi sta continuamente intorno...»

«Frida!» la redarguì Matita. «Come puoi dire una cosa del genere? Una donna deve stare sempre al fianco del proprio uomo!»

Lei alzò le spalle. «Lo amo più di ogni altra cosa e non riesco a immaginare una vita senza di lui, eppure è profondamente difficile stare al suo fianco.»

«Sarei felice se avessi mai provato sentimenti simili per Pablo» disse Cristina facendo una smorfia buffa. Il suo gesto sbloccò la rigidità delle altre, che scoppiarono a ridere.

Quando tornarono serie, Cristina prese la mano di Frida. «Sii felice di poter amare così.»

E Lucienne aggiunse: «Esattamente! E ricorda che hai i tuoi quadri per esprimere tutto quello che hai dentro».

Isolda arrivò di corsa perché si era sbucciata il ginocchio. Cristina la consolò, la fece sedere in grembo e soffiò sull'escoriazione. Frida provò dolore nel vedere quella scena. *Sarei una buona madre*, rifletté malinconica.

Dimenticata la caduta, Isolda si piazzò davanti a Frida. «Zia Frida, giochi con me e le mie bambole? Antonio è uno stupido, dice che le bambole sono roba da femmine.»

«Certo che gioco con te. Facciamo il bagnetto alle bambole e poi le mettiamo a letto?»

«Oh, sì!»

«Portiamo tutto qui. È così bello fuori.»

A fine ottobre Frida e Lucienne tornarono a Detroit. L'addio alle sue sorelle, a suo padre Guillermo, e al Messico, fu difficile per Frida. Ma la nostalgia di Diego era almeno altrettanto grande.

Durante il lungo viaggio in treno rimase in silenzio, immersa nei suoi pensieri. Pensava a ciò che aveva lasciato e a ciò che la aspettava. La fredda America, Detroit in inverno, i numerosi lavori di Diego, la sua solitudine. Ancora una volta il treno la stava portando da una vita all'altra, e lei non sapeva quale delle due fosse quella giusta. *Ma che dire dei miei quadri?* si domandò all'improvviso. Erano sempre con lei, nella sua testa e nel suo cuore. Quelli dipinti e quelli non dipinti. Nessuno poteva portarglieli via.

Fuori cominciò a imbrunire, e Frida vide il suo riflesso nel finestrino del treno. *Quella sono io?* si chiese, spaventata. Non mi riconosco. Dov'è la mia giovinezza? Dov'è la mia spensieratezza, la certezza, quando ho sposato Diego, che la vita mi avrebbe riservato solo amore e meraviglia? Ecco di nuovo la sensazione di aver perso la strada.

E se ci fossero due Frida? Frida Rivera, la donna messicana che indossa abiti colorati e si fa notare ovunque. Che si circonda di immagini votive, che ha un marito, dei genitori e delle sorelle, dei cani e un giardino. Una moglie che porta il cibo al suo uomo sul lavoro. Ma anche Frida Kahlo, la donna moderna che vive in un albergo, una donna che fuma e beve, una comunista che non ha figli, che viaggia per il mondo senza il marito… Sono Frida, giovane e bella.

Amo ballare e cantare. Posso incantare qualsiasi compagnia di gente e farla innamorare di me. Scendo in strada per i miei diritti e per i diritti dei messicani. Trovo difficile restare ferma perché c'è tanto da fare e da vedere. E sono Frida, costretta in un corsetto che mi impedisce di andare in giro. Non posso avere figli, il mio utero è vuoto.

Sotto i miei vestiti colorati si nasconde un mostro. E sotto i tanti fiori infilati tra i capelli che porto come una corona, si nasconde la mia tristezza…

«Frida?»

Riemerse dai suoi pensieri e guardò il viso di Lucienne, sul quale era dipinta un'espressione interrogativa.

«Stai piangendo. Tutto bene?»

«Sì» rispose lei. «Stavo pensando. A me. Alla mia situazione.»

«A cosa in particolare?»

«Non voglio parlarne ora, fa troppo male. Dovrai aspettare finché non esprimerò i miei sentimenti in un dipinto. Lo farò, prima o poi.»

Frida vide Diego in piedi sulla banchina mentre il treno entrava nella stazione di Detroit. Si rigirava il cappello tra le mani in trepida attesa, invece di portarlo sulla testa, anche se faceva decisamente freddo. Allungò il collo, e quando scorse Frida dietro un finestrino, si mise a correre fiancheggiando il treno, e lei poté leggere la felicità nei suoi occhi. *Gli sono mancata tanto quanto lui è mancato a me*, pensò, sentendosi fortunata.

C'era qualcosa di diverso in lui. Frida dovette rivolgergli una seconda occhiata. Era molto smagrito e indossava un completo che non gli aveva mai visto prima. Doveva andare subito da lui. Non poteva aspettare un minuto di più!

Si accalcò davanti alla porta senza guardare in faccia nessuno e fu uno dei primi passeggeri a saltare giù sulla piattaforma. Diego le corse incontro. Per un momento restarono senza fiato, poi si gettarono l'uno nelle braccia dell'altra. Diego si sentiva diverso, quasi estraneo, perché le braccia di Frida arrivavano ad allacciare quasi tutto il suo corpo.

«Diego» sussurrò Frida. «Il mio ranocchio».

«Frida, la mia Fridita.» La stringeva così forte a sé che lei pensava che l'avrebbe schiacciata. Ma non disse nulla perché era felice. Forse tra loro sarebbe tornato tutto come all'inizio, quando il loro amore era ancora pieno di magia?

Frida rinunciò a questa speranza molto rapidamente. Diego era sempre irritato. E quando accadde che, per due volte, lei gli portasse il pranzo senza trovarlo e che i suoi collaboratori rispondessero alle sue domande in maniera evasiva, lei capì che lui aveva una nuova amante.

Aveva consegnato il cestino del pranzo agli operai ed era tornata a casa.

Il giorno dopo, con suo grande stupore, un giornalista le chiese un'intervista.

«Di recente l'ho vista lavorare accanto a suo marito» disse il giornalista del *Detroit News*. «Ed è stato proprio lui a dirmi che Frida Kahlo è una grande artista che andrà lontano.»

Più tardi Frida non avrebbe saputo dire cosa le aveva preso, ma ancora una volta superò il suo incontenibile desiderio di provocazione e di vendetta. «Oh, sa, il ragazzo sa il fatto suo, ma la grande artista in famiglia sono io!»

La sua intervista fece scalpore proprio per via di questa dichiarazione, e altri giornalisti vollero scrivere articoli su di lei. Frida si abituò in fretta alla popolarità. Imparò a parlare delle sue opere mostrandosi sicura di sé e a essere divertente e sempre pronta a sorprendere.

Ormai era inverno e Frida fissava la tormenta di neve fuori della finestra. Si strinse le braccia intorno al corpo e se le strofinò energicamente perché aveva freddo. Non riusciva più a vedere gli alti cumuli di neve che si erano formati sui marciapiedi e sulle strade. Nevicava incessantemente da giorni e il freddo le entrava nelle ossa. Soprattutto la gamba le dava del filo da torcere. Le dita del piede destro erano violacee e ogni sfioramento le provocava un brivido di dolore. Non poteva più muovere l'arto e quindi non usciva quasi mai di casa. Sapeva che qualcosa non andava e che avrebbe dovuto consultare un medico. In quei momenti era felice che Lucienne non vivesse più con loro. Non le avrebbe dato pace.

Frida si strinse ancora di più nello scialle, ma non servì a niente. Aveva freddo non solo all'esterno, ma anche dentro di sé. Le mancava Diego. Naturalmente era ancora con lei, tornava a casa tardi la sera o di notte, dormivano nello stesso letto, ma da tempo non le dava più calore. Era distante, probabilmente con il pensiero alla sua amante. Frida si comportava come se avesse imparato a convivere con quella situazione, in compagnia era chiassosa, usava parolacce inglesi e poi faceva finta di non conoscerne bene il significato. Da quando era stato pubblicato l'articolo con la sua sorprendente dichiarazione, il suo gusto per la provocazione era cresciuto.

Con uno sbuffo di disappunto si allontanò dalla finestra e vagò nelle due stanze in cui viveva. Quanto anelava il sole, un giardino come quello di Casa Azul, dove poter uscire la mattina presto, farsi accarezzare dall'aria vellutata, annusare i fiori, sedersi vicino al laghetto e guardare i pesci… *Heimweh*, le venne in mente quella parola tedesca. L'aveva imparata da suo padre. La nostalgia di casa era esattamente ciò di cui soffriva. Ma Diego non aveva finito il suo affresco. Gli sarebbe servito altro tempo, almeno sino a marzo. E lei avrebbe dovuto resistere ancora a lungo.

Il quadro che rappresentava il suo aborto spontaneo era appoggiato sul cassettone della camera da letto. Non era ancora incorniciato. Frida ci si piazzò davanti e rimase a osservarlo, riflettendo.

E se avesse dipinto un parto vero e proprio? Non un quadro che mostrava una madre felice con un bambino al seno, ma un quadro che mostrava realisticamente il dolore e il sangue durante la nascita. Una donna sdraiata su un letto con le gambe divaricate e la testa del bambino già fuori. E la madre? Frida non avrebbe svelato il suo volto, sarebbe rimasto nascosto sotto il lenzuolo. Il quadro avrebbe rappresentato la sua stessa nascita, o se stessa che dava alla luce un bambino? Lo visualizzava già davanti a sé. Anche in questo caso sarebbe stato di piccole dimensioni, altrimenti la forza del soggetto sarebbe stata insopportabilmente violenta.

Seguendo un impulso, sistemò sul cavalletto una delle lastre di metallo che le aveva procurato Diego e iniziò ad abbozzare il letto...

Qualche ora dopo Diego tornò a casa e trovò Frida ancora in piena fase creativa.

«Mi fa piacere che tu dipinga» disse, e la baciò sul collo.

«Lo so» replicò Frida. «Lo intitolerò *La mia nascita.*»

«Dipingi le tappe della tua vita» la incitò Diego. «La nascita, la tua balia, l'aborto, la tua vita in America...»

«E te» disse Frida, e si voltò verso di lui. «Ma per prima cosa domani mattina mi comprerò una pelliccia. Non ho più intenzione di congelare.»

Diego scoppiò a ridere.

«Cosa te ne fai di una pelliccia in Messico? Comunque, come vuoi. E dopo ti porto al cinema, così potrai sfoggiarla.»

Frida non vedeva l'ora che arrivasse marzo. Finalmente sarebbero tornati a casa. Ma poi Nelson Rockefeller in persona chiese a Diego se voleva dipingere l'atrio del nuovo RCA Building di New York. Il compenso era principesco. Sulle prime Frida la prese male, poi si arrese. Cos'altro avrebbe potuto fare? Diego aveva ragione: lei poteva dipingere i suoi quadri ovunque, le bastavano un cavalletto, una tela e dei colori, mentre lui era vincolato dai grandi muri degli edifici pubblici. Doveva andare dove c'erano i committenti. All'inizio lui e Rockefeller se la intesero bene. Ma poi Diego ebbe l'idea di ritrarre Lenin sulle pareti. I progetti non lo prevedevano. La stampa lo venne a sapere, e così, mentre i giornali conservatori diedero il via a una campagna denigratoria contro Diego, da sinistra arrivarono manifestazioni di solidarietà. Infine il committente milionario chiese a Diego di coprire l'immagine di Lenin, ma Diego rifiutò e così fu rimosso dall'incarico. Il lavoro gli fu pagato per intero, ma il murale venne distrutto e nessuno riuscì a vederlo. Diego si sentì umiliato. «Resterò a New York finché non avrò speso sino all'ultimo centesimo del mio compenso!» esclamò. Si trasferirono in un appartamento tutto loro, uscirono molto e dissiparono migliaia di dollari. Partirono solo alla fine di dicembre. I loro amici americani e alcuni giornalisti andarono al molo per salutarli. Avevano raccolto i soldi per la traversata in nave perché Diego aveva tenuto fede al suo proposito e non possedeva più un dollaro.

La *Oriente* era la nave gemella della *Morro Castle*, ma stavolta Frida non aveva la calma necessaria per apprezzare gli agi della traversata. Affacciata al parapetto, disse tristemente addio ai suoi amici. Tra loro c'era Lucienne Bloch, che era diventata una buona amica e confidente. Frida avrebbe sentito la sua mancanza, lo sapeva già. Era venuta a salutarla anche Anita Brenner, che aveva promesso di andare presto a trovarla. Frida si appoggiò leggermente a Diego, che le stava accanto e a sua volta sventolava la mano in cenno di saluto. Normalmente, in queste situazioni, metteva il braccio intorno alla vita di Frida e la attirava a sé. Questa volta, invece, si scostò con un movimento quasi impercettibile. Lei lo guardò di sottecchi mentre lui teneva lo sguardo fisso davanti a sé. Diego le rimproverava di essere responsabile del loro ritorno in Messico. Pensava di aver trovato la libertà in America. Avevano avuto un aspro confronto su questo punto.

«Che cosa intendi per libertà? Non poter dipingere quello che vuoi?» gli aveva chiesto Frida. «Vivere una vita inutile e spendere soldi senza senso?»

«Avrei trovato altri incarichi.»

«Ad esempio la commessa nella centrale operativa trockista? Non è esattamente il posto più popolare di Manhattan.» Frida non era riuscita a nascondere una punta di sarcasmo nella sua voce. Era ridicolo mostrare le immagini in un covo di cospiratori cui si poteva accedere solo se si dimostrava di essere un trockista affidabile.

«Quando la rivoluzione arriverà, arriverà in un Paese industriale. Quindi non certo in Messico. Ma io voglio esserci. I miei quadri sono lì solo per innescare la rivoluzione.»

«Ma se non hai nemmeno imparato l'inglese! Devo sempre tradurre per te!»

«Sento l'America con il cuore. Non è necessario conoscere la lingua per questo.»

«Diego, non abbiamo più soldi. Dobbiamo assolutamente tornare. Finalmente finirai il tuo affresco al Palazzo Nazionale. E poi ho una terribile nostalgia di casa» aveva aggiunto lei a bassa voce.

Alla fine lui aveva dovuto arrendersi, ma Frida percepiva che Diego attribuiva a lei la colpa della sua sconfitta. Se lei non avesse spinto così tanto per tornare in Messico, se fosse stata disposta a scendere a compromessi per poter rimanere in America più a lungo, avrebbero trovato un modo. Ma lui non sarebbe riuscito a spuntarla contro le circostanze esterne e contro la volontà di Frida.

«Diego, sono felice di tornare a casa. Grazie...» disse Frida in tono conciliante. Posò la mano, avvolta in un guanto imbottito di pelliccia, sulla sua, appoggiata sulla ringhiera. Questa volta Diego non la ritirò e lei sorrise.

Finalmente si sciolsero le cime e sulle note di una marcia solenne la *Oriente* salpò lenta. Sul molo e a bordo ci fu un gran sventolio di mani e un intrecciarsi di saluti.

«Io vado sottocoperta. Ho freddo.» Frida si strinse nella pelliccia e lo guardò, piena di aspettativa.

«Io resto ancora un po'» disse Diego.

Lei percepì il rimprovero sotteso e sospirò, afflitta. Mentre scendeva le scale diretta nella sua cabina, avvertì una fitta al piede malato e intorpidito dal freddo. Strinse i denti e proseguì. Questo dolore le era familiare, poteva sopportarlo. Il disappunto di Diego, invece, la preoccupava. Arrivata nella sua cabina, si distese sul divano e a poco a poco si sentì avvolgere da una piacevole sensazione di calore, ma avvertiva un dolore pulsante nel piede destro.

Tese l'orecchio per sentire i passi provenienti dal corridoio. *Quando arriva Diego?* si domandò con ansia.

I primi tempi in Messico non saranno facili. Dovrò mettercela tutta per compiacerlo. La cosa più importante è che lui torni a lavorare. A quel punto andrà tutto bene. Ma questo maledetto piede mi darà non pochi fastidi, lo sento.

Diego arrivò solo un'ora dopo, teso, con la mascella serrata.

«Vieni a sederti qui» lo invitò Frida.

Lui si lasciò cadere pesantemente accanto a lei. Era dimagrito molto dopo la dieta, ma era ancora un uomo corpulento e in due riuscivano a malapena a trovare spazio su quel divanetto delicato. Ma a Frida lui piaceva così. Impazziva all'idea di appoggiarsi al suo corpo massiccio e di scomparire quasi tra le sue braccia. Gli prese la mano e gli posò sopra tanti piccoli baci.

«Non sei contento di rivedere il Messico, i tuoi amici? La vita lì sarà cambiata.»

«Ma non per il meglio» ribatté lui, caustico.

«Andremo a vivere nella nuova casa di San Ángel. Non vedo l'ora di vedere cosa ha combinato Juan. La arrederò io. La renderò un luogo accogliente. E avrai uno studio vero e proprio dove dipingere.»

Lo disse con scarsa convinzione, perché non era sicura di come sarebbe stato se Diego avesse vissuto in una casa e lei in quella accanto. *Dopotutto, in casa mia avrò pur diritto di avere uno studio tutto per me*, pensò. Questa prospettiva la rendeva felice, anche se si chiedeva se avrebbe trovato abbastanza tempo per dipingere. La cosa più importante era che potesse farlo Diego.

Si protese e gli diede un bacio sulla guancia. «Andiamo a mangiare. Il cibo su queste navi è sempre ottimo, anche se non vedo l'ora di mangiare *tortillas* e peperoncini. Giuro che la mia prima passeggiata mi porterà al mercato. E poi cucinerò per te. Come una volta, all'inizio, quando eravamo appena sposati e ho preso lezioni di cucina da Lupe… Ti porterò il pranzo quando sarai impegnato nel tuo studio. Decorerò il cesto con un tovagliolo ricamato a mano con la scritta DIEGO e fisserò un fiore intorno al bordo. Poi mi metterò a sedere accanto a te e parleremo. Come facevamo una volta…» Si infervorò parlando e non si accorse nemmeno che lui si era chiuso in un ostinato silenzioso.

«Non ho fame» borbottò infine.

Frida smise di parlare. Si alzò per andare a prendere il suo scialle preferito, il *rebozo* magenta, in camera da letto. Avvertì un'altra fitta al piede.

16

La festa a sorpresa che i suoi amici organizzarono in occasione del suo ritorno a casa fu leggendaria. Anche se per Frida non fu una sorpresa vera e propria, poiché aveva chiesto a Cristina e alla sua amica delle elementari, Isabel Campos, di organizzarla, ma Diego non ne sapeva nulla. *Per favore, preparami delle* quesadillas *di fiori di zucca e del* pulque, aveva chiesto a Isabel in una lettera da New York. Isabel era una delle poche amiche in Messico con cui Frida aveva uno scambio epistolare. Aveva comprato dei regali per Chabela, com'era soprannominata, cose colorate da Chinatown e un paio di tacchi alti introvabili in Messico.

Il giorno della festa si era alzata molto presto e aveva decorato la sala da pranzo in modo festoso, con lanterne colorate ovunque. Il cibo che Isabel e Cristina avevano cucinato aveva un profumo delizioso.

Quando arrivarono gli ospiti, Diego si rallegrò per la sorpresa riuscita e rise con vecchi amici che non vedeva da tempo. Frida si lasciò prendere dall'atmosfera festaiola, arrivando persino a ballare e rifiutandosi di badare al persistente dolore al piede.

Si fece versare da Isabel un altro bicchiere e cercò Diego. Quando lo vide seduto da solo in un angolo, per lei fu una doccia fredda. Voleva assolutamente che lui si godesse la serata. Una festa riuscita per lei era la promessa che il loro ritorno in Messico sarebbe stato un successo. Quando lui colse il suo sguardo, un sorriso gli sfiorò le labbra carnose. Frida si diresse lentamente verso di lui, i fianchi ondeggianti, e lo incatenò con i suoi occhi scuri. Diego si raddrizzò leggermente sulla poltrona e si mise le mani sulle ginocchia. Come al solito, indossava un completo troppo abbondante e delle pesanti scarpe da lavoro. *Nessuno mi conosce meglio di Diego*, pensò Frida avvicinandosi a lui. *E nessuno lo conosce meglio di me. Lo amo con ogni fibra del mio corpo e della mia anima. Diego può essere brutto per gli altri, ma per me è l'uomo più bello che abbia mai conosciuto. Nessuno lo sostituirà mai. Ho legato la mia vita alla sua, per sempre.*

Sentì il suo sguardo pieno d'amore, ormai acceso di desiderio, posarsi su di lei. *Anche lui mi ama*, pensò in una bolla di felicità. *Prova i miei stessi sentimenti.* Poi gli si piazzò davanti. Si sedette sulle sue ginocchia e lui la cinse con le braccia.

«Ti stai divertendo?» le chiese.

«Tu no?» chiese lei di rimando.

«Oh, Frida. Potrebbe non essere facile.»

«La cosa importante è che sono con te.»

«E io con te.»

Arrivarono altri ospiti. Frida baciò Diego sulla bocca, poi si alzò per salutare i nuovi arrivati.

«Frida, ne è passato di tempo!» disse qualcuno alle sue spalle.

Frida si girò di scatto. Davanti a lei c'era Alejandro. Avvertì una fitta vicino al cuore quando lui la abbracciò. Poi la lasciò andare, e i due si guardarono in silenzio. Il suo amore di gioventù era notevolmente invecchiato, più di quanto lei si aspettasse dopo i quattro anni passati dal loro ultimo incontro. La stempiatura, che si era già manifestata in precedenza, ora era piuttosto pronunciata. Ma Frida lo trovava ancora attraente, non foss'altro in virtù dei sentimenti che un tempo nutriva per lui. Un amore giovanile non si dimentica tanto in fretta, e nemmeno le ferite che lui le aveva inflitto.

«Frida...» disse con voce velata.

«Alejandro. Mi fa piacere che tu sia venuto. Come stai? Cosa stai facendo?»

«Mi sono sposato.»

Frida si guardò intorno, come se cercasse qualcuno.

«Mia moglie non è venuta. Ti manda i suoi saluti. Sei sui giornali, sei una specie di celebrità!»

Frida si schermì con un cenno della mano. «Ma solo perché sono la moglie di Diego.»

«Un tempo eri più sicura di te. A volte fin troppo decisa, a mio giudizio.»

Entrambi risero al ricordo.

Frida vide con la coda dell'occhio che Diego stava guardando con attenzione nella sua direzione. Naturalmente sapeva di Alejandro. Ma era geloso?

«Quell'incidente...» iniziò Alejandro.

Frida lo prese sottobraccio. «Non stasera. Stasera si festeggia» disse. «Vieni, devi assolutamente provare le *quesadillas* di Isabel. Ammesso che Diego ne abbia lasciata qualcuna.»

Era quasi mattina quando finalmente si mise a letto. Era brilla e felice. Era di nuovo a casa! E già il primo giorno aveva fatto il pieno di colori e forme. Non vedeva l'ora di trasferirli sulla tela.

Si mise in ascolto per capire se Diego stava arrivando. Sentiva ancora il suo sguardo bramoso su di lei. Poiché non succedeva nulla, si alzò e guardò fuori della finestra nel patio, ma non riuscì a vederlo da nessuna parte. Sentì la delusione crescere dentro di lei. Era già andato in camera sua? Ma in quel momento udì i suoi passi pesanti. Andò a sbattere contro qualcosa e biascicò un'imprecazione. Infine entrò in camera da letto. Frida non riuscì a trattenersi dal ridere.

«Ho sbattuto l'alluce al buio.»

Frida rise di nuovo. «Fammi vedere.»

«Non fa poi così male» disse lui, e la prese tra le braccia per baciarla.

La amò con una tenerezza sotto la quale ardeva la passione, ma si trattenne per non farle male. Frida lo attirò a sé, anche se contro la sua forza non aveva alcuna possibilità. Dopo restarono sdraiati vicini, la testa di lei appoggiata sul suo petto, mentre lui le accarezzava pigramente la schiena.

«Perché è venuto anche Alejandro?» chiese. «L'hai invitato tu?»

Frida sorrise involontariamente. Che uomo infantile era a volte! Lui era il primo ad arrogarsi il diritto di avere altre donne, ma se lei parlava solo con uno, diventava geloso.

Assonnata, Frida si girò e si accoccolò contro di lui. Il primo giorno in Messico era andato bene. Sperava che le cose sarebbero rimaste così.

Il giorno dopo andarono a San Ángel per vedere la nuova casa. Diego voleva trasferirsi il prima possibile. Frida avrebbe preferito tornare a Casa Azul per stare vicino a suo padre Guillermo, che dopo la morte della moglie era invecchiato molto.

Ma Diego non voleva. «Perché abbiamo fatto costruire questa nuova casa se non ci andiamo a vivere?» le aveva chiesto. «E poi le condizioni di lavoro per noi sono decisamente migliori laggiù. Frida, ti rendi conto che finalmente avrai uno studio tutto tuo? Potrai dipingere indisturbata ogni volta che vuoi. E ti piacerà occuparti dell'arredamento.»

Forse Diego ha ragione, si disse Frida mentre percorreva avenida Altavista con Cristina. Scorse il San Angel Inn, un hotel frequentato dalle star di Hollywood che, con il suo grande giardino simile a un parco, sembrava una *hacienda*.

Le loro due case erano l'una di fronte all'altra, e il contrasto non avrebbe potuto essere più evidente. Frida si spaventò. Erano diverse da tutte le altre case della strada. L'architetto Juan O'Gorman, amico di Diego e allievo di Le Corbusier, aveva accostato dei cubi nudi in stile Bauhaus. La casa di Diego era grande e rosa, quella di Frida molto più piccola e blu. Era stata lei a desiderarla così, voleva solo continuare a vivere in una casa blu. Ma non così! Era talmente piccola! E il terreno intorno era completamente brullo. Niente aranci, niente fiori, niente colori, niente stagni! L'unica nota di verde era una parete fatta di cactus che circondava la proprietà. Chiunque poteva vedere dentro! Qui non sarebbe passata inosservata neanche per un secondo.

Scese dall'auto con una certa esitazione.

«Questa è una *casa chica*» si lasciò sfuggire Cristina. «Cosa diamine gli è venuto in mente?» Subito dopo si portò la mano davanti alla bocca, ma Frida aveva sentito il suo commento. Aveva pensato esattamente la stessa cosa. Una *casa chica* era una dépendance riservata all'amante, mentre la moglie viveva nella *casa grande*.

«Tu non capisci» la apostrofò Frida e, quando colse l'espressione ferita di sua sorella, aggiunse conciliante: «Questa è una questione che riguarda solamente Diego e me».

Andarono prima a casa di Frida. Per entrare dovettero prendere una stretta scala a chiocciola sino al primo piano, dove si trovavano il soggiorno e la camera da letto. La scala era così stretta che la gonna toccava le pareti laterali. In più era ripida e faticosa. Nella camera da letto c'era già un letto, e con quello tutto lo spazio a disposizione era praticamente occupato. Frida guardò la sua gonnellona. Se l'avesse appesa all'attaccapanni, anche l'esiguo passaggio tra il letto e la parete sarebbe stato riempito. Quando vide la cucina, non riuscì a trattenere le lacrime. Era minuscola, con tre passi dalla porta si arrivava alla finestra. Non c'era posto per un tavolo o una grande stufa. C'era cemento nudo ovunque. E non avrebbe potuto nemmeno montare uno scaffale per i suoi bicchieri e le sue ceramiche colorate. Non c'era spazio per un bel niente! Con una stretta al cuore salì al piano di sopra. Lì c'era il suo studio. E un bagno con una vasca. Era già qualcosa.

«Che bello! Potrai lavorare bene qui» la incoraggiò Cristina, che avvertiva la sua angoscia.

Frida annuì, ma senza convinzione.

«E dove sarebbe il passaggio per arrivare nella casa di Diego?»

Per questo, bisognava prendere una scala esterna che collegava il primo piano con il secondo. Frida si aggrappò alla ringhiera perché era abbastanza alta. Attraversando lo stretto ponte fra i tetti raggiunsero la casa di Diego. Superato uno studio, entrarono in un corridoio dal quale si vedeva la stanza centrale, l'enorme atelier che fungeva sia da sala visitatori che da sala vendite. Il bagno e la camera da letto erano minuscoli come quelli di Frida.

«Qui ci sta davvero solo un letto» mormorò Cristina.

Frida, angosciata, si domandò come avrebbe affrontato la scala a chiocciola che collegava i piani della sua casa. Aveva nostalgia di Casa Azul. Là non c'erano scale e si poteva accedere al rigoglioso giardino da qualsiasi stanza.

L'ottimismo che l'aveva sostenuta la sera prima era svanito.

Nelle settimane successive fu più che occupata ad arredare la casa di San Ángel e a progettare il giardino, sicché non ebbe il tempo di pensare, figuriamoci di dipingere.

Diego aveva ricevuto nuovi incarichi, ma lavorava con scarso entusiasmo. Era infelice e accusava Frida di essere l'unica colpevole di quella situazione. «Saremmo dovuti rimanere a New York» le ripeteva. «Non riesco a combinare niente qui!»

E io non mi sento a mio agio in questa casa, avrebbe voluto replicare Frida. Ma non disse mai nulla e fece del suo meglio per calmarlo. Cercò di convincerlo a dipingere di nuovo, cucinò per lui, cosa non facile in quella cucina angusta, si mostrò disponibile ogni volta che lui ne aveva bisogno. Nascose i suoi problemi di salute per non caricarlo di un peso ulteriore.

Ella Wolfe, una comunista americana, venne in visita con il marito Bertram, il quale stava lavorando a un libro su Diego. Ella, che era anche un'antesignana dell'uguaglianza femminile, non riusciva a capire il comportamento di Frida. «Come puoi farti così piccola accanto a lui? Dov'è il rispetto per te stessa? Gli leggi ogni desiderio negli occhi, fai tutto per lui e accetti ogni suo capriccio come se non avessi una vita tua. Tu devi dedicarti alla pittura!»

Frida si sentiva smarrita e incompresa. Nella sostanza era d'accordo con Ella, e negli ultimi tempi più di una volta era stata sul punto di mollare tutto, compreso Diego, per chiudersi nel suo studio. Aveva in mente dei quadri che voleva dipingere, che *doveva* dipingere. Ma in quel momento c'erano altre cose che avevano la priorità. Così cercò di spiegare a Ella: «Diego deve dipingere, questo è molto più importante. È lui che porta a casa i soldi. E io posso sentirmi felice solo se lo è anche lui. Perché nessuno riesce a capirlo? La mia salute non è importante per me quanto la sua. Sono malata da tempo, mi ci sono abituata. Ma lui no. Guardalo. Ha una brutta cera, è magro e non trova requie. Devo prendermi cura di lui. Pensa che durante il trasloco ho trovato delle lettere indirizzate a lui che non aveva nemmeno aperto. In quasi tutte c'era un assegno, di cinquecento dollari, di mille dollari. Questo è importante al momento. Dobbiamo pagare questa casa. Abbiamo dei debiti».

«Se non ti prendi cura di te stessa, ti perderai» ribadì Ella. «Dirò a Bertram di parlare con Diego.»

«No, non lo fare!» replicò Frida fermamente. «Ti prometto che mi prenderò cura di me. E di Diego.»

Ella sospirò preoccupata.

Qualche settimana dopo, Frida si rese conto di essere incinta per la terza volta. Ripensò a quella meravigliosa prima notte dopo il loro arrivo in Messico, quando la passione li aveva trascinati entrambi. Con il cuore in gola, confessò la gravidanza a Diego e lui reagì come lei si era aspettata.

«Non puoi avere questo bambino. Sei troppo debole.»

«Ma il dottor Pratt ha detto che se resto a riposo e faccio un cesareo, posso...»

«Hai visto dove ti ha portata l'ultima gravidanza. Rischieresti di morire.» La sua voce divenne implorante. «Frida, non potrei sopportare il pensiero di te che perdi la vita o la metti in pericolo anche per mia responsabilità. Sei la cosa più cara che ho. Frida, ti prego, dammi retta!» Esitò un istante prima di sbottare: «Frida, mi rimprovero già tanto per aver fatto l'amore con te. Avrei dovuto smettere dopo l'ultima gravidanza».

Le mancò il respiro. «Ma io voglio farlo. Ho bisogno delle tue tenerezze, e poi tu dici sempre che per te il sesso è come il cibo e non puoi farne a meno!»

Lui non replicò.

«Diego!»

«Ma non con te, Frida, non con te. È troppo pericoloso.»

Andò al telefono e chiamò un amico che gli consigliò un medico.

Il dottor Zollinger sottopose Frida a una visita accurata, poi si tolse gli occhiali e si fregò la radice del naso, dove la montatura aveva lasciato un'impronta profonda.

«Señora Rivera» cominciò.

«Non deve spiegarmi nulla. Non potrò tenere neanche questo bambino.»

«Sarebbe davvero troppo pericoloso. E portare a termine la gravidanza… con i… problemi di salute che ha lei… Le consiglio di procedere con una laparotomia.»

«Quando?»

«Subito, in modo che l'intervento pesi il meno possibile sul suo stato di salute generale.»

L'intervento fu programmato per due giorni dopo. Frida passò il tempo a piangere. Ancora prima di essere portata in sala operatoria, si sentiva devastata. Quella sarebbe stata la sua ultima occasione. Non avrebbe mai avuto un figlio. Se nella sua pancia qualcosa era ancora intatto, probabilmente sarebbe stato irrimediabilmente distrutto da quell'operazione. Tenne lo sguardo fisso al soffitto e contò le luci accese. Diego camminò accanto alla lettiga e le tenne la mano finché il medico lo spinse da parte. Al risveglio, Frida si sentì svuotata. Questa volta non chiese del bambino.

«Un altro pezzo del mio corpo che non funziona» disse cercando di scherzare con Diego.

«C'è qualcos'altro» disse il dottor Zollinger, e dal suo sguardo Frida capì che si trattava di una cosa seria.

Qualche settimana dopo le amputarono le dita del piede destro. Le ulcere varicose di cui soffriva fin dalla giovinezza si erano aggravate nel corso degli anni e minacciavano di estendersi alla gamba. Era diventato sempre più difficile infilarsi la scarpa. Bisognava fare qualcosa.

Frida odiava la vista del suo piede mutilato. Le rovinava persino il piacere dei suoi amati bagni nella vasca perché ce l'aveva sempre davanti agli occhi. Inoltre dovette di nuovo imparare a camminare e indossare scarpe ortopediche.

Se va fatto, almeno facciamolo bene, pensò il giorno in cui entrò nel laboratorio di un calzolaio specializzato.

«Vorrei un paio di scarpe di seta viola» disse all'uomo visibilmente sorpreso. E, indicando il suo scialle preferito, aggiunse: «Esattamente di questo colore».

«È bellissimo, sicuramente, ma alquanto insolito» disse il calzolaio.

Frida finse di non aver sentito la sua obiezione. «E all'altezza delle caviglie, per favore, metta questo...» Si frugò nelle tasche della gonna finché non trovò quello che cercava. «... questo nastrino. Ho infilato le perle io stessa.» Consegnò all'uomo i fili di perline di cera trasparenti.

L'uomo le rivolse un sorriso benevolo. «Eventualmente potremmo allargare questi fili di perle per coprire la base del tacco. Così nasconderemmo in modo anomalo ma geniale il fatto che un tacco è più alto dell'altro» le suggerì, e le fece un cenno d'intesa strizzando un occhio.

Frida annuì. «Vedo che ci capiamo.»

Quando, una settimana dopo, tornò in negozio per provare le scarpe, Frida ne rimase entusiasta. Erano così appariscenti che non potevano passare inosservate. Ma gli osservatori avrebbero visto solo le scarpe, non la fattura ortopedica.

«Le tengo addosso» disse Frida. Frugò di nuovo nelle tasche e dissotterrò una campanella di ottone. La legò al filo di perle di destra con un nastro dorato. Poi fece qualche passo e si rallegrò per il lieve tintinnio.

Il calzolaio la guardò scuotendo la testa. «Torni presto a trovarmi!»

«Spero proprio di no!» replicò lei, e scoppiò a ridere.

Nonostante le nuove scarpe, il dolore al piede non era mai andato via del tutto. Le ferite dell'intervento guarivano a fatica. Come aveva già fatto da bambina dopo la poliomielite, Frida lavorò sulla sua andatura. Se doveva zoppicare, almeno lo avrebbe fatto con grazia! Ma all'inizio ogni passo era una tortura. Le conseguenze dell'amputazione si facevano sentire anche nella colonna vertebrale. Il dottor Zollinger le suggerì di indossare di nuovo un busto che, oltre ad alleggerire il peso sulla schiena, avrebbe ridotto l'effetto delle aderenze.

«Potrebbe dipingerle» le suggerì lanciando un'occhiata a quelle calzature così particolari.

Da tempo Frida non provava una disperazione così grande. Diego cercò di tirarla su di morale. Si prese cura di lei con una dedizione commovente e le sue premure bastarono a farla sentire meglio. Spesso invitava gli amici e la accompagnava al cinema. Almeno due volte alla settimana la portava con sé al Palazzo Nazionale, il che non era facile perché Frida non riusciva a camminare bene.

«Vedrai, sarà proprio come ai vecchi tempi. Io dipingerò e tu ti siederai accanto a me sul ponteggio a disegnare o ricamare. Staremo insieme tutto il giorno!» disse mentre prendevano un taxi per raggiungere il palazzo sullo Zócalo.

Aiutò Frida a scendere dall'auto e la portò in braccio a vedere la sua opera. Aveva progettato di raccontare l'epopea del popolo messicano sulle pareti a forma di U dello scalone d'onore. Come in un trittico, sulla parete di destra aveva rappresentato il paradisiaco mondo delle civiltà precolombiane, sulla parete principale il periodo della conquista spagnola sino al 1830, e sulla terza parete un futuro luminoso secondo gli ideali marxisti. I suoi assistenti accolsero Frida con un applauso. Uno di loro si affrettò a prendere una sedia, sulla quale Diego la depositò con cura.

«Cosa ne pensi?» chiese, e si inginocchiò davanti a lei per portare il proprio volto alla sua altezza.

Frida si guardò intorno. Gli affreschi erano a buon punto e, là dove non erano ancora finiti, si vedevano i disegni preparatori.

«È magnifico» sussurrò. «C'è così tanto potere in queste scene. E anche una promessa.»

Diego la prese di nuovo in braccio e la portò lentamente su per le scale.

«Ed eccoti qui.» Si fermò e indicò una sezione del murale che mostrava il futuro del Messico come Diego lo desiderava. Appena sopra la base di pietra delle scale, ben visibile ai passanti, Frida vide l'immagine di se stessa accanto a un ragazzo con cui stava guardando un libro, probabilmente un manuale di formazione comunista, come suggerito dalla divisa del partito e dalla collana con la stella rossa. Proprio davanti a lei, coprendola per metà, Diego aveva dipinto Cristina con i suoi figli. Il sorriso di Frida si gelò. Cristina era molto più bella di lei, i suoi vestiti erano molto più femminili e seducenti. Gli occhi enormi e dorati, attraversati da un'espressione vuota e orgasmica. Frida conosceva bene quello sguardo. Diego lo riservava alla rappresentazione delle donne di cui era infatuato.

Tremava di sdegno. Però no, era impossibile. Diego non le avrebbe mai fatto una cosa del genere. E di certo nemmeno Cristina. Era la sua sorella preferita, la sua confidente!

«Avanti, mostrami il resto» disse stringendo le braccia più forte attorno al collo di Diego.

17

Qualche settimana dopo, Frida era notevolmente migliorata. Dormiva di più, mangiava bene e passava molto tempo con suo padre. Guillermo si rianimava quando la figlia era con lui. Per entrambi quegli incontri erano confortanti. Spesso prendevano una delle innumerevoli scatole di cartone in cui Guillermo conservava le foto. Quando aveva una buona giornata e la sua memoria funzionava, le raccontava aneddoti legati a esse. Frida allora si arrischiava a chiedere della sua vita in Germania e delle ragioni che l'avevano spinto a emigrare. Ma non riusciva a ottenere molto di più da lui se non che Guillermo, che allora si chiamava ancora Hans, non andava d'accordo con la nuova moglie di suo padre. In altri giorni facevano brevi passeggiate a braccetto per Coyoacán. Andavano a piedi sino a plaza Hidalgo, Frida comprava un gelato o una limonata, e si sedevano su una panchina restando a guardare il viavai intorno a loro. A Frida faceva bene il movimento all'aria aperta. Non beveva più così tanto e sembrava aver ritrovato la gioia di vivere. Diego le ripeteva ogni giorno quanto fosse bella.

«Presto non sarò altro che cicatrici» disse con aria triste. Era in piedi davanti allo specchio con solo una camicia e osservava le brutte chiazze sul ventre e lungo la colonna vertebrale. «E il mio piede è rivoltante.»

«Mettiti qualcosa di carino, così non se ne accorgerà nessuno» le suggerì Cristina e aprì il guardaroba di Frida. Cristina era venuta a San Ángel, come spesso accadeva. Da fuori arrivavano le risate di Isolda e di suo fratello che giocavano con Diego in giardino.

L'umore di Frida migliorò immediatamente. Dall'armadio, che per mancanza di spazio aveva sistemato in soggiorno, vide brillare i colori dei suoi abiti e delle sue gonne, appesi ordinatamente alle grucce. L'interno delle ante era tappezzato di un assortimento di cinture e nastri.

«Il tuo armadio somiglia a un bazar orientale» commentò Cristina sfiorando i tessuti variopinti. C'erano tutti i colori dell'arcobaleno, e accanto a essi brillavano oro e argento. In fondo, seminascoste, Cristina scoprì le nuove scarpe e ne rimase affascinata.

«Oh, Frida, sei fantastica!» esclamò. «Dai, dimmi, cosa vuoi indossare oggi?»

Si consultarono provando diverse combinazioni tra gonna e camicetta.

«È splendido!» esclamò Cristina staccando uno *huipil* bianco dall'appendino.

«Anita me l'ha comprato in una piccola città dell'Oaxaca. Ho fatto un piccolo restyling» disse Frida.

«Piccolo?» chiese Cristina inclinando la testa.

Il tessuto era ornato da un motivo floreale a punto croce e aveva inserti di nastri di raso blu e rosa brillante. Uno *huipil* di solito era corto e arrivava sino alla vita, ma Frida aveva allungato la camicetta sino alle ginocchia alternando nastri colorati di sbieco e riprendendo i ricami nella giunta. Sulle maniche spiccavano delle *ruches* gialle.

«Se non dipingessi, potresti aprire un atelier di moda» disse Cristina con tono ammirato. Si infilò la camicetta e scosse la testa. «Ma non funzionerebbe, perché questi vestiti stanno bene solo su di te.» Si tolse la camicetta e la passò a Frida, che la indossò. «Te l'ho detto. Ti sta divinamente.»

«E con questa sta bene la gonna nera lunga sino ai piedi. È appesa a sinistra, puoi prendermela?»

Cristina tirò fuori con cura la preziosa gonna dall'armadio e la passò alla sorella insieme alle scarpe nuove. Erano un abbinamento perfetto, in via eccezionale, però, perché di solito l'abbigliamento di Frida mescolava modelli e colori di qualsiasi tipo.

Quando indossò la gonna, appoggiò alcuni nastri e cinture contro la vita per provare l'effetto.

«Oh no, per oggi basta così» decise. «Adesso tocca ai capelli.» Prese i numerosi fermagli e pettini della sua acconciatura e, dopo essersi sciolte le trecce, li sistemò tutti davanti allo specchio nell'ordine in cui li avrebbe usati.

«Lascia fare a me» disse Cristina e le spazzolò i capelli che le arrivavano alla vita per farli diventare setosi e brillanti. Poi Frida li arrotolò, li intrecciò, li tirò su e fissò il tutto con le forcine, i nastri e i pettinini che aveva appena posato davanti a sé.

«Mhm» disse studiandosi allo specchio. Infine prese una delle rose bianche dal bouquet che Diego le aveva regalato la sera prima e la fissò dietro l'orecchio destro.

Poi fu la volta dei gioielli. Frida ne possedeva una quantità incredibile, soprattutto collane e anelli, e certi giorni ne portava sei o otto. Molti pezzi le erano stati regalati, altri li aveva comprati o erano un dono di Diego.

«Oh, questo è bellissimo» disse Cristina tirando fuori da un portagioie un vistoso anello d'argento con una pietra gialla e opaca delle dimensioni di una noce.

«Te lo regalo» disse Frida.

«Ma non devi sempre fare così tanti regali!»

«Perché no? Anche a me è stato donato. E se così posso renderti felice...»

«Grazie, Frida» disse Cristina. «Ma perché tutta questa stravaganza? Dove devi andare?»

«In una sala da ballo vicino ad avenida Insurgentes. Hanno una nuova band che canta bene i *corridos.* Andrò con Isabel e incontrerò alcune persone lì. Vieni con me! Sarà divertente.»

Cristina, che sino a quel momento era stata allegra e affettuosa, evitò di guardarla negli occhi quando le disse: «Mi piacerebbe molto. Ma non ho nessuno che si occupi di Isolda e Antonio».

Frida si meravigliò, ma non insistette.

Era mezzanotte passata quando Isabel la fece scendere davanti alla casa di San Ángel. Aveva piovuto tutta la sera e l'acqua gorgogliava ancora lungo il canale di scolo sul ciglio della strada, anche se nel frattempo la pioggia si era trasformata in una pioviggine leggera. Frida fece un passo lungo per evitare una pozzanghera e varcò il cancello nella recinzione di cactus. Alcune delle piante spinose avevano iniziato a formare dei calici rosso pallido, e di conseguenza la siepe non aveva più un aspetto tanto repellente. *La pioggia farà bene alle nuove piante*, pensò Frida rallegrandosi, e diede un'occhiata agli alberi da frutto, alle jacaranda dai fiori lilla e alle buganvillee che aveva piantato. Le foglie brillavano alla luce del lampione che si trovava davanti a casa. Frida si fermò un istante ad ammirare il piccolo giardino. Non le importava che i suoi capelli si bagnassero. Alzò gli occhi verso lo studio di Diego. La luce era accesa, probabilmente stava ancora lavorando. Frida decise di fargli una sorpresa. Salì le scale a chiocciola di casa sua e attraversò il ponte tra i tetti con particolare prudenza perché le mattonelle erano tremendamente scivolose quando pioveva. La sua mente era ancora ferma alla serata che aveva appena trascorso. C'era anche Alfaro Siqueiros e voleva raccontarlo a Diego.

La porta non era chiusa a chiave, come al solito. Del resto nessuno poteva accedere a quel corridoio se non passando prima da casa sua. Attraversò lo studio di Diego, poi si fermò nella galleria da cui poteva vedere giù l'atelier a due piani. Il camino era acceso perché la sera era fredda, le fiamme guizzavano gettando ombre tremolanti contro il muro. Frida abbracciò con un colpo d'occhio il solito disordine che regnava nell'atelier di Diego: i quadri alle pareti, i cavalletti montati, i libri e gli schizzi sparsi ovunque, i pennelli e i numerosi pezzi della sua collezione di statuette, le sedie e la sua ottomana ricoperte di fogli.

Udì un rumore. Sembrava un lieve schiocco. Poi dei gemiti. Fece un passo di lato per sbirciare oltre il pilastro. Fuori la pioggia aveva ripreso a scrosciare. Guardò dalla finestra che si affacciava sulla strada e vide i rami del vecchio cedro piegarsi al vento. «Diego?» chiamò sottovoce, ma non ricevette risposta. Scese i primi tre gradini delle scale, poi rimase impietrita. Laggiù Cristina si contorceva sul pavimento davanti al camino. Era coperta per metà da un cavalletto, sicché Frida poteva vedere solo la parte superiore del corpo. Sua sorella aveva gli occhi socchiusi. La sua espressione era simile a quella del dipinto nel Palazzo Nazionale.

Diego la sta dipingendo, pensò. *Lei è qui perché Diego le sta facendo un ritratto.*

Sapeva che non era così, perché la stanza era troppo buia per poter dipingere. Ma la sua mente rifiutava di accettare ciò che il suo cuore già sapeva. Scese qualche altro gradino e finalmente riuscì a vedere completamente sua sorella. Diego era sopra di lei. Entrambi erano nudi, e Frida vedeva il sedere di lui muoversi ritmicamente su e giù, la pelle nuda che si strusciava contro la pelle nuda.

Frida si premette la mano sulla bocca. Ma in quel momento la sua disperazione era così grande che si sfogò con un urlo. Si limitò a rimanere lì a fissare la scena sotto di lei e a urlare. Le venne in mente un'immagine: una mano che la lasciava andare. La mano che aveva sempre tenuto la sua all'improvviso non c'era più. Era quella di suo padre, che crollava a terra per una crisi epilettica accanto a lei, lasciandola sola. Quella paura dell'infanzia non l'aveva mai abbandonata completamente, e ora era tornata ad attanagliarla. Diego l'aveva privata di quella mano che la sosteneva e l'aveva lasciata indifesa.

Diego girò la testa verso di lei, ma Cristina, guardando nella sua direzione, l'aveva vista prima di lui. Nei suoi occhi si leggeva orrore puro. Staccò Diego da sé, si alzò e raccolse alla rinfusa i suoi vestiti sparsi sul pavimento accanto a lei.

Diego fu più lento a reagire. Si rialzò e si piazzò davanti a Cristina coprendola con il suo corpo massiccio.

«Friducha» sussurrò. «Cosa ci fai qui?»

Frida era ancora incapace di muoversi. Fissava suo marito e sua sorella. Solo ora, lentamente, capì come stavano le cose. Ecco perché Cristina non era voluta uscire con lei. Ecco perché Diego ultimamente era di buonumore. Di colpo si rese conto che quei due andavano a letto insieme da un bel po'. Da quanto tempo?

Probabilmente pronunciò la domanda ad alta voce, perché Diego borbottò: «Frida, non significa niente». Ma dallo sguardo indignato di Cristina lei capì che non era vero.

Non poteva sopportare quella vista un attimo in più. Rigida, girò su se stessa, salì le scale e attraversò il ponticello sino al suo appartamento. Chiuse la porta a doppia mandata. Poi perse le forze. Si lasciò scivolare contro il muro e scoppiò in lacrime amare.

Appena un istante dopo sentì Diego che bussava alla porta.

«Frida, apri! Dobbiamo parlare. Friducha, ti prego. Non prenderla così seriamente. Non significa nulla. Frida!»

«Mi avevi promesso la tua lealtà» sussurrò lei. «Hai infranto la tua promessa. Hai lasciato andare la mia mano.»

«Frida, fammi entrare.»

Lei si alzò faticosamente e andò in bagno. Non si era mai sentita così sporca in vita sua. Riempì la vasca, poi entrò e si strofinò sino a quando la sua pelle diventò tutta rossa. Aveva la sensazione di dover lavare via la sua vita precedente con Diego. Lo sentiva mentre continuava a chiamarla, poi calò il silenzio. Solo quando iniziò a sentirsi congelare nell'acqua fredda si mise a letto.

La mattina dopo aveva preso una decisione. Voleva andare subito da lui per comunicargliela. Quando aprì la porta della terrazza sul tetto, se lo trovò davanti, addormentato. Doveva aver trascorso tutta la notte lì. Ma questo non cambiava nulla.

Diego si strofinò il viso con entrambe le mani e poi se le passò tra i capelli arruffati. Un gesto che Frida amava vedergli fare e che soprattutto le piaceva fare. *Non accadrà mai più*, pensò affranta. Diego si tirò su a fatica.

«Frida, ti prego, lasciami spiegare... Mi dispiace!»

Non lo lasciò finire. «Sei mai stato un marito per me? Sì, è vero, avevamo un accordo. Niente fedeltà.» Sputò letteralmente fuori la parola. «Ma, in cambio, lealtà. E amicizia. Una comunione di intenti! Ho perso non solo mio marito, ma anche mia sorella. E tu questa la chiami amicizia? Diego, mi hai tradita. Mi hai spezzato il cuore.» Una risatina amara. «L'unica parte del mio corpo su cui si poteva ancora fare affidamento.»

Diego stava per dire qualcosa, ma quell'ultima frase lo lasciò senza parole.

«Cosa facciamo ora?» chiese dopo una pausa, smarrito.

«Non so cosa farai tu. Io, da parte mia, me ne vado.» La sua voce era dura come il vetro. Anche il suo cuore sembrava di vetro. Aveva bandito da esso ogni sentimento, perché se vi avesse lasciato entrare il suo dolore e la disperazione abissale, avrebbe perdonato suo marito e sarebbe rimasta. E non poteva né voleva farlo. Diego aveva semplicemente passato il segno. In silenzio si voltò e tornò nel suo appartamento, non senza chiudere la porta a chiave dietro di lei.

Sentì Diego bussare alla porta di sotto, ma aveva dato istruzioni a Miranda, la sua collaboratrice domestica, di non farlo entrare per nessun motivo.

Stava buttando alcune cose in una valigia quando Cristina arrivò in un mare di lacrime.

«Be', hai un bel coraggio. È lui che ti manda?» la apostrofò Frida.

«Frida, ti prego, ascoltami. Non volevo ferirti, e non voglio farlo nemmeno ora. Sei mia sorella! Ma Diego mi ha semplicemente sconvolta. È un genio, mi sento così bene accanto a lui.

Sono una donna semplice, non so dipingere, non si legge di me sui giornali, non ho amici famosi, mio marito mi ha lasciata...»

«Anche mio marito mi ha appena lasciata. E almeno tu hai dei figli» la interruppe bruscamente Frida.

«Sei sempre stata la preferita di papà. Non ho mai potuto tenerti testa. Tutti ti ammirano. Sei un'artista straordinaria. E io non sono niente! All'improvviso Diego ha posato gli occhi su di me, mi ha desiderata... Mi ha detto che a letto non puoi dargli quello di cui ha bisogno... Frida, lui è un uomo di grandi esigenze.»

«So che ha altre donne. Ma sinora mia sorella non era tra queste. Dannazione, Cristina, avresti dovuto dire di no! Ora vattene!»

«Riuscirai a perdonarmi un giorno? Cosa dirò a Isolda e Antonio? Sono tanto affezionati a te, e anche tu lo sei.»

Frida scosse la testa. «Vattene» ripeté. Ancora una volta ebbe la sensazione di non riuscire a dire nemmeno una parola senza crollare.

Quando fu di nuovo sola, si lasciò cadere sul letto. All'improvviso le conseguenze delle sue azioni le apparvero chiare sino in fondo. Aveva perso non solo Diego e Cristina, ma anche i suoi nipoti. Aveva perso la sua casa. E non aveva idea di come mantenersi in futuro. Con determinazione si alzò e si scosse. Tutto si sarebbe risolto. La cosa più importante al momento era allontanarsi da Diego. Altrimenti sarebbe colata a picco.

18

Fu proprio Alejandro ad aiutarla a trovare un piccolo appartamento nel centro città. Frida si circondò dei suoi abiti colorati, delle bambole, delle antiche sculture messicane e dei quadri che dipingeva. Era spesso sola, per la prima volta in vita sua viveva da sola. Lei stessa si sorprese nello sc oprire quanto questo le facesse bene. Poteva dipingere quando e quanto voleva. Ma di notte, nel suo letto, talvolta era sopraffatta dalla solitudine. Le mancava Diego e si versava un cognac per consolarsi.

Frida sentiva la mancanza di suo marito ogni giorno, le mancavano anche i suoi animali domestici, i cagnolini e le scimmiette che a San Ángel le stavano sempre intorno. Ogni tanto usciva con gli amici, ma per lo più rimaneva nel suo appartamento senza vedere nessuno tranne Miranda, che veniva ogni due giorni per fare il bucato e sbrigare altre faccende. La mandava Diego, e Frida era consapevole che al suo ritorno lui avrebbe cercato di carpirle informazioni, ma non le importava. Rifletteva molto, leggeva, si ripropose di riprendere i classici della rivoluzione, ma non disdegnava i nuovi romanzi americani. Cercava di creare intorno a sé un mondo che non avesse nulla a che fare con Diego. Stranamente, a volte le piaceva. Finché non tornava a sentire nostalgia di lui.

E dipingeva. Tuttavia dovette rinunciare all'idea iniziale di trasferire sulla tela la scena cui aveva assistito tra Diego e Cristina. Il ricordo era troppo doloroso. Trovò il soggetto del suo prossimo quadro per caso, quando lesse sul giornale di un crimine efferato avvenuto a poche strade di distanza. Un uomo aveva ucciso sua moglie per gelosia con innumerevoli pugnalate e aveva detto ai poliziotti che voleva solo punzecchiarla un po'. Frida non riuscì a togliersi dalla testa quella storia per tutto il giorno ed era già pentita di averla letta. E poi, all'improvviso, nella sua mente visualizzò un dipinto. Il cadavere di una donna giace nudo su un letto, coperto di sangue. Il suo corpo è crivellato di pugnalate. Accanto a lei c'è un uomo con una camicia bianca macchiata di sangue e un cappello in testa. Nella mano destra tiene ancora il pugnale insanguinato, nella sinistra un fazzoletto. La donna non ha alcuna somiglianza con se stessa, ma l'uomo ha i lineamenti di Diego. Non vedeva l'ora di tornare a casa per farne uno schizzo. Aveva trovato il soggetto per un nuovo quadro! Per la prima volta dopo il tradimento di Diego, sul suo volto comparve un sorriso.

«In questo quadro ho dipinto il mio dolore, non il dolore fisico, ma quello mentale. Gli uomini sono sempre pronti a fare violenza alle donne salvo poi affermare che si trattava solo di qualche piccola punzecchiatura» spiegò a Isabel, che andava a trovarla spesso. Scoppiò in una risata amara poiché non poté fare a meno di pensare alla frase che una volta Diego aveva detto a un giornalista: «Se amo una donna, più la amo, più la voglio ferire».

«Forse questo dimostra quanto mi ama.»

«Oh, Frida, non dire queste cose» disse Isabel.

«Perché no, se è vero?»

Isabel e il dottor Eloesser, cui scriveva con dovizia di particolari, erano gli unici a sapere come stava veramente.

Ho sofferto così tanto negli ultimi mesi che sarà difficile che mi riprenda rapidamente, scrisse Frida al medico di San Francisco per ringraziarlo di averle mandato dei libri. *Ma ho fatto di tutto per dimenticare quello che è successo tra me e Diego e per poter tornare a vivere come prima. Grazie al lavoro credo di poter dimenticare le mie attuali preoccupazioni e migliorare.*

Quando di notte si rotolava insonne nel suo letto troppo

grande, incolpava se stessa per quello che era successo. *Non ho voluto vedere dove stavano le esigenze di Diego*, pensava. *Non avevo giurato a me stessa e a lui di fare di tutto per renderlo felice? Non ci sono riuscita, e ora ne pago lo scotto.*

All'esterno, come sempre, Frida mostrava il suo lato allegro che non si lasciava turbare da nulla. Quando Isabel le riferì che Diego si era mostrato geloso per le sue uscite troppo frequenti, provò un'intima sensazione di trionfo, ma il trionfo era insulso. Ci avrebbe rinunciato volentieri.

Nelle settimane successive lentamente riacquistò forza, soprattutto attraverso l'arte. Usciva e si divertiva il più possibile, anche se a volte la tristezza la colpiva come una mazzata.

Diego chiedeva di lei non solo tramite Miranda. Tempestò di domande tutti gli amici comuni, persino Alejandro, il quale si precipitò a raccontare tutto a Frida.

«Mi ha persino detto quanto è orgoglioso di te per come te la stai cavando bene» disse. «"Qualsiasi altra donna sarebbe rimasta con me e avrebbe ingoiato il suo amor proprio. Ma non Frida. Non conosco davvero nessun'altra donna che viva la vita così, senza compromessi. Non vuole nemmeno i miei soldi! Può sembrare fragile e vulnerabile, ma ha il cuore di una leonessa!" Sono state queste le sue parole.»

Ella Wolfe le riferì cose simili. Era venuta a trovarla subito dopo aver saputo che aveva lasciato Diego.

«Siete fatti l'uno per l'altra» disse con aria triste. «Non ho mai conosciuto una coppia come voi.»

Frida sospirò. «Tra me e Diego c'è un elastico che ci unisce. Più ci allontaniamo, più l'elastico si tende, e quando siamo il più lontano possibile, scatta l'impulso di riavvicinarsi con una forza che non possiamo combattere...»

«... e vi spinge nuovamente l'uno verso l'altro» disse Ella completando il suo pensiero. «E questa è la fase in cui vi trovate adesso?» chiese piena di speranza.

«Se fosse così facile! Quando siamo vicini, tra noi manca la tensione, come succede con l'elastico. Cominciamo ad annoiarci, cerchiamo distrazioni e ci allontaniamo. E tutto il gioco ricomincia daccapo. Non so nemmeno se ci potrà mai essere di nuovo un noi.»

«Oh, Frida!» esclamò Ella, e la abbracciò. «Diego sta davvero facendo di tutto per riconquistarti. Dice a tutti quanto è fiero di te e quanto ti ammira.»

Frida era in cucina e preparava le *tortillas*. Con dita abili farcì le focaccine con la carne di pollo, le arrotolò su se stesse e le mise una accanto all'altra nella pirofila.

Qualcuno bussò alla porta. Frida guardò l'orologio. Probabilmente Isabel era un po' in anticipo. Avevano appuntamento solo un'ora dopo, perché sarebbero andate al cinema insieme. Andò alla porta e la aprì.

Sulla soglia c'era Diego.

Frida si spaventò quando lo vide. Aveva un aspetto malaticcio e le spalle cascanti. Nei suoi occhi lesse la paura che lei lo mandasse via. Ma non provò nessun senso di trionfo, solo tristezza.

«Che cosa vuoi?» chiese con la sensazione che qualcuno le avesse dato un pugno nello stomaco. Dovette stringere i denti per non buttargli le braccia al collo. Ma poi sarebbe ricominciato tutto daccapo, e lei non sapeva se avrebbe avuto la forza di reggere l'impatto.

«Frida» disse lui semplicemente.

Senza parlare, si scostò per farlo entrare.

Lui la seguì con un'espressione sorpresa, ma anche felice. *Non si aspettava che lo invitassi a entrare*, pensò Frida.

Con prudenza Diego avanzò di qualche passo e si guardò intorno.

«È bello qui» disse poi guardando i suoi quadri, le bambole, le figure di cartapesta e le statuette sparse ovunque. Poi il suo sguardo cadde sul dipinto della donna pugnalata distesa sul letto. «Per l'amor del cielo, Frida!» esclamò, e la guardò con aria implorante. «È così che mi vedi? È così che ti senti?»

«Non vuoi sederti?» Frida prese il quadro e lo girò con il lato dipinto rivolto verso il muro. Poi liberò una poltrona su cui erano appoggiati nastri e stoffe di vari colori.

Negli occhi di Diego balenò la sorpresa e qualcosa di simile alla speranza. Si lasciò cadere sulla poltrona. Il legno scricchiolò in modo allarmante, e suo malgrado Frida si ritrovò a sorridere.

«Che cosa vuoi?» chiese ancora, e questa volta la sua voce sembrava più dolce.

Diego la guardò. «Te, Frida. Voglio te. Voglio vedere come stai… Meglio di me, a quanto pare. Anche se, questo quadro… Ero preoccupato…»

«… hai le tue spie.»

«A ogni modo, Frida, mi manchi da morire. Non avrei mai pensato che mi saresti mancata così tanto.»

Ma non le chiese se aveva intenzione di tornare. Non la riteneva così debole. La cosa le fece piacere.

«So che non tornerai» disse, come se le avesse letto nel pensiero. «Almeno non ora. Qualsiasi altra donna si arrenderebbe, ma tu no.» Si alzò dalla sedia e cadde in ginocchio davanti a lei.

Frida non poté trattenersi. Scoppiò a ridere.

Sconcertato, Diego ne prese atto, poi sul suo volto si spalancò un sorriso. I due si guardavano e ridevano. Per un breve istante, Frida si sentì sollevata.

Ancora bloccato in quella posizione scomoda, le chiese: «Posso tornare?»

Frida annuì. Allungò la mano per aiutarlo ad alzarsi e lo condusse alla porta. Poi andò alla finestra e attese che lui arrivasse giù in strada. Lo sentì canticchiare. Aveva un'andatura vivace, avrebbe quasi potuto saltare. Frida scoppiò a ridere. Lui la sentì e si voltò verso di lei. Poi spalancò le braccia e le gridò: «Friducha, ti amo!»

Quella sera Frida si addormentò con un sorriso sulle labbra per la prima volta dopo tanto tempo. *Forse andrà bene, dopotutto*, pensò.

Diego tornò il giorno dopo. Teneva in equilibrio sul braccio la scimmietta preferita di Frida, che allungò subito le braccia verso di lei e si accoccolò contro il suo collo.

«Hai visto? Le manchi tanto quanto manchi a me. Così non sei da sola» disse, e si voltò subito per andarsene.

«Domani vengo a portarti qualcosa da mangiare. Ti stai riducendo pelle e ossa!»

Diego si voltò verso di lei. Il suo viso si illuminò.

Frida chiuse delicatamente la porta. *Non credere di aver vinto*, pensò.

Mentre la scimmietta saltellava incuriosita per l'appartamento, Frida rifletteva. *Forse questa è una soluzione ai nostri problemi*, pensò. *Ci vediamo, ma non viviamo insieme.* Le venne in mente la profezia di Agosto: cosa aveva detto? Lei e Diego erano come il sole e la luna. Non potevano vivere l'uno senza l'altra, anche se a volte si procuravano reciprocamente il dolore più grande.

La scimmia aveva scoperto la ciotola di frutta fresca sul tavolo da pranzo e ci si era buttata a capofitto. Frida agitò le braccia per mandarla via.

Da quel momento in poi, lei e Diego si incontrarono spesso e trascorsero molto tempo insieme. Ma il loro rapporto non tornò a essere come Frida avrebbe desiderato. Non si fidava più di Diego nel modo incondizionato e ingenuo di prima. Lui aveva depositato da lei alcuni abiti e le aveva fornito del denaro. Le giurò che lei era il suo unico grande amore, ma che non riusciva ancora a rinunciare alle altre donne.

«Con Cristina è finita. Sta soffrendo, e anch'io. Dovresti fare pace con lei, anche per il tuo bene.»

Ma Frida non ne aveva la forza. Non sapeva come affrontare sua sorella. Una volta Cristina l'aveva incontrata per strada per caso e lei si era rifugiata in un negozio per evitare di parlarle. Anche Cristina l'aveva vista ed era rimasta esitante davanti al negozio, poi si era allontanata con la testa china.

Quell'incontro aveva fatto dolorosamente capire a Frida quanto fosse ancora ferita. E se Cristina l'avesse incontrata a una festa o in un ristorante? Magari in compagnia di Diego? Lei, Frida, sarebbe riuscita a mantenere la calma? La sola idea la gettava nel panico. *Devo trovare il modo di affrontare la situazione*, pensò. *E ho bisogno di prendere le distanze da Diego e dalla mia vita qui.*

PARTE TERZA

Le due Frida

19

Alla fine di quella settimana Anita Brenner e suo marito David vennero in città con l'intenzione di trattenersi per qualche tempo. Frida era felicissima di rivedere Anita, un vero uragano in grado di travolgere tutti con il suo entusiasmo.

«Anita!» esclamò Frida piena di gioia vedendola sulla soglia. Anita era in forma smagliante. Portava i capelli scuri, dal taglio corto e deciso, e indossava un completo maschile marrone scuro abbinato a un fedora in testa. Chi non la conosceva avrebbe potuto scambiarla per un uomo.

Anita la abbracciò. «Amica mia!» disse. «Diego mi ha detto che ora vivi qui. Che succede? Hai finalmente deciso di sbatterlo fuori?»

«Se lo facessi, lui vivrebbe qui e io resterei a San Ángel.»

«Te ne sei andata?»

«Entra, così ti racconto tutto.»

Quanto era bello parlare con una buona amica! Frida le raccontò che Diego l'aveva tradita, che lei se n'era andata di casa, ma che si stavano riavvicinando. «La cosa tra i due va avanti da un po' di tempo, nove mesi. Non credo che lui la ami. Gli basta il sesso. Ma allora perché ha scelto proprio mia sorella? In questo modo il nostro amore ha perso la sua purezza, capisci?»

Anita annuì. «Credo di sì. Tu hai un'idea dell'amore molto più romantica. Però non puoi vivere senza di lui» disse con fermezza.

Frida sospirò. «Ma nemmeno con lui.» Andò in cucina a prendere qualcosa da bere. «Ora raccontami di te» disse tornando con due bicchieri.

Anita aveva intervistato Lev Trockij. Era una donna di una grande indipendenza intellettuale, con una mente acuta, e Frida la ammirava per questo. Anita era un'intellettuale in tutto e per tutto e si rifiutava di lasciare che le sue opinioni politiche venissero scombussolate dai sentimenti o dalla falsa lealtà. Forse dipendeva dal fatto che, essendo un'ebrea nel Messico cattolico, era stata uno spirito solitario fin dall'inizio. Quando si era trasferita in America con la sua famiglia, non aveva trovato comprensione nei confronti della sua patria, il Messico. Così aveva subito cominciato a scrivere di questi pregiudizi.

«David e io stiamo pensando di tornare in Messico. L'atmosfera in America è diventata insostenibile e la nostra famiglia è ancora proprietaria della casa di Aguascalientes.»

«Tornerete in Messico? Anita, sarebbe meraviglioso. Potremmo vederci più spesso.»

Anita annuì. «Sì, prima però vado in Spagna.»

Frida reagì con sgomento. «Ma c'è una guerra in corso laggiù!»

«Qualcuno lo deve pur fare. Credo che gli stalinisti stiano commettendo un crimine in quel Paese. Preferiscono uccidere i trockisti e gli anarchici piuttosto che combattere contro Franco!»

Frida ne aveva sentito parlare. Gli stalinisti che facevano capo a Siqueiros infuriavano contro i lealisti, che erano a favore della repubblica ma avversi alla linea di Stalin. Contro di loro venivano rivolte minacce di morte anche dal Messico. Quanto odiava tutto questo. «Mi piacerebbe tanto venire con te, Anita, ma io non so scrivere come te, solo dipingere. E con queste gambe...» Si diede una botta sulle cosce. «Dovrei tornare in ospedale. Oh, Anita, ne ho davvero abbastanza!»

Anita si alzò per darle un abbraccio. «Mi dispiace, ma devo proprio andare. David mi sta aspettando e devo ancora finire un articolo. Ma per domani ho organizzato una cena. Sarai la mia ospite d'onore.»

Anita era famosa per le sue feste. Invitava amici, ma anche perfetti sconosciuti, l'alcol scorreva a fiumi, qualcuno cantava o si esibiva in una parodia, e così i suoi ricevimenti erano davvero memorabili.

In qualità di ospite d'onore, Frida ci teneva a vestirsi in modo particolarmente sorprendente. In segno di sfida, optò per l'abito che indossava la notte in cui aveva scoperto Diego con Cristina. Si mise la camicetta bianca a strisce rosa e blu intenso abbinata alla gonna nera e, come se non bastasse, completò il tutto con un magnifico poncho con un disegno elaborato che arrivava sino a terra, di un tessuto talmente rigido che sembrava stare in piedi da solo. Come tocco finale si appese al collo un groviglio di collane. *Sembro una regina o una sacerdotessa azteca, ammesso che esista una cosa del genere*, pensò soddisfatta.

Non appena entrò nella casa che Anita e David avevano affittato per la durata del loro soggiorno, Frida diede una rapida occhiata in giro per vedere se c'era anche Diego. Non riuscendo a vederlo, buttò indietro la testa e scoppiò in una risata nervosa. Poi aspirò una profonda boccata dalla sua sigaretta.

«Frida!» Anita le andò incontro e la salutò con un abbraccio. Quella sera indossava un abito chiaro con un tocco maschile dato dal colletto e dai polsini neri, ma da considerare femminile per i suoi standard. Quelle due donne così diverse l'una accanto all'altra non potevano che fare colpo sugli altri ospiti.

Un pilota americano sottopose Frida a una corte serrata.

«Mi conceda un bacio. Dopodomani torno a New York, chissà se la rivedrò mai più» disse con uno sguardo hollywoodiano.

Frida ignorò le ultime parole. «È venuto qui in aereo?» chiese. «Mi porterebbe con sé? Sa, mi farebbe bene cambiare un po' aria.»

La domanda era seria solo a metà, ma quando il pilota le rispose di sì con entusiasmo e sfoderando un sorriso radioso,

Frida trovò che l'idea, in fondo, non era poi così azzardata. Si avvicinò ad Anita.

«Ti andrebbe di venire con me a New York?» le chiese. «Anche se con venire intendo piuttosto volare. Vedi quell'uomo laggiù? Sarebbe disposto a portarci con il suo aereo.»

«Tu sei pazza!» esclamò Anita.

«Pensavo che lo fossi anche tu.»

Anita non ci pensò a lungo. «Va bene. Chiederemo a Mary Schapiro se ci accompagna. Sai che sta divorziando? Anche lei ha bisogno di tirarsi su di morale.»

«Proprio come me» rispose Frida. «Ci divertiremo.»

Diego non la prese bene quando lei andò a San Ángel per comunicargli la sua decisione.

«Cos'hai intenzione di fare a New York? Non eri tu quella che mi ha trascinato via da lì perché non ne potevi più?»

Lei gli sorrise. «Questa volta sarà diverso.» Si riferiva alle sue amiche. Se fosse andata a New York con loro, sarebbe riuscita a lasciarsi Diego alle spalle. Ne era sicura.

Il decollo avvenne sotto una pioggia torrenziale. Vedendo l'aereo, Frida, Mary e Anita, si erano sentite tremare le gambe. Era davvero così piccolo? Dopo aver stivato i bagagli solo a fatica, presero posto sui sedili scomodi. Tom, il pilota, si rivolse a loro. «Ok, *ladies*, ci siamo. Siete pregate di tenervi forte.» Il suo consiglio non era esagerato, perché non appena l'aereo si alzò in volo, cominciò a essere scosso dal vento qua e là. Mentre penetravano la coltre di nuvole e intorno era tutto buio e grigio, Frida si domandò come facesse il pilota a trovare la rotta. Lanciò uno sguardo ad Anita e Mary e capì che le due amiche la pensavano allo stesso modo. Dopo quella che sembrava un'eternità e alcuni scossoni violenti sfondarono la cappa di nubi, ma nel frattempo Frida era stata colta dal mal d'aria. Evidentemente desideroso di impressionare le tre passeggere, Tom si accinse a fare alcune manovre spericolate. Mary si premette le mani sulla bocca e gli gridò di smetterla immediatamente. Frida maledisse il momento in cui aveva avuto l'idea di accettare quel volo. Quando, dopo un tempo che parve interminabile e un atterraggio alquanto accidentato, fecero il primo scalo, avevano tutte i nervi a pezzi. Il giorno dopo non andò meglio. Tra paura e nausea passarono ore su quel velivolo freddo e rumoroso con i sedili scomodi. All'inizio Tom aveva riso per le reazioni delle tre donne, ma in seguito si era sentito offeso. Anche lui si era immaginato un volo ben diverso. La seconda sera raggiunsero il Nord America e trascorsero la notte in un albergo a ore. Il terzo giorno proseguirono il viaggio, finalmente con una bella vista, ma Frida non riusciva a mettere da parte le sue paure e non si godette nemmeno quella giornata. Mary e Anita se la passavano allo stesso modo.

Tom ormai aveva l'umore a terra poiché l'aereo aveva un guasto al motore. «Mi dispiace, *ladies*, questo è il capolinea. Prima devo rimediare all'avaria.»

Frida scaricò il suo bagaglio dall'aereo senza dire una parola. «Proseguo con il treno» disse.

Quando finalmente arrivarono a New York, era passata quasi una settimana.

Ma da quel momento in poi le cose andarono meglio. Frida e Mary condivisero una stanza in un hotel nei pressi di Washington Square. Andavano al cinema e a fare shopping quasi tutti i giorni, visitavano mostre e mangiavano in ristoranti cinesi e italiani.

E Frida festeggiò il suo ricongiungimento con Ella Wolfe e Lucienne. Anche con loro riuscì a parlare apertamente della sua relazione con Diego dopo il tradimento. In lunghe conversazioni confidenziali a poco a poco riprese il controllo di se stessa. Era tornata a respirare più liberamente e poteva guardare al futuro con un po' più di ottimismo.

E poi, una sera, Nick Muray si presentò alla sua porta. Frida era senza parole. Il loro incontro risaliva a diversi anni prima. Nel frattempo aveva visto le sue foto sulle riviste e aveva sempre pensato con nostalgia alla sera in cui lui era andato a trovarla con i Morrow. Ma ora, mentre le stava davanti, lei si rese conto che c'era dell'altro.

«Mi devi ancora qualche foto» si limitò a dire, ma in quella frase c'era una promessa. Se ne stava lì un po' impacciato e nei suoi occhi scuri Frida vide dolore e speranza. E amore.

Frida non riusciva a staccare gli occhi dal suo bel viso e si rallegrò nel leggere l'ammirazione nei suoi occhi. Lui la guardò esitante, e quando si accorse che anche lei era turbata, la prese tra le braccia.

«Abbiamo perso tanto tempo» mormorò Nick, affondando il viso tra i suoi capelli.

«In che senso?» chiese lei.

«Mi sono innamorato di te fin dal nostro primo incontro. Ma tu avevi occhi solo per Diego. Sono venuto a vedere se hai cambiato idea. Dopotutto, sei qui tutta sola.»

«Oh, Nick» disse Frida, e lo baciò con passione.

Si vedevano il più spesso possibile. Nick iniziò a scattare foto a colori per far risplendere gli abiti colorati e i gioielli del suo soggetto preferito.

Quando le mostrò le prime stampe, Frida si sentì mancare il respiro. Era ritratta con una camicetta di seta ricamata di un blu intenso e un amuleto che pendeva da una catenina d'oro avvolta a più giri intorno al collo. Sfoggiava degli orecchini che aveva indossato solo in quell'occasione perché erano talmente pesanti che le facevano male. Sul viso, dalla carnagione chiara e dai lineamenti armoniosi, spiccavano le labbra dipinte di rosso e leggermente tumide. La cosa più intrigante era lo sguardo. Sotto quelle sopracciglia scure era impossibile dire con certezza se Frida stesse guardando o meno l'osservatore. Si poteva pensare che i suoi occhi fossero umidi di lacrime. Brillavano, e il luccichio si rifletteva all'infinito dentro di essi.

«Ma io non sono così bella, Nick. Come hai fatto? Sembro così misteriosa, così sicura di me. Come se fossi più donne contemporaneamente.»

Frida non riusciva a smettere di passare in rassegna le stampe sul tavolo davanti a lei. Era talmente commossa che ora le lacrime le salirono davvero agli occhi. Si sentiva vista per quella che era, compresa, innalzata e sostenuta.

Nick le stava accanto e lei percepiva la sua vicinanza come un formicolio promettente.

«Questo è quello che sei ai miei occhi» disse lui con tenerezza.

«Grazie» disse Frida.

Nick la prese tra le braccia e lei rispose avvinghiandosi a lui.

La mattina, dopo che lui se ne fu andato, lei rimase a letto ancora a lungo per riflettere. Se non fosse stato per la separazione fisica da Diego, forse Frida non avrebbe mai preso in considerazione la possibilità di innamorarsi seriamente di un altro uomo. Come avrebbe potuto farlo con la proverbiale gelosia di Diego che non si fermava nemmeno di fronte alle minacce di pestaggio? Inoltre erano sempre insieme, lo erano almeno sino a quando lei non si era trasferita, perciò come avrebbe potuto trovare un'opportunità? Frida non si era mai concessa più di qualche fugace scappatella. Ore furtive, rubate, in cui si era lasciata coinvolgere più per curiosità, e a volte anche semplicemente per spirito di vendetta.

Con Nick era diverso. Frida era sorpresa dalla forza con cui lui aveva conquistato il suo cuore, anche se pensava che sarebbe appartenuto a Diego per sempre. Da quando Nick si era presentato a sorpresa alla sua porta si vedevano quasi tutti i giorni. Facevano l'amore, ma lavoravano anche. Si completavano a vicenda, si trovavano a proprio agio l'uno con l'altra. Accanto a Nick, Frida si sentiva alla sua altezza, accanto a lui non era la giovane moglie di un artista geniale. Con lui era tutto molto più facile.

Frida cercò di essere discreta. Diego non doveva scoprire quella storia per nessun motivo.

«Perché no?» chiese Nick, cui non era sfuggita una certa reticenza nell'esporsi da parte di Frida.

A sua volta lei colse la punta di irritazione nella voce di lui. D'altronde come poteva spiegargli che non poteva lasciare Diego per sempre? Da quando era arrivata a New York, lui non faceva altro che tirare l'elastico sino al limite per tutto il tempo.

Le scriveva lettere d'amore piene di tenerezza e passione supplicandola di tornare in Messico. Allegava le foto delle scimmie e dei suoi cani e le mandava persino dei soldi «perché tu ti possa divertire».

Frida rispondeva che ora vedeva da un'altra prospettiva tutte le sue scappatelle con modelle e assistenti.

Ti amo più della mia stessa pelle, e anche tu sei legato a me, non è vero?! Frida mise da parte la penna e rilesse quello che aveva scritto.

Non era facile per lei scrivere quelle parole. C'erano volute ore e ore di conversazioni con Anita che ruotavano sempre intorno al solito dilemma se dovesse lasciare Diego per sempre o tornare da lui. E in quest'ultimo caso, a quali condizioni? Nell'elaborare il dolore del distacco Frida si era suo malgrado resa conto che non avrebbe mai e poi mai potuto lasciare Diego e che le ferite che lui le aveva inflitto e – sospettava – avrebbe continuato a infliggerle in futuro sarebbero guarite solo a poco a poco e non si sarebbero mai rimarginate completamente. Ma era convinta di aver trovato il modo di sopportarle. Avrebbe amato Diego, sempre, ma questo amore sarebbe stato diverso da com'era prima. Quando espresse questa sua volontà per la prima volta, fu come se si fosse liberata di un peso da mezzo quintale. Improvvisamente vedeva una via d'uscita davanti a sé: si sarebbe goduta il suo soggiorno a New York, dopodiché sarebbe tornata in Messico e avrebbe ripreso la sua vita con Diego. Perché lei lo amava ancora, anche se in modo diverso, meno romantico, forse più maturo, rispetto all'inizio della loro relazione.

Non parlò a Nick delle sue intenzioni. Preferiva non sapere se davvero lui non sospettava nulla o se stava solo fingendo. Se stavano insieme erano felici, questo era tutto ciò che contava.

Frida amava ogni secondo trascorso con lui. L'amore con Nick era così diverso, era una sensazione unica averlo accanto a lei nel letto. Il suo corpo sembrava fatto apposta per essere avvolto dalle braccia di lui, e la trovava una cosa carina. Nick le dava tutto ciò di cui aveva bisogno: una spalla su cui piangere, tenerezza e passione.

«Se ami Diego come dici di amarlo, perché lo tradisci?» le chiese Lucienne, perplessa. Erano sedute l'una di fronte all'altra in uno dei tavoli sempre un po' appiccicosi del Katz's Delicatessen nel Lower East Side. Da quando Frida aveva mangiato per la prima volta un sandwich al pastrami, ne era diventata dipendente. Diede un morso sostanzioso a uno dei panini grossi come una mela farciti di carne. C'era anche un cetriolo sottaceto, un tocco che rendeva il gusto semplicemente delizioso. I dipendenti del Katz ormai la conoscevano e la servivano sempre con particolare cortesia.

«Potrei morire per questo cibo» disse con la bocca piena. «Perché non l'ho scoperto prima? È davvero l'unica cosa che ha un buon sapore in tutta l'America. Tranne i cocktail.»

Lucienne rise e bevve un sorso di birra.

«Seriamente, Frida. Ancora non ho capito bene. Sei quasi morta di dolore quando Diego e tua sorella... Sai cosa intendo. E ora tu stessa hai un amante, una relazione che è ben più di un innocuo flirt. Aiutami a capire.»

«Non credere che Nick sia il mio primo flirt.»

«Il termine flirt mi pare un po' riduttivo, non trovi?» obiettò Lucienne.

«Hai ragione. Volevo solo dire che ho già avuto brevi relazioni prima d'ora. Ma non sono mai state serie. Con Nick è diverso. Se non ci fosse Diego nel mio cuore, allora vivrei con Nick.» Alzò il sandwich e le indicò il cuore con la mano inanellata. «Lo amo. Ma amo Diego ancora di più.» Voleva dare un altro morso al suo panino, ma si fermò a mezz'aria. «Devo accettare il fatto che io e Diego non possiamo amare entrambi allo stesso modo. Uno di noi ne uscirà sempre sconfitto. Me ne sono resa conto ultimamente. E ora parliamo di qualcos'altro. Non voglio rovinarmi il mio sandwich al pastrami.»

La mattina dopo, al risveglio, Frida si stiracchiò pigramente. Si strinse all'uomo disteso accanto a lei. Anche se la finestra era chiusa, entrava il rumore della strada. L'appartamento di Nick si trovava al piano alto di un grattacielo, ma il ritmo frenetico della città non poteva essere chiuso fuori nemmeno a quell'altezza.

Fuori faceva un freddo terribile, freddo come solo a New York poteva fare in inverno. Nella stanza, invece, c'era un calore asfissiante perché il riscaldamento non poteva essere regolato. Per un momento Frida rimpianse il calore del Messico. Che toccasana sarebbe stato sedersi fuori al sole. *Sono qui da cinque lunghi mesi*, pensò. *Forse è ora di tornare a casa.*

Facendo attenzione a non svegliare Nick, si voltò verso di lui e lo osservò. Con la punta del dito gli accarezzò gli occhi chiusi, in cui poteva leggere il suo amore ogni volta che lui la guardava. Nick aveva tutto ciò che serviva per renderla felice. Era affascinante e sensibile, un amante tenero e attento. Era intelligente e creativo, e lei ammirava le sue foto dal profondo del cuore. Poteva ridere con lui e sentirsi compresa. La portava in palmo di mano e le aveva già chiesto due volte se voleva sposarlo.

Aveva un unico difetto: non era Diego.

Frida tirò un sospiro così profondo che pensò di averlo svegliato. Ma Nick continuò a dormire, e lei appoggiò la testa nella piega del suo braccio per sonnecchiare ancora un po'. Ma il sonno non arrivava. *Perché mi sento ancora legata a un uomo che mi ha causato tanto dolore? Perché non posso semplicemente accettare una vita con Nick? Almeno provarci?*

D'un tratto le apparve un'immagine davanti agli occhi: lei con un abito bianco e una giacca corta davanti a un paesaggio blu. Ma al posto del cuore si apriva un grande buco, una lancia l'aveva trapassato. Il suo cuore giaceva enorme e sanguinante ai suoi piedi. La Frida di quell'immagine piangeva grandi lacrime, ma non era più la donna ingenua e sprovveduta di un tempo. Era una donna di trent'anni ormai, sicura, con esperienza, che aveva la vita in pugno nonostante tutte le avversità. Una donna con un'aura speciale, anche senza un'acconciatura elaborata e gioielli costosi.

E all'improvviso capì di poter tornare in Messico, capì di essere forte, abbastanza forte da potersi impegolare di nuovo in un rapporto con Diego senza perdere se stessa.

Con questa sensazione di sicurezza, nel dicembre del 1935 si apprestò a tornare a casa, anche se Nick la implorò di restare. Non le chiese se sarebbe tornata da Diego. Perché era intelligente e conosceva la risposta.

«Ci rivedremo» gli promise Frida sulla banchina della stazione. Il controllore l'aveva già invitata a salire, le sue due enormi valigie piene di regali per parenti e amici erano già state caricate. «Ti scriverò molte, moltissime lettere e lascerò l'impronta delle mie labbra sulla carta. Vedrai.» Gli strinse la mano un'ultima volta e salì a bordo.

Il treno non aveva ancora lasciato la città e lei già sentiva la mancanza di Nick. Se fosse stato al suo fianco ora, lei avrebbe appoggiato la testa sulla sua spalla e avrebbero chiacchierato tranquillamente. Nello stesso tempo, però, non vedeva l'ora di gettarsi tra le braccia di Diego. La sua coscienza sporca la tormentava. Non si era forse comportata esattamente come lui? Non aveva tradito anche lei la sua fiducia? La fiducia, forse, ma non la promessa di lealtà. Dopotutto la monogamia era un'invenzione borghese! Increspò le labbra con aria beffarda a quel pensiero. La teoria, che fosse marxista o no, non le interessava granché al momento. Le sarebbe mancato il suo amante perché lui le dava qualcosa che lei non trovava o non trovava più in Diego. La prospettiva di dover rinunciare alle carezze di Nick che infuocavano il suo corpo, di fare a meno dei suoi complimenti, delle conversazioni intime con lui, la spaventava.

Lucienne l'aveva accusata di aver tradito Diego per puro

desiderio di vendetta. In un primo tempo Frida si era infuriata per quell'accusa, ma poi ci aveva riflettuto per un momento.

«Forse un po' di ragione ce l'hai. Almeno all'inizio.»

Lucienne l'aveva guardata con aria sbalordita. «Non conosco nessuno che sia così sincero con se stesso» aveva detto infine.

«Neanche io» aveva risposto Frida. Poi entrambe erano scoppiate in una risata isterica.

Ah, Lucienne, pensò Frida mentre era seduta nello scompartimento del treno, dove c'era uno spiffero terribile. *Mi mancherai anche tu. Tu e Nick. E Anita. E i nostri pomeriggi al cinema. E le nostre chiacchierate. E...* Si strinse nello scialle, ma aveva ancora freddo.

Quando il treno si fermò, salì una donna anziana e si sedette sul sedile di fronte. Prima fissò Frida, poi le chiese dei suoi vestiti.

«Sono messicani? Mi scusi, non voglio essere invadente, ma sono una sarta di Broadway e mi interessano molto queste cose.»

Frida era grata di avere qualcuno con cui parlare e di non doversi più arrovellare.

Dopo che la sua compagna di viaggio fu scesa dal treno, Frida scrisse la prima lettera a Nick. Quando arrivarono al confine con il Messico, gli aveva già scritto tre lettere per sentirsi più vicina a lui. Com'era possibile? Che cosa avrebbe fatto adesso? La sua giostra di pensieri si rimise in moto e a girare sempre più veloce. Come sarebbe stato se fosse andata a vivere di nuovo con Diego? Si sarebbe presa più cura di se stessa e non sarebbe mai più stata la sua appendice. Avrebbe vissuto la propria vita e avrebbe cercato di essere finanziariamente indipendente da lui. Questo era fondamentale. Inoltre avrebbe dovuto giocare d'attacco per trovare degli acquirenti per i propri quadri e smettere di regalarli agli amici.

Mentre attraversavano il Rio Grande, Frida ascoltò se stessa. Sì, si sentiva abbastanza forte da mettere in pratica quei propositi. Adesso poteva cominciare ad aspettare con trepidazione il momento in cui avrebbe rivisto Diego.

20

Dipingere! Dipingere! Dipingere! Frida si trovava nella sua camera da letto in avenida Insurgentes con il pennello in mano. Era arrivata da New York solo quella notte. Il suo primo impulso in realtà l'avrebbe portata da Diego, aveva già il cappotto in mano. Ma poi si era sentita così vicina a Nick! Pensava di sentirne ancora l'odore sul suo corpo e le sembrava sbagliato presentarsi così davanti a Diego. Mentre era ancora in piedi sulla porta, esitante sul da farsi, era stata travolta da una tesa inquietudine che l'aveva costretta a precipitarsi al cavalletto. Un quadro spingeva prepotentemente per uscire. Osservò la tela vuota con la fronte corrugata. Sentiva il bisogno di dipingere senza sapere quale dovesse essere il soggetto del quadro. Le vennero in mente i lavori precedenti: quando aveva dipinto la sua famiglia, i nonni e i genitori, ma anche l'ultimo quadro realizzato a New York, quando si era ritratta con un buco al posto del cuore. E naturalmente l'autoritratto al confine tra Gringolandia e Messico. Richiamò alla memoria i dettagli più importanti e li abbozzò rapidamente. Poi, volendo averli con sé, li tirò via dallo scaffale per sistemarli intorno al cavalletto. Nel farlo le finirono in mano alcuni libri d'arte e li aprì. Il suo sguardo cadde sul dipinto di Max Ernst, che aveva visto a New York al Museum of Modern Art. Ad affascinarla erano stati i toni di verde, scuri e quasi minacciosi, delle piante su uno sfondo apocalittico. Era rimasta in piedi per ore davanti al dipinto, poco più grande dei suoi soliti formati. Continuando a sfogliare trovò la rappresentazione di un dettaglio del *Giardino delle delizie* di Hieronymus Bosch. Ormai riusciva a malapena a muoversi, c'erano libri aperti e tele ovunque. Aveva semplicemente troppo poco spazio. In un impeto di rabbia, Frida spazzò via tutto e si accasciò su una sedia.

Quando Diego bussò alla porta mezz'ora dopo, lei era ancora lì, ripiegata su se stessa, con le lacrime che le rigavano il viso.

Aprì la porta e si lasciò cadere tra le sue braccia. Diego la strinse forte e Frida si sentì subito confortata.

«Mi sei mancato, Diego.»

«Ora sono qui.»

«Non ho più posto per dipingere. E io devo dipingere!»

Diego guardò il caos di quadri, libri e oggetti vari. «E questo?» chiese guardando la tela sulla quale riconobbe i dettagli dei primi dipinti di Frida. Poi le fece un cenno di apprezzamento.

Frida annuì. «Ma non ho spazio» ripeté.

Diego la baciò. Prima sulla riga dei capelli, poi sulla bocca. E infine sussurrò: «Torna indietro, Frida. A San Ángel hai il tuo studio. È tutto lì che ti aspetta. E anch'io».

Il giorno dopo Frida si trasferì di nuovo nella casa di San Ángel.

Diego fu deliziosamente servizievole. Portò i mobili in casa, la aiutò a fare le pulizie e le regalò una preziosa scultura di giada. Poi rimontò il suo cavalletto e le comprò un tavolo dell'altezza giusta, perché sui due disponibili non c'era abbastanza spazio per la tavolozza, i bicchieri con i pennelli, le matite e i colori.

Quando tutto fu a portata di mano e Frida ebbe distribuito le tante piccole cose che le servivano da ispirazione o che, anche solo lontanamente, avevano a che fare con il suo lavoro – gli specchi, i *retablos*, le pietre colorate e le foglie, tutti gli oggetti che aveva raccolto –, finalmente tirò fuori i bozzetti per il suo nuovo quadro e li posò sul cavalletto. Le sarebbe piaciuto mettersi a dipingere immediatamente. Quella nuova stanza, grande e piena di luce, le faceva venire voglia di lavorare. Era come una promessa. Ma dopo la lunga giornata passata a trascinare suppellettili, si sentiva stanca e con le ossa a pezzi. Mentre giaceva a letto, non riusciva a togliersi il quadro dalla testa. C'erano così tante cose da metterci dentro che temeva che lo spazio sulla tela non le sarebbe bastato. Inoltre non sapeva ancora quale forma avrebbe dovuto dare a tutti i dettagli. Dovevano stare tutti in un unico quadro, ma che cosa li teneva insieme? Si voltò sull'altro fianco e chiuse gli occhi. *Domani*, pensò, e fu sopraffatta da una profonda soddisfazione.

I primi passi dopo essersi alzata la condussero scalza nel suo studio. In piedi nella stanza inondata di luce, tirò un gran sospiro di sollievo e si mise subito davanti al cavalletto per osservare per l'ennesima volta ciò che aveva creato sino a quel momento. Le divenne sempre più chiaro che quel dipinto, più di ogni altro precedente, doveva riflettere la sua vita. Ma mancavano ancora dei dettagli essenziali: la sua malattia, i suoi sogni e Diego, soprattutto Diego.

Avrò bisogno di più spazio. Questo quadro dovrà essere molto più grande degli altri che ho dipinto sinora. Fece qualche passo di lato per avere un'altra prospettiva. Continuava a mancarle l'idea di come combinare tutti gli elementi.

Assorta nei suoi pensieri, riempì la vasca da bagno e si immerse nell'acqua calda guardando i piedi che spuntavano dalla schiuma. Le dita del piede sinistro erano dipinte di uno smalto rosso sangue, quelle del piede destro non c'erano più. Rassegnata, chiuse gli occhi e si lasciò scivolare più sotto. Ora che la schiuma la ricopriva completamente, si sentiva più leggera. Le sue mani passarono sul suo corpo tastando le cicatrici, ma poi i suoi polpastrelli sentirono la pelle morbida del seno e della pancia. Si accarezzò e seguì la sua ispirazione. Qualche secondo dopo si tirò su così bruscamente che l'acqua schizzò fuori della vasca e gli spruzzi allagarono il pavimento.

Aveva trovato l'idea per il quadro. Era esattamente la vista che aveva in quel momento: l'estremità posteriore di una vasca da bagno, con i piedi che sporgevano dall'acqua e tutti i simboli che componevano la sua vita che galleggiavano sulla superficie e dentro l'acqua.

«Diego!» chiamò, pur sapendo che poteva a malapena sentirla. «Diego!» Non vedeva l'ora di dirglielo. In fretta e furia si mise un accappatoio e corse da lui attraverso il ponte.

«Come lo intitolerai?» le chiese, dopo che lei, trafelata, gli ebbe parlato dell'idea del nuovo quadro.

«*Quel che l'acqua mi ha dato*» rispose Frida d'istinto. «E ora devo andarmene di nuovo. Al lavoro!»

Nel pomeriggio arrivò Cristina, timida e tremante.

«Ho fatto l'errore più grande della mia vita quando mi sono messa con Diego. Per me tu sei molto più importante di lui» confessò in lacrime. «Puoi perdonarmi?»

Frida sentì alzarsi un'ondata di nostalgia per la sua sorella preferita, quella con la quale aveva condiviso tante cose, buone e cattive. Ormai in lei prevaleva il desiderio di riconciliarsi e di ristabilire la vecchia intimità. Cristina era l'unico membro della famiglia che le era rimasto. Sua madre era morta, Matita si era trasferita in un'altra città e la vedeva di rado, e Guillermo viveva nel suo mondo. Frida era sopraffatta dal malinconico desiderio di ritrovare sua sorella. «Ti ho perdonata molto tempo fa» disse e, in lacrime, le due donne si strinsero in un abbraccio. «Posso perdonare te più facilmente di quanto possa perdonare lui» disse Frida. In quel momento Diego entrò nella stanza. Lei colse un bagliore incerto nei suoi occhi.

«E me, non puoi perdonare anche me?» fu la sua prima domanda quando quella sera arrivò da lei dalla terrazza sul tetto.

Stava davanti a lei, alto e massiccio come sempre. Nei suoi occhi Frida leggeva rabbia e incertezza. Dopo una breve pausa di silenzio cominciò a subissarla di domande. Le chiese che cosa aveva fatto quel giorno e nel periodo trascorso a New York, chi aveva incontrato, dove aveva vissuto, che cosa aveva mangiato. Le domande le piovevano addosso incessanti. Frida non aveva immaginato il loro ricongiungimento in quel modo, e a un certo punto decise che ne aveva abbastanza.

«Non devo rendere conto a te. E non mi fai tutte queste domande perché vuoi essere partecipe della mia vita, ma perché vuoi controllarmi. Allora, cosa vuoi sapere veramente? Se ho incontrato un altro uomo a New York?» Si piantò le mani sui fianchi e lo fissò con rabbia.

Diego respirava con difficoltà. «C'è un altro uomo?» chiese finalmente. Quasi non osava guardarla negli occhi.

«Non è qui. Non vive con me. Non correrai il rischio di incontrarlo.»

«Chi è?»

«Mi chiedo come fai ad arrogarti il diritto di sottopormi a questo interrogatorio» cominciò Frida, e all'improvviso le uscì tutto ciò che la turbava. «Per me non sei migliore di qualsiasi altro uomo. Non ti sei nemmeno fermato davanti a mia sorella. Sei colpevole per la sofferenza delle donne messicane – per la mia sofferenza! – quanto tutti gli altri spregevoli maschilisti che prendono a botte le loro mogli e credono di avere più diritti di loro. Uomini che tengono un'amante nella *casa chica*. Uomini che devono conquistare e distruggere e che traggono piacere dalla sofferenza delle donne. Tu sei esattamente come loro!»

Diego si afflosciò sentendo le sue parole. Voleva ribellarsi e difendersi, ma Frida lo mise a tacere con un gesto della mano.

«Non ho ancora finito. Sì, Diego Rivera, sei proprio un maschilista, nonostante le tue frasi fatte sulla rivoluzione. Chi vuoi liberare? Di certo non le donne. Sei anche un traditore della rivoluzione di cui hai fatto la tua bandiera.»

Diego boccheggiò, incapace di ribattere.

«Nell'amore per te cercavo intimità, qualcosa di esclusivo che potesse rendere la mia vita, e la tua, parte di qualcosa di più grande.» Le ultime parole le uscirono di bocca in un sussurro, era esausta sino alla morte. «Ma non l'ho trovato.»

«Mi ami ancora?» chiese Diego.

«Sì, anche se a volte non lo vorrei.»

«C'è ancora qualche speranza per noi?»

Frida annuì. «Ma non sono più la donna che hai sposato. Non lo sono più da tempo. Sono stata a New York per quasi sei mesi e mi sono resa conto di molte cose. Ho pensato molto a me stessa e alla vita.»

Non gli disse che a New York c'era Nick che la amava e voleva sposarla. Ma il pensiero la rendeva forte. Diego, con le sue antenne sensibili, notò subito il cambiamento. Le si avvicinò, la sollevò tra le braccia e la portò con sé sulla poltrona facendola sedere sulle sue ginocchia. Le coprì la testa e il collo di baci.

«Frida, io ti adoro. Resta con me. Vivi con me. Troveremo un modo.»

«Sono già qui» disse lei.

Frida voleva tornare da Diego, ma solo alle sue condizioni. Si rese indipendente da lui per quanto riguardava le piccole cose di tutti i giorni. Non cucinò per lui, né gli portò più da mangiare. Quasi ogni giorno, in compenso, amici, collezionisti d'arte o potenziali acquirenti di passaggio si presentavano a San Ángel per una *comida* spontanea. Frida metteva in tavola della frutta e un piatto semplice e ospitava chiunque arrivasse. Non le importava che Diego fosse presente o no. Eppure percepiva le sue occhiate quando lei si atteggiava a bella e disinvolta padrona di casa, gentile con tutti e in grado di incantare i propri ospiti. Cristina veniva quasi tutti i giorni, ma non degnava Diego di uno sguardo.

Frida continuava a dipingere come una forsennata, e il suo quadro con la vasca da bagno prendeva sempre più forma. La parte più difficile era trovare gli elementi giusti da inserire. Diego era partecipe, le chiedeva come stava procedendo, valutava i suoi progressi, faceva domande e la incoraggiava. Frida riacquistò l'equilibrio. La sua vita scorreva di nuovo in modo ordinato, secondo binari ben tracciati. Aveva una casa, Diego, i suoi amici, il suo lavoro. Tutto sembrava perfetto.

Ma all'inizio del nuovo anno, il dolore alla schiena tornò a farsi sentire. Frida non sapeva da cosa dipendesse, la sua dannata schiena faceva semplicemente quello che voleva. Si sforzava di ignorare il dolore quando dipingeva, ma ben presto dovette ammettere che questo le rendeva impossibile lavorare in modo continuativo. Dopo mezz'ora al cavalletto, quando era appena riuscita a riprendere la mano e a tuffarsi di nuovo nel suo lavoro, il dolore dei punti che tiravano sulla schiena e sul piede destro diventava così forte che era costretta a smettere. Era devastata. Poiché la sua voglia di dipingere era insopprimibile, ricominciò a farlo da sdraiata a letto, ma odiava quella soluzione perché le ricordava la convalescenza dopo l'incidente.

Consultò il dottor Zimbrón, del quale aveva sentito parlare molto bene. Le consigliò di sottoporsi a un'altra operazione al piede. E di riprendere a portare un busto.

«Non indosserò mai più un busto di gesso in vita mia!» gridò disperata. «Piuttosto preferisco morire.»

Diego, che l'aveva accompagnata, le mise una mano sul braccio per rassicurarla.

«Ci sono nuovi sviluppi» disse il dottor Zimbrón. «Ora possiamo realizzare dei sostegni per la schiena in pelle. Sono più morbidi, hanno bordi meno taglienti e si possono regolare con un'allacciatura, esattamente come un busto. Tuttavia prima è necessaria una piccola correzione chirurgica. Sembra che la sua spina dorsale si stia irrigidendo. Dobbiamo intervenire se non vuole rimanere paralizzata.»

Con queste procedure mediche passarono diversi mesi. Proprio quando Frida iniziava a sentirsi meglio, Diego si ammalò. I suoi reni gli davano problemi.

Lei lo circondava di attenzioni, si sedeva al suo capezzale e gli leggeva qualcosa. «Siamo una strana coppia di storpi» diceva ridendo.

«Perché ho dovuto ammalarmi perché tu tornassi a essere buona con me?» chiese Diego.

«Perché il momento in cui ti amo di più è quando posso prendermi cura di te. Allora sei così meravigliosamente dolce.»

Quando, tra capo e collo, arrivarono le fatture per le spese mediche, Frida si rese conto che non c'erano soldi. Senza contare che le ultime consegne dei pezzi della collezione d'arte di Diego, che lui acquistava un po' qua un po' là in tutto il Paese, non erano ancora state pagate. Inoltre c'erano le spese per i lavori di ristrutturazione di Casa Azul, dove Diego voleva installare una sorta di piramide in giardino per ospitare le sue amate sculture. Ed era pure prevista la creazione di un vero e proprio museo fuori città. Frida non aveva la minima idea di come avrebbero fatto a pagare tutto questo e si mise a frugare nella corrispondenza di Diego alla ricerca di buste ancora chiuse contenenti assegni di pagamento. Ma questa volta, purtroppo, non ne trovò nessuna.

Oltre a questi problemi, era preoccupata per Anita. Non la sentiva da tempo, e le notizie dalla Spagna non erano buone. La guerra civile stava diventando sempre più sanguinosa e sembrava che i lealisti spagnoli fossero destinati a perdere contro i generali di Franco. I rifugiati spagnoli arrivavano in Messico a migliaia, per lo più bambini rimasti orfani a causa della guerra. Frida e Diego scesero in strada a favore della Repubblica Spagnola, e lei scrisse innumerevoli lettere di petizione ai suoi amici in America per raccogliere fondi. Quando Frida camminava accanto a Diego e scandiva slogan a capo di un corteo dimostrativo, a volte gli prendeva la mano e gliela stringeva forte. Diego le restituiva la stretta. Gli obiettivi politici comuni li riavvicinarono.

21

Frida attraversò a passo svelto la passerella tra casa sua e quella di Diego. Mentre lo faceva, rabbrividì nella sua camicetta senza maniche poiché soffiava un fresco vento serale. Accidenti, aveva dimenticato lo scialle. Tornò sui propri passi e scese le scale di corsa per andare a prenderlo. Dovette pensare per un istante, poi le venne in mente di averlo posato sul letto quando all'ultimo momento aveva deciso di optare per un'altra camicetta, quella giallo senape con un motivo verde. In precedenza aveva già tirato fuori lo scialle in verde acceso e rosa chiaro. Eccolo lì. Lo afferrò e se lo avvolse intorno alle spalle con un movimento fluido. Il dolore le attraversò la schiena. Non sarebbe riuscita a evitare l'ennesima operazione. Quale sarebbe stata? La ventesima o già la trentesima? Non voleva pensarci ora. Rapidamente rifece il percorso di poco prima ed entrò in casa di Diego. Da sotto le arrivava già il brusio degli ospiti. Si fermò a osservarli.

C'erano almeno una ventina di persone stipate nello studio di Diego. L'idea della serata era stata di Frida. Era settembre, a metà fra il suo compleanno e quello di Diego. Erano entrambi di nuovo in salute – se così si poteva dire di lei – e Frida voleva festeggiare. Ormai era diventata una padrona di casa quasi leggendaria in città. Di solito gli ospiti arrivavano a mezzogiorno, si trattenevano per un paio d'ore, mangiavano tutti insieme e poi si separavano di nuovo. Ma quel giorno Frida li aveva invitati a cena. Lei e Miranda erano state impegnate nei preparativi per tutto il giorno. La grande tavola era riccamente imbandita con ciotole di ceramica di Oaxaca e fiori. Frida aveva fatto gli ultimi ritocchi poco prima. Al centro troneggiava un'enorme ciotola di *mole negro* alla maniera di Oaxaca cucinato con le sue mani. Tutt'intorno c'erano ciotole più piccole contenenti riso, pollo al forno e patate in salsa verde. Era la specialità di Miranda. Proprio in quel momento stava mettendo in tavola altri piatti di *pan dulce*, tortine dolci e piatte in sciroppo d'anice.

Frida vide Cristina camminare intorno al tavolo per controllare che fosse tutto a posto. Che fortuna essersi ritrovate! Non riuscì a trattenere un sorriso. Cristina ora aveva un avvocato come amante. Sebbene fosse sposato, si prendeva cura di lei e dei bambini e le aveva preso un appartamento in affitto che Frida talvolta usava come nido d'amore.

Frida si concesse ancora un momento per studiare i presenti. Conosceva la maggior parte degli ospiti. La comunità degli artisti in Messico non era molto numerosa, si conoscevano tutti, ci si incrociava continuamente. C'era Manuel Álvarez Bravo, il fotografo che aveva scattato la foto del suo matrimonio. Come sempre, portava con sé la macchina fotografica. Sua moglie Lola evidentemente era venuta con un'amica, una bellissima donna dai capelli biondo chiaro. Poi lo sguardo di Frida si posò su María Félix, l'attrice. Osservò la sua figura snella e chiuse gli occhi per un istante, ricordando. Sapeva com'era Maria sotto il vestito. Avevano passato insieme una notte piena di tenerezza. Dopo essersi rimessa con Diego, si era arrogata il diritto di avere degli amanti, e a volte anche delle amanti. Tra gli ospiti c'erano due coppie che non conosceva. A giudicare dai loro vestiti erano americani. Le donne indossavano abiti da cocktail dai colori sgargianti, ronzavano intorno a Diego e civettavano con lui.

Ah, Diego, amore della mia vita. Ormai da tempo mi sono rassegnata al fatto che hai bisogno dell'ammirazione di altre donne. Forse succede così quando si è alle soglie della vecchiaia. A volte ho desiderato di poterti lasciare. Ma mi manca la forza per una se-

parazione definitiva. Dentro di me c'è ancora la ferita che mi hai inflitto mettendoti con Cristina. Lei l'ho perdonata, te non completamente. Non so in che fase sia il nostro rapporto in questo momento. Non è guerra, ma non è nemmeno pace. Forse una specie di armistizio. Sospirò, questo pensiero doveva essere una consolazione sufficiente. Poi alzò il mento, si stampò in faccia un sorriso radioso che a volte le sembrava una maschera, e proseguì.

Nel frattempo i due americani si erano fermati davanti ai quadri di Diego: probabilmente avrebbero dovuto sganciare soldi per dei quadri che in realtà erano le loro mogli ad apprezzare. Frida sbuffò. Ma sarebbe stata gentile con loro perché era importante che questi *gringos* acquistassero i quadri di Diego per poter almeno pagare qualche bolletta.

Lasciò vagare lo sguardo sulla folla degli ospiti. Le mancò il respiro quando vide una donna con i capelli scuri che le incorniciavano il viso. Tina? Ma a una seconda occhiata si rese conto che non era Tina Modotti, bensì Dolores del Río, un'attrice che le somigliava. Anche lei era una buona amica, ma Tina continuava a mancarle terribilmente. Dopo aver assistito all'assassinio del suo compagno Antonio Mella ed essere stata accusata di complicità nell'attentato all'allora presidente Pascual Ortiz Rubio, Tina era stata espulsa dal Messico. Frida aveva sentito dire che era andata a Mosca a lavorare per i servizi segreti di Stalin. Ora, a quanto pareva, si trovava in Spagna a combattere per la repubblica, proprio come Anita. Frida avrebbe rivisto volentieri la donna cui doveva così tanto, ma forse Tina non le avrebbe nemmeno parlato dopo che Diego si era unito ai trockisti. Trockij era peggio del diavolo per Stalin. Frida scosse la testa. Come poteva Tina lavorare per quella banda di assassini?

Mentre scendeva lentamente le scale, il tessuto pesante della doppia gonna frusciava, e i gioielli e i campanellini delle sue scarpe tintinnavano a ogni passo. Con tutta quella confusione nessuno si sarebbe accorto che zoppicava. Frida aveva vissuto momenti simili abbastanza spesso e ormai aveva perfezionato la sua entrata in scena. Dolores fu la prima a notarla. Richiamò l'attenzione di María e indicò verso l'alto, nella direzione di Frida. A poco a poco anche le altre conversazioni si zittirono, finché tutti si fermarono a guardarla.

«Sembra una divinità azteca» mormorò qualcuno.

Gli americani erano rimasti immobili a fissarla. Leggendo i loro sguardi Frida intuì che la vedevano come una creatura semplicemente meravigliosa, bellissima, esotica, come una regina. Persino le due donne accanto a Diego gli voltarono le spalle. Anche lui le rivolse un sorriso pieno di ammirazione. «Tu sei il Messico, la mia vita, il mio amore» disse con il solo movimento delle labbra.

Fu Dolores del Río a dare il via all'applauso. «Frida, eccoti qui, finalmente!»

Gli altri la seguirono a ruota. Frida inclinò la testa e rise. Tutti i dubbi che aveva avuto sino a qualche istante prima, tutta la tristezza e le preoccupazioni per la sua salute scomparvero dietro quella risata piena. Percepì l'attenzione dei presenti, ma il suo sguardo era esclusivamente rivolto a Diego. Non staccò gli occhi da lui mentre scendeva lentamente le scale. Fu un momento pieno di magia. *Mi ama esattamente come io amo lui.* Con un sorriso che aleggiava sulle labbra rispose allo sguardo di Diego fisso su di lei.

«Festeggiamo!» esclamò allegramente. «Alla vita. *Viva la vida!*»

Dolores le si avvicinò con un uomo al seguito. «Le presento Frida Kahlo» gli disse. E poi, rivolgendosi a Frida: «Questo è John...»

«John Miller» l'uomo si affrettò a dire, e tese la mano per salutarla. «Scrivo per il *San Francisco Chronicle* e mi piacerebbe farle qualche domanda.»

«A me e non a mio marito?» chiese Frida con uno sguardo civettuolo.

«A lei. Forse non se lo ricorderà, ma le ho già dedicato un articolo una volta. All'epoca lei si trovava a San Francisco con

Diego Rivera, e l'avevo presentata come la sua adorabile moglie dagli occhi scuri, lei stessa un'artista. Se posso permettermi, è diventata ancora più bella.» Accennò un inchino.

«È una constatazione professionale?»

John sorrise. «No. Una constatazione professionale sarebbe dire che lei sta per spodestare suo marito nel favore dei nostri lettori. Posso vedere i suoi ultimi lavori?»

Frida diede una rapida occhiata alla gente che si affollava intorno a lei per salutarla.

«Adesso non è il momento. Torni domani sera. Ma non se ne vada ora. Resti a mangiare con noi. Sa ballare?»

L'allegria di Frida durò per tutta la sera. Ballava e cantava. Peccato che Concha Michel non fosse lì. La sua voce piena di sentimento e di forza avrebbe reso quella serata davvero perfetta.

Frida aveva appena accompagnato fuori gli americani. Gli uomini avevano guardato Frida con occhi adoranti per tutta la sera, ma a un certo punto le mogli ne avevano avuto abbastanza e avevano insistito per andarsene. Quando Frida tornò nello studio di Diego, Cristina le si avvicinò.

«Che liberazione!» disse. «Ma sono sicura che elogeranno la tua ospitalità ovunque. A parte te, non conosco nessuno che riesca a parlare con dieci persone contemporaneamente, che gli piacciano oppure no, e a fare in modo che ognuna di queste dieci persone abbia la sensazione che tu sia lì solo per lei. Chapeau!» Alzò il bicchiere alla salute di Frida.

«Vieni, balla con me!» esclamò Frida.

La mattina dopo Frida aveva un terribile mal di testa. Le parole ammonitrici del dottor Eloesser le risuonavano nelle orecchie. «Deve limitarsi con gli alcolici, non ha la costituzione per bere» diceva sempre con voce preoccupata.

Frida era consapevole che il consumo eccessivo di alcol non le faceva bene. Ma la sera prima era di buon umore ed era felice per i complimenti dei suoi ospiti. I due americani avevano acquistato un quadro ciascuno e a un certo punto Diego aveva fatto capire che trovava noiose le loro mogli tutte agghindate. Le aveva semplicemente piantate in asso e aveva passato il resto della serata a ballare con Frida.

«Oh, Doctorcito,» sussurrò Frida tra sé. «Mi permetta solo questo bicchiere, poi prometto di rimanere sobria al mio funerale.»

Si voltò a guardare Diego che stava dormendo sull'altro lato del letto. Non le aveva quasi mai tolto gli occhi di dosso per tutta la sera, e quando tutti gli ospiti se n'erano andati, era andato da lei e l'aveva amata, ancora e ancora, pieno di tenerezza. Frida gli passò delicatamente le dita tra i capelli. Il ricordo della notte passata insieme le dava forza. Eppure quando si alzò per bere un caffè forte aveva difficoltà a reggersi sulle gambe.

Era ancora seduta al tavolo della cucina quando Miranda arrivò con un telegramma. Frida ebbe un momento di esitazione. I telegrammi non promettevano mai niente di buono.

Era di Anita Brenner da New York, dove era tornata a vivere. Scriveva che Lev Trockij e sua moglie dovevano assolutamente trovare un nuovo Paese dove chiedere asilo perché i norvegesi non li volevano più. Lui temeva per la sua vita. Diego poteva fare qualcosa al riguardo? Dopotutto, qualche mese prima era entrato a far parte della Quarta Internazionale. Un passo che Frida non aveva fatto.

Frida posò il telegramma sul tavolo davanti a lei. Se fosse arrivato la sera prima, avrebbero potuto chiedere al presidente Cárdenas in persona, visto che anche lui era presente alla festa.

Si riempì una seconda tazza di caffè e andò in camera sua per svegliare Diego.

Quando gli disse di cosa si trattava, lui mise subito a fuoco. Ma si prese il tempo di baciare a lungo Frida per poi dire: «Vado da Cárdenas e gli chiedo di concedere l'asilo a Lev e Natalia».

«Vengo con te» disse Frida.

Le loro speranze non erano infondate. Lázaro Cárdenas, il

presidente della sinistra, aveva già accolto i rifugiati spagnoli. A condizione che Trockij non interferisse negli affari messicani, gli avrebbe permesso di entrare in Messico.

«La ritengo responsabile per lui» disse a Diego congedandolo.

L'arrivo di Natalia e Lev Trockij era previsto per il 9 gennaio. Diego non poteva andare a Tampico, dove i Trockij sarebbero arrivati a bordo di una nave norvegese. Non si era rimesso completamente dalla sua affezione renale, sicché ora si trovava in ospedale e non poteva viaggiare per nessun motivo. Così fu Frida ad andare ad accoglierli al porto. Questa iniziativa si rivelò provvidenziale, perché Natalia si rifiutò di sbarcare finché non vide una faccia amica di cui si fidava. Aveva paura di un altro attentato. Solo quando individuò Frida in piedi sulla banchina si convinse a lasciare la nave.

Tra deviazioni e finte soste, i Trockij arrivarono indisturbati alla Casa Azul, dove avrebbero vissuto. Durante il tragitto verso Coyoacán, Frida non sapeva bene come trattare questa coppia così seria. Trockij era pur sempre uno degli uomini più influenti al mondo e la intimoriva. Non poteva certo parlare del tempo con lui. Perciò si sentì sollevata quando i due preferirono ritirarsi subito nella loro stanza per riprendersi dal viaggio faticoso.

Ma quando, la mattina dopo, Frida sorprese Lev che ispezionava il giardino e dava da mangiare alle galline come un contadino o un pensionato, rimase immediatamente conquistata dalla sua simpatia. Lo ammirava perché, nonostante il suo immenso carico di lavoro, trovava il tempo di dedicarsi ad attività così banali e non se ne vergognava troppo.

Trockij scrisse una biografia di Lenin a un ritmo folle, e anche un approfondito memoriale di difesa per confutare le accuse mosse contro di lui nei processi di Mosca. A Coyoacán era previsto lo svolgimento di una sorta di processo con giuristi internazionali per indagare sulle imputazioni a suo carico.

Lev lavorava sino a crollare dalla stanchezza, eppure era di una cortesia squisita e un fascino travolgente. In questo le ricordava Diego. Ma soprattutto, lei ammirava la sua conoscenza enciclopedica delle teorie politiche e degli eventi successivi alla Rivoluzione d'Ottobre in Russia. Si stupì quando si accorse che lui cominciava a corteggiarla in maniera piuttosto rozza. All'inizio ne fu lusingata, ma quando qualche giorno dopo tornò a casa e lo trovò immerso in una conversazione tecnica su come allevare i conigli con suo padre, che ormai viveva nel suo mondo, Lev conquistò finalmente il suo cuore.

In aprile la commissione d'inchiesta iniziò a riunirsi. Giuristi di diversi Paesi, giornalisti e ospiti si riunirono a Casa Azul, trasformata in una sorta di aula di tribunale, per dibattere l'accusa. In sostanza Stalin accusava Trockij di aver tradito la rivoluzione. Un'accusa che Trockij rimbalzava a Stalin, suo vecchio compagno di scorribande politiche nonché attuale avversario.

L'omino con il pizzetto ebbe il suo momento magico: senza manoscritto e solo grazie alla sua immensa conoscenza fin nei minimi dettagli, si difese con un linguaggio forbito. Le sue argomentazioni erano assolutamente convincenti, accumulò sempre più nuovi documenti che lo scagionavano, che talvolta citò a memoria. Alla fine convinse facilmente la commissione della sua innocenza in tutti i punti.

Frida non perse un minuto del dibattito. Continuava a osservare Natalia, che non perdeva di vista il marito. Ma anche Frida rimase in ammirazione per tutto il tempo a pendere dalle labbra di Trockij. Natalia e Frida sapevano, come tutti, che le cose andavano diversamente nei processi di Mosca. Lì gli imputati venivano costretti a false confessioni sotto tortura. Inoltre era chiaro a tutti che Stalin e i suoi servizi segreti non si sarebbero attenuti a questo verdetto e che Trockij era ancora in pericolo di vita. Per questo motivo Casa Azul fu circondata da un muro e Diego acquistò su due piedi il terreno confinante perché da lì chiunque avrebbe potuto guardare indisturbato nel giardino.

Trockij, nonostante tutto, non riusciva a sentirsi al sicuro, ma a differenza di Natalia, prendeva la situazione con maggiore serenità. L'esito del processo lo aveva rincuorato. Lavorava ancora come un ossesso, ma si concedeva delle pause. Accettava inviti per picnic e gite fuori porta.

Andavano spesso nelle vicinanze di Cuernavaca, dove un seguace trockista aveva messo a diposizione una casa di campagna. Una volta Frida lo guardò a bocca aperta montare un cavallo e sfrecciare a briglia sciolta come un selvaggio. Un altro lato di lui che non conosceva. Quest'uomo era davvero capace di sorprendere. Frida scoppiò a ridere quando le sue guardie del corpo, imprecando, si lanciarono al suo inseguimento. Anche Diego montò a cavallo e seguì il gruppo. Frida, che non poteva cavalcare a causa dei problemi alla schiena, rimase sulla terrazza di casa con Natalia. A Frida piaceva anche lei, ma Natalia era il suo opposto in tutto e per tutto. Era già una donna anziana, profondamente segnata dalla vita, mentre Frida, a quasi trent'anni, era all'apice della sua bellezza. Con i suoi vestiti e i numerosi gioielli era come un uccello colorato, mentre Natalia indossava completi grigi in cui sembrava scomparire. Frida esplodeva di voglia di vivere, mentre Natalia era pensierosa e apprensiva.

Tutti potevano vedere queste differenze tra le due donne, compresi Lev Trockij e Diego.

Gli uomini tornarono dopo un paio d'ore, coperti di polvere e sudore. Frida non aveva mai visto Lev in quel modo, le sembrava un gaucho, incredibilmente virile. *Stanne alla larga, non può andare bene*, si disse.

Mentre erano seduti a tavola all'imbrunire, all'improvviso sentì qualcosa che le toccava il ginocchio. Un sorriso appena accennato le sfiorò le labbra. Alzò gli occhi e guardò dritto in quelli di Lev. Quella notte Lev si insinuò nella sua camera da letto e Frida lo accolse.

Nelle settimane successive le scrisse focose lettere d'amore che faceva scivolare tra le pagine dei libri che poi le consegnava con un'espressione innocente e sotto gli occhi di tutti.

Quell'uomo intelligente con il pizzetto le faceva battere il cuore e lei non riusciva a smettere di incontrarlo di nascosto, sebbene fosse consapevole di avere la coscienza sporca anche nei confronti di Natalia. Sospettava che la moglie di Lev sapesse tutto, ma non volesse interrompere la relazione.

«Questa storia non può andare avanti così» la redarguì Ella Wolfe. « Trockij è un rivoluzionario con una missione politica. Tu lo trasformi in un innamorato rimbambito.» Era sdraiata sul divano accanto a Frida e le faceva la ramanzina. «Mio Dio, è ancora più vecchio di Diego!»

«Lo so» sospirò Frida. «Gli ho detto che dobbiamo smetterla. Non per lui, ma per Natalia. Mi sento male. Inoltre ho paura che Diego lo scopra.»

Tirò fuori una spessa lettera dalla sua borsa. «Questa me l'ha scritta lui.»

«Trockij?»

Frida annuì.

Ella diede una scorsa alle pagine. «Scrive come un diciassettenne in piena pubertà» disse ridacchiando. «Frida, come hai ridotto quest'uomo? Lascialo in pace prima che ne venga fuori una catastrofe.» Fissò l'amica a lungo. «Non credo che tu lo ami davvero. Sei solo lusingata che un uomo così grande si sia innamorato di te. Se solo riuscissi a far ingelosire Diego con lui.»

«Per l'amor di Dio!» si lasciò sfuggire Frida.

«Infatti. Perciò non c'è motivo di continuare questa relazione.»

«Hai ragione. Ma gli farò un ritratto.»

«Per quanto mi riguarda, perché no? Ma d'ora in poi siete amici, niente di più.»

«E questo lo dice la stessa donna che mi ha regalato il rossetto più bello del mondo?» Frida estrasse la matita rossa dal tubetto di ottone e con abilità consumata si dipinse le labbra. Poi sfiorò con un bacio la guancia di Ella.

22

Diego, mio amico
Diego, mia madre
Diego, mio padre
Diego, mio figlio
Diego, io
Diego, l'Universo

Frida si fermò tenendo in mano la penna con cui aveva scritto queste parole. *Perché lo chiamo il* mio *Diego?*, pensò. *Non è mai stato soltanto mio e non lo sarà mai. Appartiene solo a se stesso.*

Sfogliò il suo diario e lesse le voci un'altra volta. *Lo amo così tanto che non posso essere una semplice osservatrice della sua vita, ma parte di essa. Anche se a volte cedo alle tentazioni, questo non cambia il mio rapporto con lui. Mi manca già anche se è solo nella casa accanto. E mi piace scrivere di lui, scrivere a lui...* Si picchiettava leggermente la penna sulla punta del naso mentre rifletteva.

Perché non ho mai dipinto un ritratto di Diego prima d'ora? Perché mi era troppo vicino. Perché non riuscivo ancora a vederlo in tutte le sue sfaccettature, pensò subito dopo. *Ma ora ci proverò.*

Nelle settimane successive lavorò al ritratto di Diego a mezzo busto. Vi appariva nel fiore degli anni, con i capelli folti e scuri, e indossava una camicia blu come faceva spesso. Lo sguardo era pensoso, benevolo, anche un po' malinconico. Frida conosceva quello sguardo: era quello con cui la guardava dopo aver fatto l'amore con lei. *È questo il mio Diego*, pensò.

Trockij riceveva costantemente ospiti e delegazioni politiche da tutto il mondo. Non era sempre facile, poiché tutti i visitatori dovevano passare attraverso i severi controlli di sicurezza e farsi perquisire dalle sue guardie del corpo.

Dopo un lungo tira e molla, Frida aveva chiuso la sua storia d'amore con Lev perché non voleva ferire né Natalia né Diego. Ma questo non rendeva le cose più semplici, perché Trockij era ancora innamorato di lei e non voleva accettare la sua decisione. Ci furono scene spiacevoli tra loro. Quando André Breton e sua moglie Jacqueline Lamba, anch'essa pittrice, annunciarono la loro visita a Trockij, Frida sperò che la tensione a Casa Azul si allentasse.

Fu lei a incaricarsi di andare a prendere i due francesi all'aeroporto e di portarli a Casa Azul, dove si sarebbero sistemati. Poi si prese cura di suo padre, sempre più frastornato dalla presenza di tanti sconosciuti in casa sua. Quando infine tornò a casa era troppo esausta per dipingere.

«Allora? Come sono i nuovi arrivati?» chiese Diego, che aveva lavorato tranquillo nel suo studio tutto il giorno.

Frida avvertì una leggera stilettata al cuore. Diego semplicemente si arrogava il diritto di dipingere. Questioni come l'amicizia o gli obblighi sociali non lo toccavano minimamente. Di solito di queste cose si occupava lei. E poi la accusava di non prendere la pittura abbastanza seriamente...!

«Jacqueline è adorabile. Penso che potrei innamorarmi di lei.»

Diego scoppiò in una risata fragorosa. Prendeva le amanti di Frida con disinvoltura, non sembrava considerarle vere e proprie concorrenti.

«Ma questo Breton lo trovo estenuante. Era appena salito in

macchina quando ha iniziato a sproloquiare sul Surrealismo e così via. Voleva seriamente darmi indicazioni su come dipingere i miei quadri. Ti piacerà di sicuro.»

Breton era il portavoce dei surrealisti francesi. Voleva sempre parlarle delle dimensioni teoriche del Surrealismo, soprattutto dopo aver visto il lavoro preparatorio per il quadro della vasca da bagno e l'autoritratto che Frida aveva regalato a Lev. Diceva frasi strambe che per Frida non avevano nessun senso.

«La sua arte è come un nastro colorato attorno a una bomba» sentenziò, pervaso dalla sua stessa importanza. Frida non sapeva se considerarlo un complimento.

Quando lo accennò a Diego, lui fece una risata sarcastica. «Qualunque cosa significhi esattamente, credo che abbia ragione.»

«Vuole che io vada a Parigi ed esponga i miei quadri lì.»

«Ma, Frida, sarebbe meraviglioso. Quando?»

Lei si strinse nelle spalle. «Sinora è solo un'idea. Sembra un tipo pieno di idee. Ma in un certo senso non mi fido di lui. Penso che parli molto e concluda poco. Verresti con me? Sarebbe bello essere a Parigi con te. Dopotutto, ci hai vissuto per anni.»

«Ma certo!»

Il suo corpo la piantava in asso sempre più spesso. Nonostante l'amputazione delle dita dei piedi, il piede destro era violaceo, il che indicava una setticemia. E se avessero dovuto amputarle anche il piede e magari la gamba? Dopo l'intervento alla colonna vertebrale, la ferita non si rimarginava. Tutto questo aveva portato a un deperimento cronico. Mangiava troppo poco e diventava sempre più magra. Sapeva che questo dipendeva dall'alcol. Ma senza alcol non poteva sopportare i suoi dolori! Certi giorni trovava a stento la forza di alzarsi.

Quando stava meglio, cercava sempre di trovare il tempo di dipingere. Stava davanti alla tela e lavorava più velocemente di prima senza concedersi pause. Realizzò più quadri in questo periodo che in tutti gli anni precedenti. «Tu e Lev mi ispirate» disse a Diego.

C'era anche un altro motivo per cui dipingeva così tanto. Nei momenti più bui, nella sua mente si insinuava il timore di non avere più molto tempo a disposizione.

Ma non si lasciò mancare nemmeno le sue piccole tresche. La rassicurante sensazione di essere amata e desiderata stava diventando sempre più importante nella sua vita e le dava la forza per affrontare il resto.

Era appena arrivata a casa di sua sorella. Isolda e Antonio non c'erano, e anche Cristina se ne sarebbe andata subito, in modo che Frida potesse avere l'appartamento tutto per sé.

«Ah, Cristina, cosa farei senza di te?»

«Troveresti qualcun altro che ti cede il suo appartamento per le tue avventure» disse Cristina.

«Sai cosa intendo dire.»

Frida annuì. Lei e sua sorella si erano riavvicinate molto negli ultimi tempi. Nel frattempo Frida aveva iniziato a mostrare una certa comprensione per il comportamento di Cristina. In quel periodo non se la passava tanto bene: il suo avvocato l'aveva lasciata, perciò aveva pochi soldi e doveva badare a se stessa e ai bambini da sola. *E non ha niente di simile a quello che ho io con i miei quadri*, pensava Frida. *Cristina sperava di trovare un po' di felicità con Diego ed è profondamente dispiaciuta per quello che ha fatto. E c'è sempre quando ho bisogno di andare in ospedale. È sempre al mio fianco. Io faccio altrettanto quando è lei ad avere bisogno di me?*

«Forse dovresti lasciare Diego.» Cristina non diceva sul serio. Frida lo capì dalla sua espressione divertita. Una vita senza Diego non era vita.

Frida finse di assecondare il suo suggerimento. «Lo farei volentieri, ma sai che si sente perso senza di me. Cerca sempre qualcosa e mi accusa di avergliela sottratta. Le sue chiavi, ad esempio. Va su tutte le furie e mi chiede di tirarle fuori, salvo poi trovarsele nella tasca del cappotto. Ogni due settimane devo mandare a riparare il suo orologio. Non so come faccia. Le sue stilografiche sono sempre asciutte perché non rimette il cappuccio. Si addormenta nella vasca da bagno e poi si lamenta perché l'acqua è troppo fredda. Insegue Fulang-Chan per tutta la casa facendo cadere i mobili, oppure sbatte la tibia e diventa di cattivo umore. L'altro giorno ha cercato di uccidere Kaganovič perché aveva fatto pipì su uno dei suoi quadri.»

Ora toccò a Cristina scoppiare a ridere. «Non capirò mai perché avete dato ai vostri cani i nomi dei membri del Politburo russo! E pensare che Diego è trockista.»

«Per questo a volte si scaglia contro di loro. E tutto questo solo perché il cane ha dormito sulla sua sedia. Diego lo ha spinto a terra, e credo che Kaganovič si sia offeso e abbia pisciato sul suo quadro per ripicca. Diego gli è corso dietro e il cane si è rifugiato sotto il tavolo, Diego lo ha inseguito per tutta la stanza e gli ha dato dell'ignorante in materia d'arte, mentre gli altri cani continuavano a seguirlo. Era tutto un abbaiare forsennato. Alla fine Diego era talmente esausto che ha cominciato a sbuffare come un cavallo. E poi ha trovato il tutto così divertente che gli è venuto un attacco di ridarella. Mi ha chiesto scusa e ha concluso che il cane aveva ragione perché il suo quadro faceva davvero schifo.» Frida rise ricordando la scena.

«Be', allora per una volta si è trovato d'accordo con il Politburo di Stalin» sogghignò Cristina. «Dovresti immortalare i tuoi animali nei tuoi dipinti.»

«Lo faccio già. Non hai mai visto il quadro dove Fulang-Chan è seduta sulla mia spalla?»

Cristina scosse la testa.

«Non importa. Adesso sto lavorando a un quadro che ritrae me e la mia balia. Penso che diventerà un quadro importante.»

«Tutti i tuoi quadri sono importanti, Frida. Sai cosa ci leggo dentro?»

Frida la guardò con aria interrogativa.

«Nel conflitto interiore che dipingi, nelle colonne spezzate, nelle donne che sembrano non sapere se sono americane o messicane, in tutti i tuoi quadri trovo prove del fatto che tu, nella tua persona, rispecchi il conflitto del Messico, che non è finito nemmeno dopo la guerra civile. Hai capito? Tu sei il Messico in piccolo, in una persona. Il tuo corpo lacerato è l'immagine della divisione del nostro Paese.»

Frida la guardò a lungo, poi le si avvicinò e la strinse tra le braccia. «Grazie per queste belle parole. Forse hai ragione. Nei miei quadri c'è il Messico. Credo che le cose più importanti per me siano davvero queste: la mia vita come donna e le mie radici messicane. Ma i miei quadri sono importanti solo per me. Piacciono solo a me. Tutti gli altri pensano che siano cose da folli. Chi vuole vedere cose così mediocri?»

«Sono sicura che questo cambierà presto. E sino ad allora, continua a dipingere. Altrimenti impazzirai con quell'uomo.»

Frida annuì. «Diego dice che dovrei contribuire con alcuni dipinti a una collettiva nella galleria universitaria. Breton pensa che io sia una surrealista.»

«Lo so, lo so, la storia del fiocco intorno alla bomba e tutto il resto…»

«Un nastro colorato» la corresse Frida con un'artefatta voce da maestrina e sciolse il nodo con cui aveva legato le trecce.

«Chissà se la tua acconciatura reggerà alle effusioni del tuo amante?» chiese Cristina con un sorriso impertinente. «Chi è?»

«Non te lo dico. E ora vai. Sta per arrivare.»

La mattina dopo si sentiva bene e piena di energia e non vedeva l'ora di mettersi al cavalletto. Non si prese nemmeno il tempo di fare colazione. Si limitò a fare un salto in cucina per dare il buongiorno a Diego e informare Miranda che non aveva bisogno di niente.

«Vieni a mangiare, Frida, sei troppo magra» la ammonì Diego, seduto davanti a un'abbondante colazione.

«Lasciami solo fare qualche pennellata. Sono rimasta sveglia tutta la notte a pensare al mio quadro…»

«Tutta la notte? Non sei uscita ieri?»

«Sono rientrata presto. E ho un'idea che muoio dalla voglia di provare.»

«Bene, ma almeno portati dietro un po' di cioccolata calda» disse Diego. Si alzò con pesantezza e si avvicinò ai fornelli per sciogliere nel latte il cacao che aveva portato dall'Oaxaca e che era uno dei migliori del Paese, e poi aromatizzarlo con cardamomo e zucchero. Mentre mescolava la cioccolata nel pentolino di ottone, Frida si piazzò alle sue spalle e lo abbracciò da dietro. Per un istante rimasero così. Poi lui chiese: «Dove sei stata ieri sera?»

«Da Cristina. Abbiamo parlato a lungo del quadro. Sai che mia madre mi ha affidata a una balia perché era rimasta subito incinta di Cristina.»

«E questo ti ha ispirata?»

«Sì.» Non disse a Diego che si era vista con una cantante che era innamorata di lei. D'altronde lui lasciava correre generosamente i suoi flirt con le donne. *Le donne non sono una minaccia per lui*, pensò Frida. A ogni modo non disse nulla. Perché avrebbe dovuto ferirlo? E in quel momento era così premuroso. Gli accarezzò la schiena.

Diego versò la bevanda densa, il cui profumo inebriante le fece quasi girare la testa, nella tazza preferita di Frida e gliela porse. «Ora vai a dipingere» le disse teneramente e la baciò sulla fronte. «Ma non dimenticare di bere.»

Salì le scale tenendo in equilibrio la tazza. Poi si piazzò di nuovo davanti al suo quadro. Bevve un sorso di quella cioccolata calda che, con il suo sapore paradisiaco, sembrava essere arrivata direttamente dal cielo, poi la posò su un tavolo e se ne dimenticò in un istante.

Presa da un'ispirazione improvvisa, sul viso della balia dipinse una maschera funeraria con gli occhi vuoti e la bocca che sembrava spalancata in un urlo. La balia, che donava la vita sotto forma di latte, qui aveva un che di minaccioso. Lei stessa, Frida, era una neonata che giaceva tra le braccia della donna e succhiava dal suo seno, ma non aveva l'espressione innocente di una neonata che poppa, inconsapevole di tutto, cercando il seno con i suoi pugnetti. Aveva un viso da adulta, gli occhi spalancati, lo sguardo perso in lontananza, meditabondo o addirittura minaccioso. Frida intinse di nuovo il pennello e dipinse singole gocce di latte che cadevano dai capezzoli della donna. Poi ne aggiunse altre tamponando il colore sullo sfondo che consisteva in un cielo color argento. Fece un passo indietro e si domandò se quelle gocce lattiginose dovessero rappresentare le stelle, il latte o forse persino lo sperma...

Bussarono alla porta, ma prima che Frida potesse andare ad aprire, udì la voce di Diego dal basso. «In questo momento non può. Sta lavorando.»

Grazie, Diego, pensò, tornando al suo quadro.

Era un bene che lui la esortasse a dipingere. Le ricordava il periodo a Cuernavaca poco dopo il loro matrimonio. Santo cielo, erano già passati dieci anni? Anche allora si era dedicata ai suoi quadri, sotto gli occhi di Luis Cardoza. All'epoca il lavoro l'aveva aiutata a superare il suo primo aborto. E la scoperta che Diego la tradiva con la sua assistente. Rise amaramente. Quell'assistente era stata solo la prima di una lunga serie. Ma l'aveva fatta soffrire particolarmente proprio perché era stata la prima.

E poi c'erano stati lunghi periodi in cui non aveva dipinto. Perché si era sempre lasciata distrarre? Perché tutto il resto era stato più importante rispetto alla sua arte? Ora rimpiangeva amaramente il tempo perduto.

Frida aggiunse qualche puntino biancastro picchiettando sulla tela mentre si chiedeva con ansia se non fosse troppo tardi ormai. Si era lasciata distrarre dal suo lavoro troppo a lungo? Dipingere le costava così tanta energia fisica che temeva di non avere abbastanza tempo per tutti i quadri che spingevano per venire alla luce dentro di lei. *In fondo, la pittura è la mia salvezza*, pensò. *La pittura, insieme a Diego, è ciò che costituisce la mia essenza.* Era una cosa su cui aveva riflettuto spesso in precedenza, ma questa volta la consapevolezza la penetrò nel profondo.

Senza i miei quadri probabilmente sarei già diventata pazza. Mi hanno aiutata a superare la mia tristezza, il mio dolore, la mia sofferenza. Nel momento in cui li dipingevo, tutti quei bambini mai nati, l'infedeltà di Diego, i dolori alla schiena per un istante venivano dimenticati. Nei miei quadri, negli innumerevoli autoritratti che ho realizzato, mi sono ritrovata quando non sapevo più chi ero veramente. I miei dipinti mi rendono invulnerabile dalle avversità della vita e indipendente, pensò, e posizionò il pennello ancora una volta sul piede destro della piccola Frida per disegnare una linea sottile alla base delle dita a indicare l'amputazione. Chi non lo sapeva non sarebbe stato in grado di decifrare quel dettaglio, ma per Frida era importante. *Se voglio dipingermi come mi sento e come sono, allora devo inserire questa linea*, si disse.

Il suo pensiero era ancora fermo al concetto di indipendenza. *Mi piacerebbe essere indipendente da Diego anche finanziariamente*, pensò. *Non mi abbandonerebbe mai, ma mi sentirei meglio se riuscissi a cavarmela senza i suoi soldi.*

Se così tante persone ritenevano che i suoi quadri fossero arte, forse avrebbero pagato per averli.

«In futuro dipingerò con maggiore regolarità e cercherò di portare i miei quadri in mezzo alla gente» disse, spaventandosi per aver espresso quel pensiero ad alta voce.

Si allontanò dal dipinto e lo osservò. Fu quasi soffocata da un senso di profonda soddisfazione, anzi, una sorta di felicità. Guardò l'orologio. Era già primo pomeriggio. Ma aveva approfittato al meglio della giornata. Scese in cucina di buon umore. Adesso sì che era affamata.

Diego la incoraggiò a esporre i suoi quadri perché riteneva che avrebbero richiamato grande attenzione da parte del pubblico. Frida andò diverse volte alla galleria universitaria perché ancora non riusciva a credere che i suoi lavori fossero esposti in pubblico. Una volta portò Guillermo con sé per farlo contento. Quel pomeriggio suo padre era relativamente arzillo e anche mentalmente lucido, come se sapesse quanto era importante per lei avere il suo consenso. «I tuoi quadri sono i più belli» disse stringendole la mano. Frida tornò a casa felice e rilassata come non si sentiva da tempo. Trovò ad aspettarla una lettera del gallerista americano Julien Levy. Aveva sentito parlare della mostra e voleva esporre le opere di Frida nella sua galleria sulla 57th Street a New York.

Frida era al settimo cielo. I suoi quadri a New York? Si precipitò nello studio di Diego e gli lesse e rilesse la lettera di Levy. Ma Diego, alla terza rilettura, la afferrò per il gomito e la costrinse a fermarsi.

«Frida, adesso siediti e ascoltami. I tuoi quadri sono buoni. Sono qualcosa di molto particolare, te lo dico da anni. Devi solo lavorare ininterrottamente. Vedo che ti stai evolvendo.»

«Ma sono solo quadretti con cornici colorate che ritraggono scimmie, foglie e me.»

A quel punto Diego si arrabbiò sul serio. «Smettila! Sei una pittrice eccezionale ed è ora che il mondo ne prenda atto, finalmente.»

Diego lo pensava davvero. Qualche settimana dopo l'attore americano Edward G. Robinson arrivò in Messico con la moglie. Robinson era ebreo ed era fuggito dalla Romania con la sua famiglia. Era cresciuto nel Lower East Side di New York e si era specializzato in gangster movie. Donava ingenti somme di denaro ed era impegnato nella lotta contro il fascismo, sicché Frida e Diego ne erano conquistati ancora prima di incontrarlo di persona. Inoltre era un collezionista d'arte e naturalmente visitò lo studio di Diego a San Ángel. Frida guidò Gladys, sua moglie, nella casa e sulla terrazza per mostrarle la vista dal tetto. Quando tornarono dai rispettivi mariti, Diego stava mostrando all'attore i quadri di Frida lanciandosi in lodi sperticate.

«Ma...» cominciò Frida.

Diego le mise il braccio intorno alla vita e con quel gesto la anticipò. «Ho mostrato a Mr Robinson anche i tuoi ultimi lavori, naturalmente.»

«Sono assolutamente entusiasta» disse l'attore. «Guarda, Gladys!» Indicò il quadro intitolato *Il mio vestito è appeso là*, che mostrava il suo abito messicano nella giungla urbana di New York, e indicò il piccolo autoritratto con la collana di giada precolombiana. «Guarda l'espressione degli occhi. È fantastica! Quanto chiede?»

«Non lo so» cominciò Frida, guardando la linea delle sopracciglia che in quel dipinto era particolarmente marcata. Nel frattempo era arrivata a usare Talika, un prodotto francese originariamente sviluppato per trattare le ustioni sui soldati, ma che era in grado di stimolare la crescita pilifera.

«Duecento dollari al pezzo» disse Diego. «Niente trattativa.»

Robinson accettò.

Così tanti soldi! pensò Frida. Era un piccolo patrimonio! Fece un passo avanti. «Presterebbe i quadri per una mostra a New York?» chiese con un sorriso.

Mr Robinson annuì. «Posso portarli via subito?»

Frida prese i quadri e se li premette sul petto. «Glieli consegno subito. Devo prima salutarli.»

«Fallo, Frida» la sollecitò Diego. «Gradite qualcosa da bere nel frattempo?» aggiunse rivolgendosi ai Robinson.

Mentre Frida cercava carta e nastro, avvertì di nuovo il profondo legame con quei piccoli dipinti. Sentì una lieve fitta al cuore al pensiero di rinunciarvi. In particolare il ritratto con la collana di giada. Le ricordava quel giorno a Cuernavaca, quando all'improvviso si era resa conto di quanto fossero importanti le sue radici e la *mexicanidad* per il suo lavoro. Quel quadro aveva rappresentato un passo decisivo. E l'altro, quello dove il suo abito messicano era appeso su una corda per stendere il bucato tra i grattacieli di New York, mostrava il terribile senso di spaesamento che aveva provato in America. Osservare quelle opere era come fare un viaggio nel tempo. Facevano parte della sua memoria, come una sorta di diario dipinto. Chc cosa avrebbe provato a vivere senza quei quadri intorno da poter guardare in qualsiasi momento? *Lo scoprirò*, si disse. *In fondo ho sempre desiderato che qualcuno comprasse i miei quadri. E poi Robinson è pur sempre un attore famoso. Li mostrerà ad altre persone che, si spera, vorranno acquistarne altri.*

Avvolse abilmente i piccoli dipinti con della carta da pacchi spessa e chiuse ogni pacchetto con alcuni dei nastri colorati che di solito legava tra i capelli. Poi tornò dagli altri e, con un'espressione seria e un piccolo inchino, consegnò le sue preziose creature.

«Ho impacchettato anche il mio amore per loro» disse a Mr Robinson.

«Li amerò anch'io» rispose lui e, in cambio, le ficcò in mano un grosso fascio di dollari in banconote.

Quando furono soli, Diego, che le leggeva in faccia come stava, cercò di confortarla: «Pensa a quello che mi hai detto quando sei venuta a trovarmi la prima volta al Ministero dell'Istruzione. Mi hai chiesto se secondo me potevi guadagnare dei soldi con i tuoi quadri, altrimenti avresti rinunciato a dipingere. Ti ho risposto che avresti dovuto continuare. I tuoi quadri sono belli, Frida. Sei una grande artista. Dipingi con il cuore. Forse dipingi meglio di me. Devi insistere. E se vuoi che il mondo veda i tuoi quadri e li ami, devi venderli. Anche se fa male».

«I miei quadri sono come i figli che non posso avere» mormorò Frida.

«Anche i figli a un certo punto se ne vanno di casa» osservò Diego.

«Grazie per aver cercato di consolarmi.» Si appoggiò a lui. «Devo riflettere su quello che hai detto.»

La sera, da sola nella sua camera da letto, Frida prese la mazzetta di banconote e le sfogliò.

Questo denaro mi renderà libera. Viaggerò, dipingerò e farò quello che voglio senza dover dipendere da Diego.

Presa dall'euforia, gettò in aria le banconote e lasciò che le piovessero addosso.

Frida ci aveva visto giusto. Al suo ritorno negli Stati Uniti,

Robinson raccontò di aver comprato dei quadri di Frida Kahlo e li appese in casa sua per farli vedere a tutti. L'attore era un rinomato collezionista d'arte che di solito acquistava gli impressionisti francesi. Se considerava Frida Kahlo un'artista promettente e appendeva le sue opere accanto a quelle di Degas e Gauguin, allora doveva esserci qualcosa di vero.

23

«Mi resterai fedele quando sarai in America?» chiese Diego. Le era rimasto tra i piedi per tutto il tempo mentre lei metteva le ultime cose in valigia. C'era una seconda valigia piena zeppa e già chiusa ai piedi del letto, e Frida doveva continuamente girarle intorno. Le sue gonne a più strati erano molto voluminose e per giunta non sapeva per quanto si sarebbe trattenuta a New York. Era l'inizio di ottobre e la mostra doveva essere inaugurata il primo novembre. Frida si girò per arrivare al suo guardaroba, ma Diego le era d'intralcio. Doveva sbrigarsi se voleva arrivare in tempo all'aeroporto. Si erano alzati dal letto troppo tardi, dopo aver partecipato a una sontuosa festa d'addio la sera prima. Diego aveva dormito da lei e l'aveva tenuta fra le braccia per tutta la notte. Entrambi avevano paura della separazione, che non sapevano quanto sarebbe durata. Almeno qualche settimana. Frida tirò di nuovo fuori della valigia una gonna di seta ricamata perché alla fine aveva deciso di portare con sé il poncho del Guatemala. Fece un sospiro mentre cercava di abbassare il coperchio per chiudere la seconda valigia. Per fortuna i quadri erano già stati spediti.

«Se ti sarò fedele?» ripeté. La domanda la divertiva. Diego era pur sempre quello che aveva uno stuolo di amanti. Da quando era tornata da New York, Frida non si era concessa nessuna forma di gelosia. In fin dei conti non serviva a niente. Finché Diego la considerava la donna più importante della sua vita, andava tutto bene. La gelosia di Diego per i suoi amanti, tuttavia, la irritava. Perché non poteva fare quello che faceva lui? Perché lui aveva più diritti? Capiva ancora meno perché lui non reagisse con gelosia quando lei si innamorava di una donna. Se avesse saputo quanto potevano essere tenere le donne l'una con l'altra, quale profonda connessione c'era tra loro. Frida sospirò. Aveva scritto a Nick che sarebbe arrivata, ma Diego non doveva assolutamente venirlo a sapere.

«Che c'è?» chiese Diego.

«Niente» rispose lei. Non avrebbe avuto senso svelargli i suoi pensieri. Ci aveva già provato qualche volta, ma lui non la capiva. «Se non ti fidi di me, vieni anche tu» gli disse prendendo dall'armadio un altro dei suoi *huipil*, piegandolo e mettendolo sopra il cappotto. Poi lasciò che il coperchio si abbassasse.

Diego si appoggiò sulla valigia con tutto il suo peso e le serrature si chiusero con uno scatto. «Sai che non è possibile» disse. «Non posso andarmene da qui. Semplicemente, ho troppo lavoro. Abbiamo bisogno di soldi. E poi, ci sono anche Lev e Natalia.»

Frida si fermò davanti a lui, gli prese il viso tra le mani e lo baciò sulla bocca. «Se non sei accanto a me, posso sentire la tua mancanza.» Quella considerazione doveva suonare divertente, ma tutto sommato c'era un fondo di verità. Fece per superarlo, ma lui la trattenne e la strinse in un abbraccio.

«Oh, Frida. Devo ammalarmi perché tu ti prenda cura di me. E perché tu senta la mia mancanza, devi lasciarmi.»

Proprio così, pensò Frida, rannicchiandosi contro il suo petto.

Quando l'aereo atterrò a New York, Frida trovò i fotografi pronti a immortalare il suo arrivo. Li aveva già visti sulla pista guardando fuori del finestrino. All'inizio pensava che fossero venuti per qualcun altro, ma la hostess le spiegò come stavano le cose.

La foto apparsa sul giornale il giorno dopo la ritraeva con la massa dei suoi capelli raccolti in una crocchia e con indosso l'abito tradizionale messicano. Si era avvolta il *rebozo* intorno alle spalle in modo da lasciare libere le braccia. Portava degli orecchini enormi che le arrivavano quasi alle spalle e decine di collane che, come cascate, le scendevano sul petto sino alla vita. Il busto appariva ancora più sottile, accentuato dal contrasto con i numerosi strati di tessuto della gonna lunga sino ai piedi. Con la mano sinistra si teneva al parapetto, al braccio destro portava una borsa e due libri spessi.

Sembro una star di Hollywood, rifletté meravigliata. La fotografia dava un'idea piuttosto chiara di come si sentiva. Come qualcosa di molto speciale. Aveva una mostra tutta sua a New York! Alcuni colleghi avrebbero venduto la propria nonna per questo! E aveva in tasca i soldi ricavati dalla vendita dei suoi quadri a Edward G. Robinson! Non riusciva ancora a rendersene conto appieno.

Julien Levy, il suo gallerista, la aspettava nell'atrio degli arrivi. Frida non lo aveva mai conosciuto di persona ed era felice di incontrare un uomo che era noto per il suo charme. Indossava un completo marrone con una giacca a doppio petto ed era molto attraente. Fu affascinato da lei fin dal primo istante; lo si capiva dalla sua gentilezza venata di nervosismo e dagli sguardi furtivi che le lanciava. Fecero un salto in albergo, e poi Frida volle andare direttamente alla galleria per dare un'occhiata alle sale espositive. Quando arrivò sul posto, vide i suoi quadri, ancora avvolti e legati con i nastri colorati, appoggiati alle pareti.

«I prestiti dei collezionisti arriveranno nei prossimi giorni» disse Julien quando notò che Frida stava contando i dipinti.

«Mi fido di lei» disse Frida.

I giorni successivi furono occupati dai preparativi. Frida e Julien toglievano i dipinti dall'imballaggio e provavano le diverse posizioni alla ricerca di quella migliore. Frida suggerì di dare una mano di colore a una delle pareti per far risaltare meglio i dipinti. Poi stilarono la lista degli ospiti cui far recapitare un invito scritto a mano. Diego le aveva segnalato i nomi di persone importanti e di potenziali acquirenti e l'aveva esortata a contattare ciascuno di loro. Valutarono quali giornalisti invitare e realizzarono un catalogo provvisorio. Quando Julien le chiese che prezzi voleva applicare ai suoi quadri, Frida non si pronunciò.

«Non avevo idea di quanto lavoro preliminare richiedesse una mostra come questa!» disse in tono lamentoso.

Julien la guardò sentendosi un po' in colpa. «Ha ragione. Andiamo a bere qualcosa.»

La portò a fare un giro dei suoi bar e dancing preferiti. Fu una serata estremamente vivace e amichevole. Julien era un conversatore affascinante capace di divertirla, nonché un ballerino provetto. Si capivano al volo, e Frida, che si sentiva attratta da lui, non mancò di sfoderare tutto il suo fascino colorato. Durante una rumba lenta si guardarono intensamente negli occhi. Si stava facendo sempre più tardi ed era chiaro che Julien non voleva separarsi da lei.

«Andiamo in un altro bar. È solo a due isolati di distanza. E serve la migliore tequila di tutta New York!»

«Devo tornare in albergo a dormire» protestò Frida. «Dopo la lunga giornata e le danze mi fanno male i piedi, non riesco a fare nemmeno un altro passo.»

Visibilmente deluso, Julien fece marcia indietro. Prese la mano inanellata di Frida nella sua e le baciò i polpastrelli.

Frida era distratta durante il tragitto in taxi. All'improvviso non vedeva l'ora di tornare nella sua stanza d'albergo. Davanti all'hotel, salutò rapidamente Julien e prese l'ascensore sino al suo piano.

Percorse il lungo corridoio a passi affrettati per raggiungere la sua camera. Sperava che Nick fosse già arrivato. Era stato a Los Angeles per un servizio fotografico, ma le aveva comunicato tramite telegrafo che avrebbe fatto di tutto per tornare quella sera stessa. Anche in questo caso, erano passati due anni dall'ultima volta in cui si erano visti. Sembrava essere il suo destino, rifletté Frida, e si domandò come sarebbe stato il loro incontro. Un incontro tra vecchi amici o qualcosa in più? Quando aprì la porta della stanza senza far rumore, lo trovò seduto su una poltrona, addormentato. Lo osservò in silenzio e ritrovò l'antico trasporto nei suoi confronti. Dentro di lei riaffiorò l'intimità di un tempo. Nick si svegliò, e lei vide il desiderio balenare nei suoi occhi. «Frida, finalmente!» Si alzò e le si avvicinò piano senza mai staccarle gli occhi di dosso. Poi la prese tra le braccia. Immediatamente tra loro si riaccese la passione, come se si fossero lasciati il giorno prima.

L'indomani Frida tornò alla galleria dove Julien la aspettava con impazienza.

«Frida, non ho dormito tutta la notte. Mi sono innamorato di te ieri sera.»

«Lo so» replicò lei con un sorriso.

Nelle settimane successive Frida si sforzò di soddisfare tutte le aspettative che erano state riposte in lei. Partecipava a feste e ricevimenti a casa di persone importanti, evitava di abbandonarsi a provocazioni e insulti e chiacchierava con i giornalisti. Quello che pensava di alcuni dei ricchi newyorkesi al cui tavolo passava le serate, lo confidava con dovizia di particolari alle sue amiche Anita, Lucienne e Mary. Non appena aveva un'ora libera, si incontrava con Nick. Il suo amore incrollabile per lei la appagava e la rendeva più forte.

Nick le scattò delle foto. L'abbigliamento variopinto di Frida sembrava fatto apposta per un fotografo come lui, uno dei primi a lavorare con la pellicola a colori. Non si stancava mai di ritrarla e la mostrava nella sua esotica varietà di colori, con un'espressione iconica e nel fiore della sua bellezza. Una volta salirono sul tetto di un grattacielo e lui la immortalò seduta su una sedia, con una gonna azzurra e uno *huipil* giallo e rosso. Aveva dei fiocchi di seta blu inamidati legati tra i capelli. Teneva in mano una sigaretta senza filtro e aveva uno sguardo pensieroso, quasi assente. Le fotografie di Nick catturarono l'attenzione. Ne vendette a *Vogue* e al *New York Times*.

«Lascerai Diego?» le mormorò all'orecchio.

«Sì» rispose Frida, non volendo ferirlo. Ma, con sua grande

sorpresa, scoprì che in quel momento non era del tutto sicura di dire la verità. Di tanto in tanto facevano progetti per il futuro, almeno per i mesi successivi. Parlarono anche della possibilità che lui la seguisse a Parigi, nel caso in cui André Breton avesse deciso di realizzare i suoi progetti espositivi. Ah, non voleva pensarci adesso. Voleva solo godersi appieno la sua felicità.

Iniziò persino a flirtare intensamente con Julien. Anche lui voleva scattarle delle foto. Frida accettò immediatamente. Sarebbe stato interessante scoprire come Julien la vedeva con occhi da fotografo.

Mentre Nick la ritraeva come icona o regina, dove ogni dettaglio era allestito accuratamente, Julien la immortalava nelle situazioni quotidiane più spontanee.

«Sciogliti i capelli» disse.

Senza distogliere lo sguardo, Frida si spogliò sino a rimanere di fronte a lui a torso nudo. Poi si tolse lentamente un fermaglio dopo l'altro dall'acconciatura lasciando che i capelli e i nastri intrecciati le arrivassero alla vita. Alle spalle di Julien c'era uno specchio appeso al muro, e lei vi si vedeva riflessa. Il suo bel viso, serio, con le labbra piene e quegli occhi che volevano divorare Julien. E sotto, il busto perfetto con i seni piccoli. Vedeva la parte più bella del suo corpo. La schiena segnata dalle cicatrici dell'intervento e la gamba deturpata non erano in vista, sicché poteva quasi dimenticarli.

Quando Julien finì la pellicola, il suo sguardo cambiò. Fissò Frida. Lei gli si avvicinò lentamente e lo strinse in un abbraccio.

Si sentiva la coscienza sporca al pensiero che in quel periodo stava andando a letto con Julien e Nick contemporaneamente mentre Diego la stava aspettando in Messico. Ma quando era vicino a Nick, non riusciva a resistergli. Era decisamente innamorata di lui. Questo non faceva che rendere le cose più difficili. Nick non era un uomo che si poteva semplicemente lasciare.

Perché non posso godermi le cose belle della vita? si domandò. *Mi piace essere ammirata e sentire il contatto fisico. Sono semplicemente portata per l'amore. Non mi è mai importato molto di quello che dice o pensa la gente. La vita è breve e ho già perso anni della mia vita a causa delle mie malattie. Chissà per quanto tempo ancora il mio corpo mi permetterà di provare il piacere dell'amore fisico... Perché dovrei negarmi un pizzico di felicità? Devo solo stare attenta a non ferire Nick, e neppure Julien, o Diego.* Con quest'ultima argomentazione riuscì a scacciare i sensi di colpa.

Quando era a New York da circa due settimane, Ella si presentò al suo hotel completamente sconvolta.

«Hai sentito? Dorothy è morta!»

L'attrice Dorothy Hale si era buttata dalla finestra di un grattacielo dopo una scintillante festa d'addio. Suo marito era morto qualche anno prima, lei aveva accumulato dei debiti e nessuno era più disposto a offrirle un ruolo per un film. Le dicevano che era troppo vecchia. Nella sua disperazione, non aveva visto altra via d'uscita e si era tolta la vita.

Frida non poteva fare a meno di pensare a Dorothy, anche se l'aveva conosciuta solo superficialmente. Perciò, quando un'amica dell'attrice le chiese di dipingere un quadro in suo onore, lei accettò immediatamente. Aveva già avuto la stessa idea. Mentre lavorava al soggetto nella sua stanza d'albergo, nella sua mente si fecero largo pensieri scomodi. Cosa succedeva alle donne che non avevano un marito, né soldi, né prospettive di lavoro? Il loro destino la gettò nel puro orrore. Povera donna! Ma la fine di Dorothy le confermava anche che era giusto godersi la vita, magari superando qualche limite.

Poi arrivò il grande giorno che aspettava con tanta impazienza: come previsto, il primo novembre la mostra fu inaugurata. Frida si presentò con un costume messicano e uno scialle luccicante. Tuttavia dovette nascondere le mani sotto i guanti di pizzo senza dita perché le si erano formate delle infiammazioni sul dorso. La serata fu un evento sensazionale. Frida quasi non riusciva a capacitarsi quando vide tutte quelle persone nella galleria sulla

57th Street. La gente le aprì rispettosamente un varco per farla passare e la applaudì. Le faceva particolarmente piacere che parlassero di lei come Frida Kahlo, e non come la moglie di Diego. Ciò forse era dovuto alla prefazione del catalogo, scritta nientemeno che da André Breton.

Gli sono profondamente grata per questo, pensò Frida mentre sfilava lentamente davanti ai venticinque quadri appesi alle pareti. Tra questi c'erano anche i dipinti acquistati da Edward G. Robinson, nonché il ritratto che lei aveva regalato a Lev Trockij. Li salutò come se fossero vecchi amici. Davanti al quadro della vasca da bagno si fermò per dare ai fotografi presenti l'opportunità di fotografarla per i loro giornali. Ormai sapeva esattamente quale posizione e quale sguardo doveva assumere. Poi non le restò che intrattenersi con gli ospiti e rispondere a innumerevoli domande e accettare le congratulazioni.

Quando l'affluenza calò leggermente, Frida si mise alla ricerca di Nick. Desiderava tanto stare al suo fianco fra tutti quegli sconosciuti. Lo vide in un angolo, in piedi, da solo. Gli si avvicinò. «Andiamo» disse.

Nei giorni successivi era su tutti i giornali. *Vogue* aveva pubblicato tre fotografie, tra cui il ritratto che aveva dato a Lev dal titolo *L'ascesa di un'altra Rivera*. Si parlava di una mostra entusiasmante. Solo il critico del *New York Times* le contestò che i temi delle sue opere sembravano provenire più dall'ambito della ginecologia.

«È un uomo, non può capire» commentò Julien, che le aveva portato i giornali. «Ho parlato con molte donne che erano presenti. Vedono le cose in modo completamente diverso.»

«Ho venduto qualche quadro?» chiese Frida.

«Certo! C'è molto interesse. Credo che potremo venderne la metà.» Fece l'elenco di chi era interessato a quale quadro. «Goodyear, il direttore del MoMA, vuole acquistare il tuo autoritratto con la scimmietta.»

«Non posso, l'ho promesso a Mary Schapiro» disse Frida.

«Ma di' a questo Goodyear che gliene dipingerò un altro mentre sono qui.»

Julien annuì e continuò il suo elenco. Il quadro con i suoi nonni e i suoi genitori sarebbe andato a uno psichiatra. «E Nick Muray ha acquistato il quadro della vasca da bagno. Sembra molto interessato a te. Ho notato che siete andati via insieme ieri sera.»

«Sì, è interessato ai miei quadri» ribatté Frida, ma dallo sguardo di Julien capì che lui non le credeva.

Un altro di quei maledetti inverni newyorkesi! Quanto odiava quel freddo umido contro il quale non c'erano indumenti spessi che potessero aiutare. Era costantemente congelata e per il freddo le facevano male la schiena e la gamba. In più doveva gestire l'agitazione e i numerosi impegni che la mostra comportava. Se ne stava sempre seduta su qualche automobile ghiacciata e i suoi dolori aumentavano sempre di più. Faceva fatica a tenere in mano il pennello, eppure si fece portare un cavalletto nella sua stanza d'albergo. Voleva dipingere il quadro per Mr Goodyear e finire il ritratto di Dorothy Hale. Il successo della mostra stimolava la sua fantasia, e per la prima volta nella sua vita aveva due commissioni destinate a fruttarle un sacco di soldi.

Si mise al cavalletto per lavorare sul drappeggio dell'abito di velluto nero che Dorothy indossava quando si era buttata dalla finestra. Il suo destino la toccava profondamente. Si chiese quanto dovesse essere disperata una donna per compiere quell'ultimo passo. La dipinse distesa sul marciapiede davanti a un grattacielo. Aveva gli occhi aperti e il sangue che le colava dal naso e dalle orecchie scorrendo persino oltre la cornice dipinta. Frida aveva impostato il quadro come uno dei *retablos* che le piacevano tanto da ragazzina. La caduta e le sue conseguenze erano rappresentate in tutta la loro drammaticità. Non era certo un'immagine piacevole, ma mostrava la realtà.

Bussarono alla porta.

«Avanti!» gridò Frida seccata.

Era il direttore dell'albergo, il quale si schiarì la gola a lungo e sottolineò quanto fosse orgoglioso di avere ospite l'artista messicana. Purtroppo però la cameriera ai piani gli aveva segnalato gli schizzi di vernice che erano apparsi intorno al suo cavalletto.

Frida si guardò intorno. «Ha ragione» disse. «Non me n'ero accorta. Lo metta pure sul conto.» E con questo, si voltò verso il suo quadro e tornò al suo lavoro.

Poco dopo Nick venne a prenderla per farle fare un giro dei bar.

«Non posso. Devo lavorare» disse Frida pulendo il pennello con un panno prima di iniziare a mischiare un nuovo colore.

Continuò a dipingere sino a non riuscire più a reggersi in piedi. Un dolore lancinante le trapassò la schiena. Prima non aveva detto a Nick tutta la verità. Non poteva girare da un bar all'altro perché la sua schiena e le sue gambe non glielo avrebbero consentito.

Benché avesse paura dei risultati, si rivolse a diversi medici. David Glusker, il marito di Anita Brenner, le fu di grande sostegno. Con grande pazienza la visitò e si fece raccontare ogni dettaglio della sua storia clinica. Si consultò con alcuni colleghi, neurologi, osteopati e dermatologi. Le fecero nuove radiografie che rivelarono l'ulteriore deformazione della colonna vertebrale. Ma con grande disappunto di Frida, nessuno sapeva dirle come superare il suo dolore.

«Il mio collega suggerisce un importante intervento chirurgico» le disse David quel pomeriggio. «In tal caso bisognerebbe operare sulla colonna vertebrale inserendo una protesi per sostenerla...»

«No!» gridò Frida. «Mi fa paura.»

«Be', di certo non sarebbe totalmente privo di rischi.»

«È meglio che continui a curare le mie ulcere, così potrò finalmente sbarazzarmi di questi maledetti guanti.»

David la aiutò a circoscrivere le ulcere aperte grazie all'elettroterapia e unguenti ad hoc, e in effetti regredirono. In compenso sotto il piede sinistro si sviluppò un grave ispessimento della cute che le rendeva difficile camminare.

«Non finirà mai, vero?» chiese a David.

Di fronte al suo sconforto, lui esitò.

«Dimmelo» lo esortò. «Posso sopportare molto.»

«Dovremmo fare un test per la sifilide.» Non osava guardarla negli occhi.

Frida si spaventò. Sifilide? E se l'avesse avuta anche Diego? Se avesse contagiato anche Nick o Julien? «Facciamo il test. Subito.»

Provò un sollievo immenso quando scoprì che il risultato era negativo.

Il fatto che Breton stesse accelerando la sua proposta per una mostra a Parigi le diede un rinnovato impulso. Le comunicò di aver trovato una galleria. La mostra si sarebbe dovuta tenere a febbraio, o al più tardi a marzo. «Venga direttamente da New York in Francia» suggerì.

Frida esitò. E Diego? Avrebbe dovuto lasciarlo da solo ancora più a lungo. Le mancava già!

Ma Diego la supplicò in una lunga lettera di andare assolutamente a Parigi: le disse di non essere sciocca e di non lasciarsi sfuggire l'occasione unica di esporre a Parigi. A Parigi! Avrebbe dovuto prendere tutto ciò che la vita aveva da offrire.

A fine anno Frida si imbarcò su una nave diretta a Cherbourg.

24

Le ci vollero alcuni giorni per abituarsi alla tranquillità e alla solitudine durante la traversata atlantica di dieci giorni. Niente più serate in compagnia degli amici, niente più giornalisti che chiedevano un'intervista. Quando si fu abituata, cominciò a godersi il tempo a disposizione. Lasciava la sua cabina solo per i pasti. Ora, all'inizio di gennaio, faceva troppo freddo per le passeggiate a bordo, e in più le sue gambe non volevano collaborare.

Se ne stava ritirata, fumava le sue amate Chesterfield, leggeva e rifletteva, e dormiva molto. In Europa avrebbe avuto bisogno di tutte le sue forze. Non conosceva il posto, non parlava francese, ora sapeva cosa significava allestire una mostra, e con Breton forse sarebbe stato più complicato che con Julien. Le mancava Nick e la sua passione quando la notte giaceva da sola in quel grande letto. Le mancava centinaia di volte al giorno. Le mancava la vista del suo bel viso, la spalla sulla quale si era appoggiata spesso per trovare conforto. Quando Cristina le aveva mandato un giornale messicano in cui si parlava dell'ennesima nuova fiamma di Diego, Frida si era sfogata piangendo con Nick, che le aveva asciugato le lacrime con i baci e l'aveva fatta ridere chiedendole come avrebbe definito ora il loro rapporto. Sul molo era stata tra le sue braccia un'ultima volta e lo aveva baciato.

«Tornerò da te» gli aveva detto.

Bussarono alla porta e lo steward portò un telegramma di

Diego. Aveva scritto solo poche parole, ma erano commoventi. *Ti amo. Conquista Parigi! E poi torna da me!* Frida ripeté quelle parole a voce alta e all'improvviso scoppiò a piangere. Quanto era stata cieca! Aveva promesso a Nick che sarebbe tornata da lui. Ma che dire di Diego? Al solo pensiero di lasciarlo provava una dolorosa stretta al cuore. Diego l'aveva rialzata quando era distrutta, l'aveva aiutata a rimettere insieme i pezzi e sentirsi di nuovo intera. Diego, era questo il nome dell'amore. Diego era amore, il suo amore. Come aveva potuto anche solo pensare di avere la forza di fargli del male e di vivere senza di lui?

E Nick? Aveva bisogno anche di lui. Nick rappresentava il suo lato romantico, la toccava come donna. Proprio come aveva fatto Diego all'inizio, finché non si era messo con Cristina. Ora Frida lo amava in un modo diverso, più serio, ma il suo desiderio apparteneva ancora a Nick.

Si alzò con il telegramma di Diego ancora in mano e prese a camminare nervosamente su e giù. Come faceva a scegliere?

Per fortuna ora era in viaggio verso Parigi, lontano da tutto. Sarebbe stata via per qualche mese. Forse, con il tempo, le cose si sarebbero chiarite da sole? A quel pensiero si tranquillizzò. *Tempo al tempo*, concluse.

Quella sera andò nella sala da pranzo per distrarsi un po'. A tavola non si parlava d'altro che della paura di una nuova guerra in Europa. La guerra civile spagnola si era conclusa con la sconfitta dei repubblicani e migliaia di rifugiati si erano riversati in Francia attraverso i Pirenei e si erano accampati sulle spiagge del Mediterraneo. Molti venivano rimandati indietro, compresi donne e bambini, anche se correva voce che Franco non andasse troppo per il sottile nel trattare i suoi avversari. Frida rimase scioccata quando venne a sapere che Parigi era piena di migranti dalla Germania che vivevano nel costante timore di una nuova guerra. Il clima era piuttosto ostile nei confronti dei numerosi stranieri. Frida si sentiva vicina a queste persone e pensava ai bambini spagnoli impauriti per i quali aveva raccolto denaro. Per un momento fu sopraffatta dalla paura di ciò che sarebbe successo se fosse scoppiata la guerra mentre lei era a Parigi. Sarebbe stata lei stessa parte dei grandi flussi di rifugiati? E i parigini avrebbero avuto il tempo di dedicarsi all'arte con una situazione politica così critica?

Quando sbarcò dalla nave a Cherbourg, le girava la testa a furia di rimuginare.

Adesso basta, disse a se stessa mentre era seduta sul treno diretto a Parigi. *Ora devo concentrarmi sulla mostra. Tutto il resto viene dopo.* Quando scese alla stazione di Saint-Lazare, non c'era nessuno ad aspettarla. Volendo tenersi stretta i suoi soldi, trascinò il suo bagaglio sino alla metropolitana, ma dopo aver viaggiato avanti e indietro senza meta per un po', si arrese. Non parlava una parola di francese e non aveva idea di dove si trovasse. Chiamò un taxi e diede all'autista l'indirizzo di Breton. Durante il tragitto nella città grigia e piovosa, si sentiva oppressa dall'angoscia.

«Naturalmente vivrà da noi» aveva detto Breton, e Frida non ci aveva visto niente di speciale in quella proposta, in fondo anche lei in Messico aveva ospiti in continuazione. Ma ora, entrando nell'appartamento di André e Jacqueline totalmente esausta per essersi trascinata dietro i bagagli, avrebbe voluto tornare subito indietro. L'appartamento era minuscolo e, quel che era peggio, decisamente lercio. In cucina c'era una pila di piatti sporchi e pentole bruciate nel lavello. Di fronte a quello spettacolo, Frida non osò chiedere del bagno. E poi avrebbe dovuto dormire su un letto pieghevole nella stanza della bambina. Quando la piccola vide il suo piede mutilato, scoppiò a piangere.

Frida passò una notte insonne a maledire se stessa e Diego per aver avuto l'idea di andare a Parigi. La mattina dopo, quando si fu tranquillizzata, disse a Breton che voleva vedere i suoi quadri. Lui, con una risata irritante, le disse che non li aveva ancora recuperati dal deposito doganale. «Ma è una pura formalità» si affrettò ad aggiungere.

«Allora posso almeno vedere la galleria per farmi un'idea dello spazio espositivo?» chiese Frida.

Breton nicchiò, e fu Jacqueline a dirle che erano ancora in trattativa con alcuni galleristi. Frida li guardò con aria sbalordita.

«Ma la mostra dovrebbe aprire tra una settimana!»

Breton cercò di placarla dicendole che tutto si sarebbe risolto, che conosceva molte persone, che dopotutto lei era a Parigi, la città più bella del mondo, e avrebbe dovuto godersi il suo soggiorno, lasciarlo fare e fidarsi di lui.

Ma come poteva Breton occuparsi di qualcosa se da mezzogiorno in poi era un continuo bussare alla sua porta? Arrivava gente in continuazione, trockisti e surrealisti che usavano l'appartamento come luogo di ritrovo. Breton si sedeva in mezzo a loro e si perdeva in chiacchiere. Frida non poteva nemmeno ritirarsi perché non aveva una stanza tutta sua. Non trovava pace, e dopo tre giorni avrebbe potuto uccidere qualcuno in un irrefrenabile scatto d'ira.

Dal Messico arrivò una lettera di Trockij. Dopo un litigio tra i due, Diego aveva preso le distanze da lui e reso pubbliche le sue dimissioni dalla Quarta Internazionale. Trockij chiedeva a Frida di mediare. *Non lo farò*, pensò lei. *Non ne ho proprio la forza in questo momento.* Breton venne a sapere della vicenda, e la cosa non gli piacque affatto. Seguirono ore e ore di discussioni che la stremarono.

Nemmeno nei bistrot di Saint-Germain, dove si incontrava con i suoi amici, Breton riusciva a mettere da parte l'argomento. La prima volta che entrò in uno dei leggendari caffè parigini Frida rimase affascinata dall'atmosfera elegante e stimolante che vi regnava e dagli ottimi cocktail serviti al Deux Magots o al Café de Flore. Le piacevano i tavolini, le tendine a mezza vetrina, gli splendidi lampadari, e soprattutto i bagni, incredibilmente spaziosi e lussuosi. Incontrò Max Ernst, con i suoi occhi azzurri e il profilo aristocratico, e gli raccontò di come avesse usato uno dei suoi quadri come ispirazione per il dipinto della vasca da bagno. Le piacque anche il poeta Paul Éluard, con i suoi silenzi. Ma quella serata si concluse in modo sgradevole: nel giro di pochissimo tempo l'atmosfera ai tavoli divenne quasi ostile. Uomini e donne parlavano tutti insieme di politica e nuovi manifesti, e il più delle volte sogghignavano ed esprimevano un tagliente disprezzo per chi non era d'accordo con loro, che fosse seduto al tavolo o meno. In mezzo a nuvole di fumo denso si accaloravano e gesticolavano vivacemente, tanto che più di una volta capitò che si rompessero dei bicchieri. Il comportamento di Breton fu tra i peggiori. Si alzò, esagitato, e inveì compiacendosi del suo ruolo di inquisitore. Frida non capiva tutto, anche se c'era sempre qualcuno che le traduceva in inglese ciò che veniva detto. Ma ben presto non volle più sapere per quale motivo quei soloni stavano litigando con tanta veemenza. *Non salverete certo il mondo in questo modo*, pensò irritata.

Era ancora furiosa mentre giaceva sul letto pieghevole nella minuscola stanzetta della figlia di Breton. Chi credevano di essere quelle persone? Cosa ci faceva lei lì? Non riuscendo a dormire, scrisse a Nick alla luce di una piccola lampada per dare sfogo a tutto il suo pungente sarcasmo. Si scagliò contro i miserabili figuri che scambiavano la notte per il giorno. Più di una volta aveva dovuto sperimentare in prima persona che la mattina dopo non c'era più niente da mangiare in casa. Com'era possibile il contrario, d'altronde, se nessuno di loro lavorava?

Preferirei vendere tortillas *al mercato piuttosto che avere a che fare con questi palloni gonfiati del mondo dell'arte parigino*, scrisse a Nick. *Sono parassiti che vivono alle spalle di un gruppo di ricchi esibizionisti lasciando che il loro presunto genio artistico venga ammirato. Sono merda e nient'altro che merda.*

Arrabbiata com'era, premette così forte la biro sul foglio che comparvero dei buchi nella carta.

Il giorno dopo non successe nulla di nuovo che potesse far avanzare l'allestimento della sua mostra. Frida andò al caffè con Breton perché lui le aveva detto che avrebbe incontrato il proprietario di una galleria. Ma purtroppo l'uomo non si presentò. Quando arrivò il momento di saldare il conto, si scatenò una grande cacofonia per stabilire a chi toccava pagare. Frida trovò tutto così imbarazzante che decise di provvedere lei. Ma giurò a se stessa che non sarebbe mai più andata da nessuna parte con Breton. Stava per lasciare il locale quando una donna dalla pelle scura si sedette accanto a lei. Era Josephine Baker, la ballerina americana che stava trionfando a Parigi. Le sorrise.

«Questi uomini schiamazzano come galli nella speranza che qualcuno li prenda sul serio, mentre lei se ne sta seduta qui ed è una vera regina» le disse la ballerina all'orecchio. «Lo ammetta, li trova noiosi quanto me.»

«Noiosi non è la parola giusta. Li trovo rivoltanti» disse Frida.

«Allora andiamo in un posto più civile. Conosco un locale appartato non lontano da qui.»

Frida lesse negli occhi di Josephine che anche lei sapeva quanto poteva essere bello l'amore tra due donne. «C'è anche un'atmosfera più intima lì?» chiese Frida con uno sguardo civettuolo.

Josephine la tirò su dalla sedia e se la trascinò dietro.

Breton e gli altri si limitarono a fissare le due donne che lasciavano il caffè.

Frida si ripresentò intenzionalmente a casa dei Breton solo la mattina dopo e, con un sorrisetto maligno, attese con ansia la reazione di André. E aveva ragione: era imbufalito.

«Dov'era? Se n'è andata senza salutare. Ho fatto la figura dell'idiota!»

Santo cielo, quell'uomo la mandava davvero in bestia con la sua ottusità. «Josephine e io ci stavamo annoiando e siamo andate da un'altra parte.» Prima che lui potesse scaldarsi, aggiunse: «La rivedrò stasera. Mi ha invitata alla sua performance».

Ora Breton era offeso anche sul piano personale. L'atmosfera nell'appartamento divenne insopportabile. Frida voleva solo andarsene. Si sarebbe cercata un albergo. Eppure doveva continuare a collaborare con André per poter finalmente esporre i suoi quadri. Per lo meno i suoi dipinti erano usciti dal deposito doganale grazie all'aiuto del pittore Marcel Duchamp, che viveva con l'americana Mary Reynolds. Gli incontri con Mary erano l'unica nota positiva. Ma Frida era giù di corda e si sentiva debole e febbricitante. Se solo Nick avesse potuto stare con lei! Si consolava scrivendogli lettere d'amore. E se riceveva una lettera da parte sua, allora la sua giornata era salva. Lacrime di felicità le scendevano sulle guance. … *Sto già contando i giorni che mancano al tuo ritorno a casa. Ancora un mese e saremo di nuovo insieme.*

Finalmente la Galleria Renou & Colle nella prestigiosa rue du Faubourg Saint-Honoré si dichiarò disponibile a ospitare la mostra. *Oh, bene!*, pensò Frida sollevata. Ma poi Breton dettò nuove pretese irragionevoli.

«Non esporremo solo i suoi quadri, ma anche dipinti del XIX secolo. Inoltre ci sarà una sezione riservata all'artigianato messicano.»

«Intende gli oggetti brutti e di fattura grossolana di cui ha fatto incetta ai mercatini? O i *retablos* che ha rubato dai muri delle chiese?» La voce di Frida quasi si incrinò per lo sdegno.

Breton le rivolse quello sguardo altezzoso che era l'aspetto che Frida odiava di più in lui. «A proposito, il proprietario della galleria è riluttante a esporre più di due suoi dipinti. Li trova scandalosi per il pubblico.»

Frida voleva andare a casa immediatamente, ma si rese conto che sarebbe stata una mossa stupida. Così fece buon viso a cattivo gioco e tenne duro. Fece delle puntate fuori per visitare i castelli dei dintorni. Via da quella città e lontano da quella gente! Per fortuna finalmente smise di piovere e arrivò la primavera. Parigi era splendida in primavera. E quando Mary la portò al grande mercato delle pulci in Porte de Clignancourt, Frida si innamorò perdutamente della città. Acquistò due bambole arruffate e prive di arti ma che le ricordavano quella che aveva da bambina. Comprò anche un'infinità di piccole cose inutili, stampe con mughetti e nontiscordardimé, pesciolini ricamati e campanellini, pizzi e meravigliosi bottoni di legno con cui realizzò dei collage che allegò alle sue lettere a Nick. Ma leggeva anche i titoli dei giornali che parlavano della minaccia di una guerra imminente con la Germania di Hitler, spesso riferendosi a una città chiamata Danzica, che si trovava in Polonia ma che Hitler rivendicava per sé. Dai loro volti smarriti riconosceva i rifugiati provenienti dalla Spagna e dalla Germania, che non sapevano dove andare perché nessun Paese al mondo voleva accoglierli.

La mostra fu inaugurata il 10 marzo. Frida era ancora arrabbiata per quell'arsenale mal assortito che Breton aveva affiancato ai suoi dipinti, e non si calmò neanche di fronte alle recensioni positive sui giornali. Rimase seduta per quasi tutta la sera in un angolo della galleria perché tutti parlavano francese a una velocità folle e lei non capiva nemmeno una parola. Ma si rallegrò quando alcuni colleghi famosi si presentarono da lei per farle le congratulazioni. Kandinskij le si avvicinò e la tirò su di morale complimentandosi con lei sino alla commozione.

Il giorno dopo la mostra, la stilista Elsa Schiaparelli andò da lei.

«Posso vedere i suoi vestiti?» le chiese.

Frida le mostrò volentieri il suo guardaroba ed Elsa ne fu entusiasta.

«Non conosco nessuno che mescoli colori e fantasie in modo così anticonvenzionale!» esclamò la donna mentre passava la mano sui tessuti, i ricami e i gioielli di Frida.

«L'importante è il significato di quelle fantasie» spiegò Frida. «Da noi in Messico ogni villaggio ha la sua. Le donne nubili si vestono diversamente rispetto a quelle sposate; ci sono tessuti e abiti che vengono indossati solo in determinate occasioni. Qualcuno dovrebbe scrivere un libro sull'argomento.»

«E lei...»

Frida rise. «Io non mi attengo a queste tradizioni. Indosso semplicemente quello che mi piace. Molte cose le cucio io stessa.»

«Mi piacerebbe disegnare un abito nello stile di Madame Rivera» disse la stilista. «Sa che Greta Garbo e Gloria Swanson indossano i miei vestiti?»

«Allora, per favore, chiami l'abito in mio onore "Robe Frida Kahlo". Mi chiamo Kahlo, non Rivera.»

Elsa la guardò stupita, poi annuì. «Ancora meglio» concluse.

Nei giorni precedenti il suo agognato ritorno, Frida non riuscì a trovare un momento di pace. La mostra aveva destato scalpore. Ogni volta che Frida passava davanti alla galleria, vedeva molti visitatori in coda. Il telefono squillava in continuazione: erano giornalisti che chiamavano per chiederle un'intervista. Passò anche un fotografo di *Vogue* per scattarle delle foto. L'immagine delle sue mani coperte di anelli vistosi finì in copertina. Picasso le regalò degli orecchini di tartaruga con dei piccoli pendenti dorati a forma di palmi aperti.

Frida apprezzava questa attenzione generale, e quando era in giro per la città pensava che un giorno o l'altro Parigi le sarebbe mancata, soprattutto Place des Vosges. I portici che circondavano la vecchia piazza con il grande giardino al centro le ricordavano i patii messicani. Di solito si sedeva in un caffè che si affacciava sulla piazza. Ma non vedeva l'ora di tornare a casa. Quando Peggy Guggenheim la invitò a esporre i suoi dipinti nella sua galleria di Londra, Frida rifiutò. Non avrebbe fatto un'altra esperienza come questa! Voleva tornare a casa! Il pericolo della guerra aumentava sempre di più, e comunque, nonostante tutti gli elogi ricevuti, a Parigi non aveva venduto quasi nulla. Chi avrebbe potuto comprare opere d'arte con il timore di un conflitto imminente? Il Louvre acquistò un ritratto, ma questo giovò solo alla sua ambizione artistica, non al suo portafoglio. No, voleva andare a casa.

Non appena i suoi dipinti furono imballati e spediti in piena sicurezza, Frida raggiunse Le Havre e si imbarcò su una nave diretta a New York.

Quando la nave salpò, lei se ne stava appoggiata al parapetto, completamente assorta nei suoi pensieri. Cosa le aveva portato l'Europa? Le circostanze non erano sempre state favorevoli, ma si era fatta strada lottando. Non si era arresa. Era profondamente grata ai parigini perché ora era un'artista riconosciuta e famosa in tutto il mondo. Un suo quadro era esposto al Louvre! Picasso e Kandinskij avevano elogiato il suo lavoro. Era finalmente uscita dall'ombra di Diego. Questo la riempiva di orgoglio.

Ma per quanto riguardava la sua vita personale, Frida era perplessa, esattamente come durante il viaggio di andata. Come sarebbe andata con Nick e Diego? Di lì a qualche giorno avrebbe rivisto Nick, e alla prospettiva provava una gioia intima. Eppure c'era qualcosa che offuscava l'attesa. Quando pensava a Nick, non aveva la sensazione di tornare a casa. Casa, per lei, era con Diego, in Messico!

25

Frida era molto emozionata e piena di aspettativa. Si applicò il nuovo rossetto Guerlain che aveva comprato a Parigi appositamente per Nick. Si appoggiò i polpastrelli sulle guance e avvicinò il viso allo specchio. Sì, il nuovo colore si abbinava perfettamente al suo smalto. Premette di nuovo le labbra per distribuire bene il colore e si mise il cappotto, dopodiché era pronta. La nave aveva già attraccato ed era ora di sbarcare. Afferrò il pomello del suo bastone, decorato con un teschio d'avorio. Era la sua piccola vendetta, viste le circostanze. Dal momento che aveva bisogno di un supporto per non caricare troppo la schiena quando camminava, quel bastone da passeggio doveva almeno corrispondere al suo senso dell'umorismo. Lo aveva comprato in un negozio di abbigliamento maschile a Parigi, e talvolta pensava addirittura che quell'accessorio le si addicesse. Impaziente, tenne gli occhi ben aperti per individuare Nick tra la folla giù al molo. Eccolo! Lo salutò con la mano e urlò il suo nome. Ora anche lui l'aveva vista e sorrideva, ma sembrava trattenuto, non raggiante quanto lei per la gioia di rivedersi. *Cosa c'è che non va?* si domandò preoccupata.

Fece ancora qualche passo lungo la passerella e si gettò fra le sue braccia.

«Nick» disse dolcemente stringendosi a lui. «Sono così felice di rivederti. Ho tante cose da dirti.» Cercò di baciarlo, ma lui la respinse con delicatezza.

«Che c'è?» chiese Frida.

«Prima andiamo da me. Ho bisogno di parlarti.»

In taxi Nick sprofondò in uno strano silenzio e si sedette alla massima distanza da lei.

Fissava fuori del finestrino. Frida lo osservò e vide la tensione sul suo volto. Conosceva questo comportamento e sapeva che non prometteva niente di buono.

«Hai intenzione di lasciarmi, vero?» gli disse non appena lui chiuse la porta dell'appartamento alle loro spalle. Aveva notato subito che non c'era più la sua foto sul caminetto.

Si rivolse a lei. «No, Frida, non sono io che ti lascio, sei tu che hai lasciato me. Ammesso che tu sia mai stata con me.»

Anche se lei l'aveva intuito, le sue parole la colpirono come un pugno allo stomaco. Aveva caldo e freddo allo stesso tempo. *L'ho sempre saputo*, fu il pensiero che le attraversò la mente. *Nick continuava a spronarmi a scegliere lui e a lasciare Diego. Io mi sono rifiutata di farlo più e più volte. E adesso è troppo tardi, l'ho perso. Tutto quello che ho sognato a occhi aperti durante la traversata sta svanendo.*

«Perché adesso? Dopo tutti questi anni? Nick?» Cercò di prendergli la mano, ma lui la tirò via, attraversò la stanza e si piazzò davanti alla finestra, allontanandosi il più possibile da lei.

«Proprio così, Frida. Dopo tutti gli anni che ti ho aspettata. Ho sempre sperato che alla fine avresti scelto me invece di Diego, ma le ultime settimane e le tue lettere da Parigi mi hanno fatto capire in modo molto amaro che questo non succederà mai.»

Si avvicinò alla sua scrivania, dove, come al solito, erano disseminate carte, stampe fotografiche e libri. Con movimenti rabbiosi prese un fascio di lettere e gliele porse. Frida riconobbe dai disegni colorati che si trattava delle lettere che lei gli aveva scritto da Parigi. «Nemmeno nelle promesse d'amore indirizzate a me riesci a dimenticarlo!» gridò. Cercò un passaggio della lettera per leggerlo a voce alta. «Senti qui: *Ti adoro, mio amato – credimi – come nessun altro. Solo con Diego rimarrò per sempre legata così strettamente.*» La sua voce trasudava di disprezzo. «Come puoi aspettarti che io accetti questo? Mi prendi per una persona così insensibile?» Accartocciò la lettera e la buttò per terra. «Devo leggerti altre frasi dello stesso tipo? Le hai scritte tu!»

Frida scosse tristemente la testa.

«Siamo sempre stati in tre, e di noi tre la coppia eravate voi due. Sai quanto è stato difficile per me vedere le tue lacrime quando eri al telefono con Diego?»

«Io...» Frida avrebbe voluto dirgli che non era mai stata sua intenzione ferirlo. Che lo amava. Ma non poteva. Le sue parole sarebbero risultate vuote, anche se erano vere.

«Ti ringrazio per avermi donato la metà di te. Per un periodo mi bastava così. Ma ora non è più possibile.»

«Ma negli ultimi anni andava tutto bene tra noi. Abbiamo trascorso un periodo intenso e meraviglioso prima della mia partenza per Parigi. Perché non può continuare a essere così?» Si sentiva la gola chiusa, pensava di soffocare. «Nick» lo implorò. Ma non aveva idea di come placarlo. In fondo lui aveva ragione. A prescindere da quanto lei amasse Nick o qualsiasi altro uomo, Diego sarebbe sempre venuto prima di tutto. In quel momento lo detestava per il potere che esercitava su di lei. Quando la chiamava, di solito Frida era così commossa che le venivano le lacrime agli occhi. E a quel punto tutto ciò che la circondava era secondario. Diego la costringeva a essere crudele con un uomo che comunque amava. «Che cosa farai adesso?» chiese.

«Che importanza ha?» disse con un tono stanco. «Credo sia meglio che tu vada ora.»

Frida gli si avvicinò timidamente. «Un'ultima volta» sussurrò rannicchiandosi a lui. «Come addio.»

All'improvviso l'abbraccio di Nick si fece più forte. Restarono così per un lungo istante, ancora stretti l'uno all'altra.

Poi Frida si staccò dolcemente e se ne andò. Lungo il tragitto verso l'albergo si domandò se avrebbe mai più rivisto Nick.

I giorni successivi furono terribili. Senza Nick, New York appariva noiosa e inospitale. Frida avrebbe voluto ripartire subito, ma non poteva spostare la prenotazione su un altro volo, perciò doveva resistere lì per quasi una settimana. La vista su Central Park dalla finestra del Barbizon Plaza era insopportabile per lei. Quante volte aveva passeggiato di notte in quel parco a braccetto con Nick, piena di trepidante attesa di fare l'amore per il resto della notte una volta tornati a casa. Ora, ogni volta che guardava il parco, pensava che non avrebbe mai più provato quella felicità. Aveva freddo. Reggendosi pesantemente sul suo bastone, faceva brevi passeggiate. Nemmeno una visita nei negozi di cianfrusaglie di Chinatown riusciva a tirarla su di morale. Nessuna delle sue amiche era in città, perciò lei passava le sue serate in albergo da sola e aveva tutto il tempo del mondo per rimuginare e chiedersi quanta responsabilità avesse nella decisione di Nick di lasciarla.

La sua unica consolazione consisteva nel telefonare a Diego e immaginare il momento in cui si sarebbero rivisti. Quando si rese conto che era così che aveva tradito Nick, scoppiò in lacrime.

Al suo ritorno in Messico, percepì che a San Ángel qualcosa era cambiato. Era stata lontana per quasi sei mesi, e ora non poteva fare altro che prendere atto del fatto che le cose si erano mosse in un'altra direzione, anche se non avrebbe saputo dire esattamente quale. Quando si rividero, Diego non stava più nella pelle dalla gioia. Frida leggeva amore nel suo sguardo, eppure avvertiva anche una certa reticenza. Aveva scoperto di Nick attraverso qualche canale? Si era accorto che Frida soffriva per la separazione perché spesso la vedeva intristirsi? O forse aveva constatato che era molto più facile vivere senza di lei, senza le continue visite mediche, le preoccupazioni per la sua salute, i litigi, i problemi economici? C'erano ancora momenti preziosi in cui Frida giaceva rannicchiata tra le sue braccia, avvolta nel suo profumo. In quei momenti sapeva che era giusto stare accanto a lui. Tutto il resto diventava irrilevante, e persino il dolore per la separazione da Nick si attenuava. Ma Frida si accorse fin troppo in fretta di come Diego si rinchiudesse in se stesso.

L'aria tra loro era più densa e più fredda. Diego si spazientiva facilmente e si alzava con un pretesto, lasciandola sola.

Una volta Frida vide Paulette Goddard uscire da casa di Diego in piena notte. La famosa attrice di Hollywood in quel periodo soggiornava al San Angel Inn perché Diego le stava facendo un ritratto. Correva voce che il suo matrimonio con Charlie Chaplin fosse in crisi. Frida fece un sospiro profondo quando la vide affrettarsi verso l'altro lato della strada. A quanto pareva, il fascino che Diego esercitava sulle donne era rimasto intatto, anche se ormai aveva superato la cinquantina.

Paulette si voltò un'ultima volta e alzò la mano in segno di saluto. Probabilmente Diego la stava guardando dalla finestra. Frida, preoccupata, si ritrovò nuovamente a pensare che l'atteggiamento di Diego era cambiato nei suoi confronti. Molto spesso era assente. La guardava in modo strano, come se non la conoscesse più. Frida sentiva che le stava sfuggendo. C'era qualcosa che non andava.

Sapeva che non sarebbe riuscita a dormire, così andò nel suo studio. Forse avrebbe potuto esorcizzare le sue paure davanti alla tela.

Il giorno dopo era seduta fuori in giardino al sole e teneva in grembo Xochitl, il suo piccolo cane nudo messicano. Xochitl, è così che Nick la chiamava teneramente…

Diego le si avvicinò con le sue pesanti scarpe da lavoro. Frida alzò lo sguardo. Qualcosa nel suo atteggiamento la allarmò.

«Che cosa ci fai già qui? Non devi lavorare?» gli chiese.

Diego scacciò il cane dalle ginocchia di Frida e si sedette accanto a lei.

«Frida, c'è una cosa di cui dobbiamo parlare. Ci penso già da un po'.»

Quindi avevo ragione, pensò lei, e le tornarono alla mente i suoi pensieri della sera prima. E se invece si fosse sbagliata? Fece per attirare di nuovo Xochitl a sé, ma Diego si arrabbiò.

«Ora basta, Frida» disse trattenendola per il braccio. Lei lo guardò. E poi lui aggiunse: «Dobbiamo tutelare il tuo status giuridico e poi procedere al divorzio. Questo non cambierà nulla nel nostro rapporto».

Frida stava per scoppiare a ridere perché pensava che stesse scherzando, ma dal suo sguardo capì che faceva sul serio. «Tu vuoi… che cosa?»

«Voglio divorziare da te.»

Frida lo guardò sconcertata. Era scesa a compromessi tollerando le sue amanti. Si era rassegnata al fatto che il loro matrimonio ormai avesse perso il suo romanticismo. Ma Diego aveva continuato ad amarla, ed erano pur sempre stati una coppia per tanto tempo. E adesso voleva portarle via anche quello? Fu presa dal panico e sentì il cuore battere all'impazzata. Per calmarsi si accese una sigaretta e inalò profondamente per poi dire: «E chi sarebbe stavolta? Nessuna di quelle donne è degna di te. Mi offende che frequenti quelle stupide rinsecchite quando puoi avere me. O si tratta di Paulette? Ti ha stuzzicato con la sua fama?» La voce di Frida si fece più stridula. «O è di nuovo mia sorella? Non ti basto più come donna? È così, Diego Rivera?»

Diego la ascoltò senza interromperla. Poi disse: «Frida, le altre donne non c'entrano».

«E ti aspetti che io ci creda?»

Lui le strappò la sigaretta di mano e la gettò via. Poi le prese entrambe le mani e gliele strinse. «È meglio per noi, e soprattutto per te, se non siamo più sposati. Sei sulla buona strada per diventare un'artista famosa. Questa è l'unica cosa che dovrebbe contare per te. Io ti sono solo d'intralcio. La gente ti vede come mia moglie, non come un'artista con un proprio peso specifico. E ti stai concentrando troppo su di me invece che sul tuo lavoro. Ti prego, pensaci.»

Frida scattò in piedi. «Devo pensarci su? Quindi ho una scelta?»

Diego scosse il capo. «No.» Sospirò profondamente e si alzò anche lui.

«Allora perché dovrei pensarci? In modo da arrivare alla conclusione che hai ragione? Che dipende ancora una volta da te?»

Diego le rivolse un sorriso mesto, poi tornò in casa.

Fuori di sé dalla rabbia, Frida prese un vaso di fiori e glielo lanciò addosso. Il vaso lo mancò di poco e si schiantò contro la parete andando in frantumi. Xochitl, spaventato, fece un balzo e scappò via con un guaito.

Non poteva parlare del suo dolore con nessuno. Non andava da nessuna parte perché ovunque andasse incontrava solo amici comuni che erano già al corrente della situazione. La notizia del suo imminente divorzio era arrivata persino alle rubriche di cronaca mondana dei giornali. Diego aveva detto al giornalista che erano separati da cinque mesi, e aveva ripetuto che il divorzio era una scelta opportuna per lo sviluppo artistico di sua moglie. Frida accartocciò il giornale dalla rabbia. Che bugia clamorosa aveva sparato! Come se il divorzio fosse per il suo bene e lui ne soffrisse. Come se fosse stata lei a insistere per ottenerlo. E cosa significava, comunque, che erano separati? Non vivevano forse nella stessa casa?

«Per il mio bene?» esclamò. Da quando un marito, peraltro ancora amato dalla propria moglie, la lasciava sostenendo che era per il suo bene?

Bussarono alla porta. Era un cronista del giornale locale che voleva rivolgerle alcune domande riguardo il divorzio. «Scriva quello che le ha detto Diego. Siamo separati da cinque mesi perché dopo i miei soggiorni a New York e a Parigi siamo diventati due perfetti estranei.»

E con queste parole, congedò l'uomo sbattendogli la porta in faccia.

26

Frida inalò una profonda boccata dalla sua sigaretta e osservò meditabonda il fumo che si arricciava in fitte volute mescolandosi con le minuscole particelle di polvere che danzavano nell'aria del suo studio. Era tardo pomeriggio e il sole entrava dalle finestre avvolgendo gli oggetti che la circondavano di un alone dorato. Aveva passato qui le ultime ore, tutta sola e persa nei suoi pensieri. Aveva sistemato ordinatamente tutti i barattoli di vernice e li aveva posati sul vecchio banco da falegname che le aveva regalato Diego. Aveva lavato i pennelli e riposto le decine di pastelli a cera nella loro pesante scatola di legno. Aveva buttato via i fiori appassiti e raccolto quelli freschi dal giardino, e ora studiava le diverse fioriture. Uno dei suoi busti in gesso colorati che aveva messo da parte era appoggiato al muro. Quando il suo sguardo vi si posò sopra, le sfuggì un gemito. A che quota era arrivata? Il dodicesimo oppure già il ventesimo? E quanti altri ne sarebbero arrivati? Al momento indossava un corsetto in pelle: era più comodo da portare rispetto a quelli in gesso, ma quando faceva caldo, anche questo era una tortura. Sospirò pensando che questi oggetti ormai facevano parte della sua vita. Come la pittura, come Diego, come il Messico. Un raggio di sole colpiva uno dei suoi primi autoritratti, per il quale non aveva ancora trovato un acquirente. Come accadeva spesso, si era messa una vistosa collana di giada. Mentre osservava il quadro, si passò inconsciamente il palmo sulla gola tastando una perla a goccia lunga quanto le sue dita. Si guardò allo specchio e all'improvviso questa perla le ricordò la chiusura delle antiche catene degli schiavi. Spaventata, tolse la mano, ma il pensiero si era sedimentato nella sua mente. Passò in rassegna i numerosi autoritratti in cui indossava pesanti gioielli aztechi. Ora le apparivano piuttosto come una corda intorno al collo, come un collare fatto di spine aguzze o di filo spinato che le rubava l'aria per respirare. Prese una delle sue lunghe trecce e se la avvolse intorno al collo per rendersi conto ancora meglio di cosa si provava a essere strangolati. Poi all'improvviso capì che cosa l'aveva trattenuta lì nelle ultime ore. L'idea di un nuovo quadro. Un autoritratto con una collana di spine che le ferisce il collo facendolo sanguinare e nella quale è intrappolato un colibrì con le ali spiegate. Il quadro avrebbe espresso il suo stato d'animo dopo essere stata lasciata, prima da Nick e poi da Diego.

Svelta, non lasciare che l'immagine mentale sbiadisca! Afferrò un foglio di carta, si fermò un momento a pensare e poi prese il carboncino per fare uno schizzo prima che l'ispirazione svanisse.

Il mattino seguente, per prima cosa, andò nel suo atelier. Durante il tragitto fece scrocchiare le dita e allungò la schiena per dare elasticità al corpo e sciogliere le mani. Quando entrò nella stanza, il cavalletto la stava aspettando, invitante come una promessa. Lo sistemò in modo che la luce vi cadesse correttamente, poi, con movimenti ormai consolidati, mescolò i colori e trasferì sulla tela lo schizzo che aveva fatto la sera prima. A ogni pennellata sentiva che stava riacquistando le forze. D'un tratto respirava più facilmente. Senza neppure accorgersene, emise un sospiro liberatorio. Stava dipingendo da un paio d'ore forse, quando un rumore leggero attirò la sua attenzione. Si guardò intorno. Era un gatto che era entrato nel suo studio con la coda alta e poi si era seduto su una sedia, al sole, guardandola con i suoi occhi grandi.

«Sei stato attratto dall'atmosfera tranquilla di questo posto, vero?» chiese Frida al gatto.

L'animale la fissò.

«Rimani così» disse Frida, e prese un pennello pulito. Aveva intenzione di inserire anche il gatto nel dipinto, appollaiato sulla sua spalla sinistra e intento a fissare il colibrì nero posato sul petto, come se fosse pronto a saltargli addosso da un momento all'altro.

Sull'altra spalla Frida dipinse una delle sue scimmiette, che giocherellava con un tralcio spinoso avvolto intorno al collo.

Sì, le piaceva. Le piaceva avere i suoi animali intorno a sé, ed è per questo che spesso li includeva nei suoi dipinti. Si mise a canticchiare a bocca chiusa.

Non c'era più motivo di sottrarsi alla parte emotivamente più difficile del quadro. Frida meditò, poi prese un ago da cucito e si punse un dito. Osservò il sangue che sgorgava dalla piccola ferita e scorreva sulla sua pelle. Guardò di nuovo con attenzione, poi dipinse alcune gocce di sangue. Le spine che le pungevano la gola erano solo un simbolo del dolore che provava. Sulla tela i tagli non le facevano male come nella vita e la aiutavano a sopportare le ferite reali. Quella più grande di tutte, come sempre, si chiamava Diego. Che cosa sarebbe cambiato se avessero divorziato? Lo avrebbe visto almeno ogni tanto? Avrebbe potuto parlare con lui come faceva sempre, anche quando erano stati separati?

Benché le ore di lavoro intenso l'avessero sfinita, le dispiaceva che fuori stesse scendendo la sera e fosse troppo buio per continuare a dipingere. D'altra parte, però, la giornata davanti al cavalletto l'aveva rafforzata ed era soddisfatta di quello che aveva creato.

Stava lavando i pennelli quando sentì arrivare Diego.

Si affrettò a gettare un telo sul cavalletto. Non avrebbe sopportato di parlare con lui del quadro e del suo significato.

Diego non le chiese a cosa stesse lavorando, e questo la rese ancora più triste.

«Vado a un concerto stasera. Vuoi venire anche tu?» le chiese.

Con sua stessa sorpresa, Frida accettò l'invito.

«Ci saranno anche Paulette e Lupe» aggiunse Diego dopo un momento di esitazione.

«E allora?» replicò lei. «Tu comincia ad andare, io devo ancora cambiarmi.» Guardò i suoi abiti da lavoro macchiati di vernice.

Arrivò di proposito a spettacolo già iniziato e non si preoccupò di non disturbare quando fece il suo ingresso nel palchetto di Diego. Cambiò posto più volte mentre le campanelle e i gioielli tintinnavano. Quando nessuno ormai era più concentrato sul palcoscenico, ma tutti si erano voltati a guardare lei, Frida si sedette e assunse l'espressione di una regina inavvicinabile. Nessuno doveva pensare che lei soffrisse!

Lanciò un'occhiata trionfante a Diego, ma rimase impietrita di fronte al suo sguardo pieno di rabbia. O addirittura di compassione? Se un tempo aveva sempre accolto divertito le sue provocazioni, ora sembrava decisamente infastidito. Non le rivolse la parola per tutta la sera, anzi, flirtò senza ritegno con Paulette. Quando tornò a casa Frida era furiosa. Si guardò allo specchio e si chiese dove fosse finito quello sguardo vellutato che un tempo stregava tutti. Dov'era finita la candida sfrontatezza con cui aveva conquistato Diego?

Sono una donna abbandonata di trentadue anni. Il mio corpo è distrutto, pieno di cicatrici post-operatorie, mi mancano le dita di un piede, ho il torace costretto in un busto. Come ci si può innamorare di questo corpo stanco e martoriato?

Quella presa di coscienza le tolse il respiro. Era troppo tardi nella sua vita per l'amore? L'amore che aveva tanto cercato, le notti piene di tenerezza e di passione, di parole sussurrate e di voluttà. Tutto questo era definitivamente finito? Sentì arrivare le lacrime.

Aveva bisogno di parlare con qualcuno che la conoscesse in modo diverso e che l'avesse amata. Compose il numero di Nick a New York. Rispose solo dopo parecchi squilli.

«Frida, è notte fonda.» Sembrava irritato, e lei capì di aver commesso un errore.

«Ho dipinto un quadro dove indosso una collana di spine. Lo comprerai?» gli chiese con tono serio.

«Una collana di spine? Non mi sembra molto allegro, Frida.»

«Neanch'io mi sento molto allegra.»

«Hai bevuto?»

Frida percepì una punta di irritazione nella sua voce. Non gli piaceva quando lei beveva troppo. «Solo qualche drink nell'intervallo del concerto. Ma che importanza ha?»

«Frida» disse Nick, smarrito. «Cosa posso fare?»

«Rimandami il cuscino che ho ricamato per te. Non voglio che un'altra donna ci dorma sopra. E non lasciare in giro le mie lettere.» Fece una pausa, poi aggiunse sottovoce: «Amami, Nick».

«Ti amo, Frida» disse lui teneramente. «Ti amo come non ho mai amato nessun'altra. Ma mi sposerò presto.»

Frida annuì. Sapeva che sarebbe successo. Un altro schiaffo in pieno viso. Un'altra speranza cui doveva rinunciare. «Ti auguro buona fortuna» gli disse. «Scusa se ho chiamato. Non lo farò più.» E con queste parole, riattaccò. Il lieve clic sulla linea riecheggiò nelle sue orecchie ancora a lungo.

Sul tavolo c'era la bottiglia di cognac che aveva portato da Parigi e che in realtà era un regalo per Diego. Pensando a lui fu colta da un impeto di rabbia. Afferrò la bottiglia. Dove aveva messo il bicchiere? Non importava. Non si diede neppure la pena di cercarlo.

«Alla salute, Frida!» esclamò.

L'alcol le bruciava nello stomaco. Al sorso successivo si sentì meglio e ne apprezzò il calore. Barcollò leggermente e si lasciò cadere sulla sedia davanti alla toeletta.

Cos'era successo? Perché la sua vita si era scompaginata sino a quel punto? D'un tratto si sentì talmente esausta che aveva persino difficoltà a disfare la sua acconciatura. Sollevare le braccia sopra la testa era un'impresa difficile come reggere un elefante. Lasciò cadere le trecce che aveva fissato con le forcine e le sciolse. Una volta finito, si tolse il rossetto e il fard dal viso con un movimento stanco. *È come se mi togliessi una maschera che indosso tutto il giorno*, pensò mettendosi i capelli dietro le orecchie e avvicinando il viso allo specchio. Sotto la luce intensa, lo osservò attentamente, con le piccole rughe intorno agli occhi e alla bocca disegnate dai costanti dolori e dall'amara delusione delle ultime settimane. Vide lo sguardo intenso che tradiva la sua vulnerabilità, le guance che avevano ceduto leggermente. Questo viso non era per il pubblico. Il giorno dopo lo avrebbe di nuovo nascosto sotto la maschera e avrebbe distolto l'attenzione con una pettinatura estrosa e vestiti colorati. La gente si sarebbe dovuta voltare per strada e guardarla con stupore, certo, ma non avrebbe mai dovuto vedere cosa c'era dentro di lei.

Ancora una volta avvicinò il suo volto allo specchio. Si sentì mancare il respiro e lanciò un gridolino. Chi era la donna che la guardava con quegli occhi scuri e divoranti? Una donna che Diego aveva amato e che ora non amava più. Chi sarebbe diventata senza Diego al suo fianco?

Senza pensarci troppo, prese le grandi forbici che usava per tagliare le stoffe e si tagliò una grossa ciocca di capelli. E poi un'altra. Le forbici facevano un lieve suono sibilante mentre si aprivano e si chiudevano tra i capelli, più e più volte, come se tagliassero un tessuto. Era una sensazione strana vedere sempre più ciocche arricciarsi in un mucchietto ai suoi piedi. La sua testa era più leggera e più facile da sollevare, sentiva un po' freddo sulla nuca, prima scaldata da una massa di capelli folti. E allo stesso tempo aveva la sensazione di abbandonare il suo vecchio Io. La donna che aveva amato Diego, che indossava coloratissimi abiti tradizionali e che incantava tutti coloro che la circondavano con la sua vitalità e la sua allegria, non esisteva più. Con movimenti energici afferrò le ultime ciocche e le tagliò via con un colpo netto.

E ora toccava ai vestiti. Quasi si strappò di dosso la camicetta e la gonna. Il pizzo si sfilacciò e si staccò un bottone, ma non ci fece caso. Ficcò entrambi in fondo all'armadio. Poi tirò fuori uno degli enormi completi di Diego che erano ancora appesi lì e sembravano farsi beffe di lei. Scoppiò in una risata amara al pensiero. Indossò l'abito. Poiché i pantaloni erano troppo larghi, li legò in vita con una cintura. Le maniche della giacca le arrivavano sino alla punta delle dita.

Ora non era rimasto più niente da vedere del suo corpo, diventato duro e spigoloso. Le morbide curve dei gomiti erano già scomparse mesi prima perché non mangiava abbastanza. Il profilo ardito delle sopracciglia ormai era soltanto una linea nera che divideva il suo viso in un modo poco lusinghiero, le labbra un tempo tumide e sensuali erano secche e screpolate.

Si guardò di nuovo allo specchio e scoprì una donna infelice. Anzi, non sembrava nemmeno più una donna. Tutti gli attributi della femminilità erano scomparsi.

Che cosa le sarebbe rimasto? Alle sue spalle, nello specchio, vide i suoi ultimi quadri, quelli che aveva portato da Parigi. E poi vide di nuovo la donna di fronte a sé, con un vestito troppo grande, le forbici in mano, seduta su una sedia dipinta di un giallo brillante, e i capelli sparpagliati sul pavimento tutt'intorno. Spostò lo sguardo dai dipinti al suo riflesso, e in quel momento capì. I suoi quadri sarebbero rimasti e sarebbero stati tutta la sua vita. Attraverso i suoi quadri avrebbe ritrovato il rispetto per se stessa.

L'indomani si sarebbe raffigurata esattamente così, come una donna con i capelli tagliati.

«Mio Dio, Frida, che cosa hai fatto?» Diego rimase profondamente scioccato quando passò due giorni dopo per vedere come stava.

Frida si portò la mano alla testa, nel punto in cui sino a poco tempo prima c'erano le trecce. Dallo sguardo di Diego capì che lui aveva intuito il motivo di questa trasformazione. Niente più promettenti fruscii di gonne mentre si avvicinava. Niente più acconciature elaborate che, in un uomo, sapevano suscitare lo struggente desiderio di scioglierle i capelli. Niente più rossetti rosso sangue che facevano venir voglia di baciare quelle labbra.

Diego si alzò e salì lentamente le scale, diretto allo studio di Frida. Lei lo seguì. Sul cavalletto c'era l'autoritratto con i capelli corti, ancora incompiuto. Il tema però si riconosceva già. Quella mattina aveva scritto una frase nella parte superiore della tela, il verso di una canzone popolare: «Guarda che se ti ho amato è stato per i tuoi capelli; ora che sei pelata, non ti amo più».

«Se non mi ami più, non voglio più avere l'aspetto di una donna» disse pacatamente.

«Oh, Frida» disse Diego. Si inginocchiò davanti a lei e appoggiò la testa sulle sue ginocchia. Poi tirò fuori un fascio di carte dalla tasca dei pantaloni e aprì il fascicolo. «Devi firmare qui. Sono i documenti del divorzio.»

27

Quando Diego se ne fu andato, Frida non riusciva a smettere di fissare la sua mano destra. Davvero aveva appena firmato i documenti di divorzio e reso la cosa definitiva? Si passò la mano tra i capelli, ma non c'era più niente da mettere in ordine. Lasciò cadere la mano. Che cosa sarebbe successo ora? Si avvicinò al cavalletto con passo pesante, ma non prese il pennello. Si abbandonò ai suoi pensieri cupi. «Quindi non c'è più motivo di restare qui» disse, e la sua voce sembrava dura ed estranea. Raccolse le sue cose. Il resto se lo sarebbe fatto spedire. Poi prese un taxi per Casa Azul.

Non appena varcò il cancello e vide la sua vecchia stanza, si sentì meglio. E quando la mattina dopo, al risveglio, udì i suoni familiari provenienti dall'esterno, un sorriso le sfiorò le labbra. Si alzò e andò fuori in giardino, espose il viso alla brezza leggera e raccolse le forze per affrontare la giornata. Non era più la moglie di Diego, e questa ferita le avrebbe sempre fatto male. Ma le restava il ricordo del tempo trascorso insieme, e la sua arte, che era nata condividendo la vita insieme a lui. Si sarebbe aggrappata a questo. L'ultimo periodo con Diego a San Ángel era stato terribile. I continui litigi, le sue storielle… Diego non la lasciava in pace. Quando lei usciva, poteva capitare che lui saltasse fuori per pregarla di tornare a casa. Chiedeva continuamente il suo parere e voleva discutere con lei di tutto, come se fossero ancora sposati. Per Frida quelle settimane erano state stancanti e confuse. Anziché dipingere, rimuginava su Diego e sulle sue intenzioni. Ma ora aveva chiuso un capitolo: era riuscita a staccarsi e a rendersi indipendente da lui. Senza la sua presenza costante, la sua vita sarebbe stata emotivamente più tranquilla e lei avrebbe avuto più tempo per dipingere. Contro ogni aspettativa, era una bella sensazione. Frida tornò a essere davvero serena e recuperò persino l'appetito.

«Amelda!» gridò. «La colazione è già pronta?»

Poi attese che il fattorino le portasse il cavalletto. Nella sua nuova vita voleva lavorare molto e con regolarità.

Invece del fattorino arrivò Diego, che montò faticosamente il cavalletto.

«È un bene che tu viva di nuovo qui» disse una volta finito.

«Non sono più tua moglie. Avevo l'impressione di disturbarti.»

«Ma almeno eri là.» Aveva un tono preoccupato.

Frida aggrottò la fronte e assunse un'aria interrogativa. Cosa intendeva dire? Il meccanismo dell'elastico era di nuovo pronto a entrare in gioco?

«Sei già pentito della tua decisione? E non guardarmi così, per favore. Non tornerò.» *Anche se ti amo ancora*, pensò, ma non lo disse ad alta voce. «Ci è voluta tutta la mia forza per staccarmi da te. Ma sai una cosa? Adesso non puoi più farmi del male. Sta cominciando a piacermi questa situazione.» Alzò il mento e lo guardò con un'aria di sfida nei suoi occhi scuri.

Diego restò in silenzio, turbato. «Non ho mai voluto farti del male» disse. Sospirò. Poi si alzò e fece per andarsene. «Posso almeno venire a trovarti ogni tanto?»

Chi lo capiva quell'uomo! Frida ci rinunciò. Da quando se n'era andata, Diego passava da lei quasi tutti i giorni per fare due chiacchiere. Fingeva di avere una questione da risolvere, le chiedeva dove poteva trovare qualcosa, o voleva semplicemente avere sue notizie. Talvolta Frida lo lasciava entrare; altre volte, quando non era in vena e stava lavorando, lo mandava via. Ma poi le dispiaceva per lui. Quando Diego restava, si sedevano nel patio e chiacchieravano.

Ora Frida riusciva a godersi quelle ore con lui. Gli mostrava quello che aveva dipinto durante il giorno. Le era venuta l'idea di realizzare un doppio ritratto che raffigurasse sia una Frida messicana che una Frida europea.

«Frida, credo che questa sia la tua opera più importante sinora» commentò Diego.

Già, pensò lei con una punta di amarezza. *E posso realizzarla solo perché mi hai respinta. Ieri, mentre lavoravo al doppio ritratto, è arrivato il postino con l'atto di divorzio. Ma queste sono cose di cui tu non sai nulla.*

Frida guardò l'orologio e Diego, cogliendo il suggerimento, si congedò. Lei si protese verso di lui per salutarlo. Immaginava che fosse diretto da un'altra donna. Non provava più gelosia. Solo un po' di rammarico perché non erano riusciti a rimanere una coppia.

Ma in compenso Frida aveva qualcos'altro. Si avvolse il *rebozo* intorno alle spalle perché ormai la temperatura si era abbassata. Poi fece due passi in giardino, annusò i fiori dell'arancio che era lì da tanto tempo e gettò delle briciole di pane nello stagno per osservare i pesci. Una scimmietta si unì a lei, sporgendosi invano verso i pesci e interrogandosi sul suo riflesso nell'acqua. Mentre tornava nella sua stanza, Frida passò davanti a suo padre, che se ne stava seduto sotto una rigogliosa buganvillea, il suo posto preferito. Guillermo era malato e spesso così frastornato da non poter intavolare una vera e propria conversazione, ma le faceva bene sedersi accanto a lui al sole e tenergli la mano.

«Ciao, papà» gli disse piano.

Lui le sorrise e con un cenno della testa le indicò la sedia accanto a lui. Frida si sedette e i due rimasero in silenzio. Del resto lei non aveva voglia di parlare né sentiva il bisogno di stare in compagnia. Dormiva sino a tardi, poi dipingeva e passava il pomeriggio in giardino, stendendo i vari strati delle sue gonnellone sulle calde mattonelle di terracotta e appoggiando la schiena al muro caldo della casa.

Questa nuova vita su binari più regolari fu un toccasana. Non esagerava più con gli alcolici e mangiava di più.

Una volta si svegliò nel cuore della notte, richiamata da suoni insoliti per le strade. Poco dopo udì le sirene della polizia. Le volanti si fermarono a poche strade di distanza. È lì che viveva Trockij. *Un attentato*, pensò subito. *Stavolta l'hanno beccato!* Si vestì e si precipitò in strada e, anche se la polizia non la lasciò passare, ebbe la conferma di ciò che temeva. Lev e Natalia erano stati vittime di un attentato. Una mitragliatrice aveva sparato attraverso le finestre della loro camera da letto, ma entrambi si erano prontamente gettati a terra e l'avevano scampata. Sollevata, ma anche allarmata, Frida tornò a casa.

La notte stessa Diego passò da lei. Era nel panico.

«C'è Siqueiros dietro a tutto questo. E ora stanno arrestando tutti i comunisti. Paulette ha visto la polizia accerchiare la mia casa e mi ha intercettato. Non posso più rientrare. Devo immediatamente lasciare il Messico. Puoi occuparti della mia collezione d'arte? Non so quando tornerò.»

La prese tra le braccia e la tenne stretta per un istante. Poi salì sull'auto che Paulette aveva parcheggiato davanti al cancello. Diego si sdraiò sul pavimento della macchina e Frida ammucchiò delle tele sopra di lui.

«Abbia cura di lui» raccomandò Frida a Paulette. «Abbia cura del mio amore.»

La mattina dopo, di buon'ora, si recò in macchina a San Ángel e iniziò a imballare la collezione d'arte di Diego, le divinità e le statue, le maschere e i mosaici, i gioielli precolombiani e tutte le sue cose. Pochi giorni dopo aveva finito di spuntare la millesima voce della sua lista. Preparò un totale di cinquantasette scatoloni, insieme a documenti e fotografie importanti che portò con sé a Casa Azul. Si domandava se Diego fosse consapevole di quale tesoro avesse accumulato. Spesso era sopraffatta dalla sensazione di panico di dover sgomberare una casa il cui proprietario era morto.

Dove si era rifugiato Diego quella notte? Anche Paulette sembrava sparita nel nulla. Non c'era nessuno cui avrebbe potuto chiedere. Ogni giorno Frida aspettava che lui si facesse vivo. Ma non le arrivarono notizie. Nessuno sapeva dove si trovasse. Si nascondeva in Messico o aveva lasciato il Paese? Era ancora vivo? Quando fu attraversata da questo pensiero per la prima volta, si premette le mani sulla bocca con orrore. Le passarono per la mente le immagini peggiori. Non voleva vivere in un mondo dove Diego non c'era più! Poi, all'improvviso, la chiamò da San Francisco e le annunciò tutto allegro che aveva un nuovo incarico. Frida rimase lì con il ricevitore in mano, completamente svuotata. Ripensò alle ultime settimane, alle paure che aveva avuto, a tutto il lavoro che aveva fatto per mettere in salvo la sua collezione. E lui era a San Francisco a dipingere? Da quando? Perché non l'aveva contattata prima?

«Devo riagganciare» disse con tono piatto. Fissava i giochi di luce che il sole e le ombre creavano nel grande albero di arance. Poi si mise a singhiozzare, un po' per il sollievo nell'apprendere che Diego era al sicuro, ma soprattutto perché era sconcertata dalla sua insensibilità. L'aveva perso per sempre. Mai prima d'ora aveva percepito una distanza così grande tra loro. Dov'era il Diego che nelle ultime settimane aveva cercato sempre più spesso la sua vicinanza? Dov'era l'attrazione che lei spesso aveva maledetto, ma che non aveva mai pensato che un giorno avrebbe cessato di esistere?

L'elastico che li univa era stato strappato per sempre.

Il giorno dopo non riuscì ad alzarsi, così come nei giorni e nelle settimane seguenti. Per la maggior parte del tempo era intontita dagli antidolorifici di cui tuttavia non poteva più fare a meno. Mangiava e dormiva pochissimo.

«Diego» sussurrò. «Diego.»

Il corpo le faceva male come non mai ed era debole, ma la sua vera malattia era Diego.

Alla fine fu Cristina a informare Diego delle condizioni di Frida, e lui promise di consultarsi immediatamente con il dottor Eloesser.

Lo stesso giorno a Casa Azul squillò il telefono.

«Lascialo squillare» disse Frida alla sorella. Era distesa sul letto e stava facendo gli ultimi ritocchi al doppio ritratto che la mostrava sia nelle vesti di una donna moderna che di una donna india.

Invece Cristina rispose alla chiamata. «È Diego» disse passandole il telefono.

«Diego...» disse Frida sottovoce. Quel nome era diventato il suo mantra.

«Frida, vieni a San Francisco. Ho già parlato con il dottor Eloesser, ha detto che può aiutarti. È assolutamente contrario a un'altra operazione, ha un'altra terapia da suggerirti. Vieni da me...»

«A San Francisco? Da te?»

D'un tratto ecco di nuovo l'attrazione, il desiderio. Trapelavano chiaramente dalla voce di Diego. Lui li provava di nuovo, dunque. Era così anche per lei?

Ma cosa voleva Frida veramente? Tutto ciò che aveva sempre desiderato era vivere con Diego. Doveva rischiare, cedere ai suoi sentimenti e riprovarci? Ripensò alle ultime settimane: solo dolore e vuoto. Se fosse stata di nuovo vicina a Diego sarebbe andato tutto bene. O sarebbe semplicemente ricominciato tutto daccapo? Che cosa doveva fare?

Guardò le due Frida che aveva davanti a sé. Quale voleva essere?

Diego e Leo Eloesser andarono a prenderla all'aeroporto. Frida si sforzò di camminare dritta e di apparire forte. Indossava di nuovo un coloratissimo abito tehuana e per la prima volta da settimane aveva intrecciato un nastro nei capelli che nel frattempo erano cresciuti di qualche centimetro. Ma dallo sguardo sgomento di Diego nel vederla capì che la sua recita non era riuscita. Lasciò scivolare la borsa per terra, si appoggiò a lui e chiuse gli occhi. *Ora andrà tutto bene*, pensò.

Diego alloggiava in un hotel e non le chiese di stare da lui. Fu Leo Eloesser invece a invitarla a casa sua. Era così bello sapere di essere nelle mani del suo vecchio amico e confidente. Eloesser le stava sempre vicino, la sottoponeva a leggere scosse elettriche e si assicurava che mangiasse e dormisse a sufficienza e, soprattutto, che non bevesse alcolici. Diego passava a trovarla la sera, le teneva la mano e le raccontava del suo lavoro. Non parlavano di cosa sarebbe successo. Ma Frida lo sentiva discutere con Leo prima di andarsene.

Pochi giorni dopo il suo arrivo cominciò a sentirsi meglio. Leo era seduto al suo capezzale, in paziente attesa che lei svuotasse il piatto; aveva persino cucinato del cibo messicano per lei! Si schiarì la gola.

«Frida, vorrei parlarle del suo futuro con Diego.»

Lei lo guardò con aria interrogativa oltre il suo cucchiaio. «Siamo divorziati e, badi bene, è stato Diego a volerlo. L'ha mandata lui? Ne avete parlato quando era qui?»

Leo annuì. «Diego la ama molto e so che anche lei lo ama. Ma non è mai stato il tipo adatto a vivere un rapporto di coppia a lungo termine… Eppure avete bisogno l'uno dell'altra, non potete stare senza. Le ultime settimane lo hanno dimostrato. Non ha sofferto solo lei, ma anche Diego, mi creda. Quanto sforzo vi è costata questa separazione! Soprattutto lei, Frida, non può pretendere questo da se stessa. È troppo per il suo corpo e ha bisogno di energie per dipingere. La prego, pensi a come potrebbe essere il futuro per voi due, un futuro che non vi distrugga. Per il bene della sua arte!»

«Che cosa intende dire, Leo?»

«Ebbene, forse potrebbe accettare i fatti così come sono e vivere comunque con lui a queste condizioni; forse, per ritrovare un animo tranquillo e spensierato e per rimettersi in salute, potrebbe persino convertire la sua comprensibile gelosia in nuova forza creativa per il suo lavoro, per la pittura...»

Frida avrebbe voluto replicare, ma Leo le mise un dito sulle labbra e la fece tacere dolcemente.

«Non dica nulla ora, ci rifletta. Non chiedo altro. E mi creda, mi permetto di darle questo suggerimento per un solo motivo: tengo molto a lei, Frida. Voglio che lei sia felice. E che lei sia abbastanza in salute da poter dipingere. Perché è la cosa che sa fare meglio. Non può sprecare il suo enorme talento. Deve fare di tutto per creare le giuste condizioni per continuare a coltivarlo.»

Quando il dottore se ne fu andato, Frida rimase nel suo letto cercando di immaginare come doveva essere il suo futuro. Dipingere, voleva solo dipingere. Non poteva vivere senza la pittura. Per lei era come mangiare o respirare. Ma per poter lavorare, per essere creativa, aveva bisogno di un certo equilibrio mentale, aveva bisogno di energia. E li trovava solo in Diego. Una separazione definitiva da lui le sarebbe costata tutta la forza che le era rimasta. Ora lo sapeva, ma l'aveva sempre sospettato. E gliene aveva parlato anche Leo. Era la prova che la conosceva davvero bene. Sì, doveva lasciare che Diego rientrasse nella sua vita, doveva cambiare il suo atteggiamento verso di lui. Una quotidianità al fianco di Diego le avrebbe dato anche la tensione necessaria da cui ricavare i temi per i suoi quadri. Più ci pensava, più l'idea le sembrava allettante e giusta. E, quando non dipingeva, poteva incontrare Diego come un vecchio amico, proprio come avevano fatto prima della sua fuga a San Francisco.

Chiuse gli occhi per un istante per figurarsi questo scenario. Il fattore decisivo affinché il patto avesse successo era il modo di affrontare le relazioni di Diego. Avrebbe trovato la forza di accettarle senza amarezza e soprattutto senza permettere che paralizzassero la sua creatività? *Sì*, pensò. *Ci riuscirò. Così come ci sono riuscita negli ultimi anni.* Ma poi lo rivide durante l'amplesso con Cristina. E se fosse di nuovo successa una cosa del genere? Avrebbe trovato la forza di metabolizzare la situazione? A furia di tenere a freno la sua gelosia aveva esaurito le sue risorse. Da dove avrebbe tratto la forza di andare avanti? La sua malattia stava progredendo e lei sentiva di non avere più molto tempo a disposizione. Lasciando cadere le spalle pensò: *No, non ce la faccio, non posso tollerarlo.*

Tuttavia nei giorni successivi Frida prese più volte in considerazione la proposta di Leo. A volte le sembrava convincente e fattibile, poi si spaventava per la sua stessa temerarietà.

C'era solo una cosa che sapeva con certezza: doveva rimanere fedele alla sua natura. Il comportamento di Diego non avrebbe mai più dovuto indurla a rinnegare se stessa. Ripensò con orrore a quando si era tagliata i capelli dopo il divorzio. Non sarebbe mai più dovuto accadere niente di simile, altrimenti si sarebbe persa. Ma ce l'avrebbe fatta, la sua arte era la migliore protezione contro le ferite che lui le procurava. Doveva dipingere. Stare insieme a Diego significava tornare a vivere. E dipingere significava restare in vita.

Diego andò a trovarla. Bussò alla sua porta con cautela, quasi con timore. Era abbattuto, lei lo capì a prima vista. Era pallido e si muoveva a passo strascicato.

«Sembri più riposata rispetto a qualche giorno fa. Quando sei arrivata, mi hai fatto preoccupare.»

«Leo è in gamba, si prende cura di me.»

«Ti ha parlato?» Le rivolse uno sguardo tremolante prima di proseguire: «Frida, non mi fa bene vivere senza di te. Il divorzio è stato un errore. Non solo perché tu ne soffri e io non sopporto di essere il responsabile del tuo dolore». Si prese la testa tra le mani. «Soffro anch'io. Soffro come un cane, se proprio vuoi saperlo. Ho bisogno di te, tanto quanto tu hai bisogno di me. La nostra separazione non ha fatto bene a nessuno dei due.»

Frida lo guardò. «Diego, non importa quanto io discuta con te, sarò sempre e comunque tua amica. Non ti farei mai del male, neppure se ne andasse della mia vita.»

Diego le prese le mani. «Frida, vuoi diventare mia moglie?

Sposiamoci di nuovo. Rimediamo al nostro errore. Ti amo. Non ho mai smesso di amarti.»

A quelle parole Frida ebbe una strana intuizione: avrebbe ripreso in mano il quadro con la collana di spine. Mancava qualcosa: i capelli tagliati. Avrebbe intrecciato di nuovo i lunghi capelli che aveva conservato e li avrebbe aggiunti all'acconciatura come un posticcio. Perché era una donna, perché era di nuovo intera.

«Frida? Perché non dici niente?»

«Stavo pensando a un quadro» rispose lei stringendogli le mani.

Epilogo

Aprile 1953

Con amicizia e amore nati dal cuore, ho il piacere di invitarvi alla mia umile mostra...

La mano di Frida tremò leggermente quando aggiunse la firma sotto il testo. Erano ore che scriveva quegli inviti su cartoncini colorati che poi legava insieme con fili di lana dalle tinte vivaci in modo che somigliassero a un piccolo taccuino. Scosse la mano per scaricare la tensione, poi tornò a piegarsi sul foglio per scrivere l'invito successivo. Nel farlo le scivolò la penna e si sparse una macchia d'inchiostro. Irritata, accartocciò il foglio e ne prese uno nuovo dalla pila davanti a sé.

Qualche settimana prima aveva ricevuto la visita della sua amica Lola Álvarez Bravo. All'inizio avevano riso del periodo trascorso insieme alla Prepa e si erano lasciate cullare dai ricordi delle feste di Tina Modotti. Poi, nel corso della conversazione, Lola aveva proposto a Frida di esporre le sue opere nella propria galleria. «In fondo hai dei quadri al Louvre, hai esposto a New York, è ora che anche i messicani li vedano.»

Frida era così felice che quasi non osava crederci. I quadri della sua vita, dai primissimi ritratti alle opere più importanti in cui aveva affrontato le grandi ferite della sua vita, sino agli ultimi dipinti, per lo più raffiguranti nature morte, tutti raccolti in una mostra nel suo Paese!

«Davvero faresti questo per me?» chiese.

Lola dovette chiaramente lottare con se stessa prima di dire con voce pressante: «Frida, siamo sempre state oneste l'una con l'altra e abbiamo sempre chiamato le cose con il loro nome. Voglio organizzare questa mostra perché penso che sia giusto riconoscerti il meritato onore mentre sei ancora in vita e non aspettare che sia troppo tardi».

D'un tratto eccola di nuovo lì, la paura che presto sarebbe potuto finire tutto. Negli ultimi anni la salute di Frida era andata deteriorandosi costantemente. Era stata visitata da nuovi medici e si era lasciata sottoporre a interventi che spesso non avevano fatto che peggiorare le cose. Le cicatrici si erano infiammate e un'infezione l'aveva inchiodata a letto per un anno intero. L'unica cosa che la aiutava a sopportare il dolore ormai erano dosi sempre più alte di morfina.

Frida restò in silenzio per un istante, poi scoppiò a ridere. Finché avesse potuto dipingere, sarebbe rimasta in vita. «Hai ragione. A che cosa serve una mostra se non posso essere presente?»

Non appena Lola se ne andò, Frida si recò nello studio di Diego, che si trovava ancora a San Ángel. Il suo letto invece era tornato a Casa Azul. Non vedeva l'ora di dargli la buona notizia. Come tutto ciò che era importante e che la emozionava, doveva condividerlo immediatamente con lui.

«Oh, Frida» disse Diego stringendola tra le braccia quando lei gli raccontò con entusiasmo del vernissage. «Finalmente riceverai l'attenzione che ti meriti. I tuoi quadri sono il Messico. È arrivato il momento di presentarli ai tuoi connazionali.»

Frida piegò la testa all'indietro e gli rivolse uno sguardo pieno d'amore. Erano passati più di dieci anni da quando si erano risposati e non si era pentita della sua scelta neanche per un istante. Era sempre rimasta fedele a se stessa e, soprattutto, aveva continuato a dipingere. Non aveva mantenuto il suo proposito di non andare mai più a letto con Diego, ma in fondo andava bene così. Frida sorrise tra sé. Da allora la sua vita era meno turbolenta e scorreva più tranquilla. Rimettersi insieme aveva fatto bene a entrambi.

Frida prese un altro foglio dalla pila. Ancora tre inviti e avrebbe finito.

Rivolse un sorriso allo scheletro di cartone seduto su una sedia accanto al suo letto che aveva vestito con una delle sue gonne e uno *huipil*. «Ciao» gli disse. Poi prese un ultimo invito e scrisse LA PELONA come destinatario sulla busta. «Sai che non ho paura di te. La morte fa parte della vita. Ma finché sarò viva, voglio continuare a divertirmi, accidenti!»

Due giorni prima dell'inaugurazione Frida si sentì male. Aveva difficoltà respiratorie e il dottor Calderón temeva che si trattasse di polmonite. «Non può assolutamente alzarsi. Glielo proibisco. Deve osservare il riposo assoluto.»

Non appena il dottore se ne andò, Frida esplose di rabbia.

«Non mi lascio proibire un bel niente, fosse l'ultima cosa che faccio!» gridò, e subito dopo fu scossa da un attacco di tosse.

Chiamò Chucho, il suo domestico, che lavorava in quella casa da quasi vent'anni. «Devi aiutarmi» gli disse. «Il dottore ha detto che non posso alzarmi, ma non ha detto che non posso andare alla mia mostra. Vorrà dire che starò a letto.»

Il giorno della mostra Cristina venne ad aiutarla a vestirsi e a pettinarsi. Poi il suo letto a baldacchino fu trasportato nella galleria, con tanto di foto e disegni sulla testata, specchio, annessi e connessi. Chucho suggerì di smontare il baldacchino e di lasciarlo a casa, ma Frida si rifiutò di farlo.

Anche lo scheletro e alcune delle sue bambole preferite dovevano seguirla. «Mi accompagnano da tutta la vita, saranno al mio fianco anche questa sera. E *la pelona* l'ho invitata personalmente.»

«Chucho, hai sentito? Bisogna prendere tutto. Se ti serve aiuto, chiama altri uomini» disse Diego, che era entrato nella stanza e si stava chinando per baciare Frida.

Frida gli rivolse uno sguardo pieno di riconoscenza.

Quando fu il momento di andare alla galleria, Diego la sollevò con attenzione. Frida allacciò le braccia attorno al suo collo e si rannicchiò contro il suo corpo. Inalò il suo profumo. Dopo tutti quegli anni, era ancora quello il posto dove si sentiva al sicuro. Infilò la mano sotto la sua camicia e gli accarezzò teneramente il petto.

«Diego» mormorò. «Il mio Diego. Mi hai raccolta quando ero a pezzi e mi hai resa di nuovo intera.»

Diego avrebbe voluto che non parlasse per evitare sforzi, ma lei continuò: «Non c'è niente che possa essere paragonato alle tue mani, niente che eguagli il verde dorato dei tuoi occhi. Il mio corpo si riempie di te. L'incavo della tua spalla è il mio rifugio, i miei polpastrelli toccano il tuo sangue. La gioia più grande è sentire la tua vita esplodere dal tuo fiore-sorgente che sboccia mentre lo prendo…» Sussurrò queste parole a bassissima voce, ma Diego le udì e la baciò dolcemente sulla bocca. «Tutti i frutti sono nel succo delle tue labbra, il sangue della melagrana e dell'ananas puro.»

Lui la guardò con le lacrime agli occhi, e passando davanti al grande specchio dell'ingresso, si fermò. «Sembriamo una persona sola» disse.

Durante il tragitto tenne Frida tra le braccia per tutto il tempo. Arrivati alla galleria, la sollevò per farla scendere dall'auto. I primi ospiti, quando si accorsero che era arrivata, sussurrarono la notizia agli altri e la folla, silenziosa e sorridente, si divise per lasciarla passare.

Frida riconobbe amici e compagni di partito, le sue labbra formularono saluti silenziosi e sorrisi.

All'ingresso era appeso il ritratto delle due Frida, un quadro che diceva tanto di lei, in cui aveva raffigurato i due lati della sua vita. Abbandonata contro il petto di Diego, osservò il quadro. *Ora, in questo istante*, pensò, *ho entrambe le cose, l'amore e la pittura. Le cose che costituiscono la mia vita e che l'hanno resa ricca.* Ed era più di quanto avesse mai sperato.

Diego la adagiò con delicatezza nel letto che si trovava al

centro della sala. La baciò di nuovo mentre la sua testa si posava sul cuscino ricamato.

«Una brillante uscita di scena, caro il mio rospo» gli sussurrò lei all'orecchio.

Nota dell'autrice

Nel 1988, quando Frida Kahlo fu riscoperta dopo decenni di oblio, in occasione del mio ventisettesimo compleanno delle amiche mi regalarono la biografia di Hayden Herrera che tuttora costituisce un'opera fondamentale sulla vita della pittrice. È stato quel libro a suscitare il mio interesse per Frida. Da allora l'ho riletto più volte. Nel 1992 sono stata per la prima volta in Messico, e la visita a Casa Azul è stato uno dei momenti salienti del viaggio. Frida Kahlo è apparsa ripetutamente nella mia vita, così è nata l'idea di scrivere un romanzo su di lei. Ancora una volta, dunque, mi sono immersa nella sua vita, nei suoi dipinti e nella storia messicana. Ho scoperto molte cose che prima non sapevo, mi sono lasciata trasportare dalla sua vita avventurosa e ho sofferto insieme a lei. Ecco come è nato questo romanzo.

In Messico, nascere e morire nella stessa casa è considerata una benedizione. Frida Kahlo morì il 13 luglio 1954, un anno dopo la mostra presso Casa Azul. Aveva appena quarantasette anni.

Alla sua morte, i suoi effetti personali furono chiusi a chiave nel bagno di Casa Azul. Diego Rivera stabilì che tutto dovesse essere reso accessibile solo quindici anni dopo la morte della moglie. Invece ce ne vollero cinquanta prima che quella stanza venisse aperta, nell'aprile 2004, portando alla luce tesori fra cui abiti, gioielli, cosmetici, busti, fotografie e lettere che da allora sono stati esposti in diverse mostre.

Frida Kahlo ha raccontato la sua vita con i suoi dipinti. Ne sono stati conservati circa centocinquanta, tra i quali i suoi celebri autoritratti. Si ritiene probabile che la sua produzione sia più ampia, ma molte sue opere sono andate perdute.

Questo libro è un romanzo. Per quanto possibile, mi sono attenuta alla biografia autentica dell'artista, ma in alcuni punti ho leggermente ritoccato le date degli eventi per far sì che si inserissero meglio nella narrazione, tanto più che non tutti i dettagli biografici possono essere ricostruiti con precisione.

Si tratta dunque di un'interpretazione delle cose, la mia. Durante la stesura mi sono state utili diverse fonti; cito le più importanti.

Il testo di base su Frida Kahlo è il sopracitato libro di Hayden Herrera, *Frida. Una biografia di Frida Kahlo* (Neri Pozza, Milano, 2016).

Una spumeggiante fonte di ispirazione è stata, inoltre, l'opera di Jean-Marie G. Le Clezio, *Diego e Frida. Un amore assoluto e impossibile sullo sfondo del Messico rivoluzionario* (Il Saggiatore, Milano, 2014), che descrive la coppia in modo intenso e poetico, e fornisce spiegazioni e interpretazioni, sintesi e intuizioni che mi hanno aiutato ad approfondire questa relazione.

Prezioso è stato, poi, il saggio di Raquel Tibol, una delle amiche di Frida negli ultimi anni della sua vita: *Frida Kahlo. Una vita d'arte e di passione* (Rizzoli, Milano, 2002).

Tra gli oggetti ritrovati nel bagno di Frida a cinquant'anni dalla sua morte c'erano anche 6500 fotografie di amici, parenti, della Casa Azul, di Frida o indirizzate a lei, spesso con dediche. Una selezione è pubblicata su *Frida Kahlo. Ihre Photographien* (Schirmer/Mosel Verlag, Monaco, 2010), che raccoglie istantanee inaspettate della vita privata di Frida.

Fondamentali alla stesura del romanzo sono state anche le opere seguenti: *Frida Kahlo: l'arte di mettersi in scena* (Mondadori Electa, Milano, 2019), il catalogo della magnifica mostra tenutasi al Victoria & Albert Museum di Londra. Il volume mi è stato di grande aiuto per accostarmi alla vita quotidiana di Frida: i suoi vestiti, i busti ortopedici, le immagini votive, i gioielli e le medicine.

Frida Kahlo par Gisèle Freund, a cura di Gérard de Cortanze (Albin Michel, Parigi, 2013). La fotografa Gisèle Freund visitò Casa Azul nel 1952; il suo sguardo su Frida mi ha aiutato a capire meglio questa artista. Inoltre, *Escrituras de Frida Kahlo*, a cura di Raquel Tibol (Plaza & Janes, Barcellona, 2004).

E ancora, *Querido Doctorcito: lettere a Leo Eloesser* (Abscondita, Milano 2019).

Fridas Kleider, un'opera che espone il guardaroba di Frida, per concessione del Museo Frida Kahlo, di Città del Messico (Schirmer / Mosel Verlag, Monaco, 2009).

Claudia Bauer, *Frida Kahlo* (Prestel Publishing, New York, 2007).

Anche i libri di Andrea Kettenmann, *Diego Rivera* e *Frida Kahlo* (pubblicati entrambi da Taschen Verlag, rispettivamente nel 2015 e nel 2016), costituiscono una buona introduzione all'argomento.

Termino con il volume di María Hesse, *Frida Kahlo: una biografia* (Solferino, Milano, 2018).

Un ringraziamento particolare va al Museo Frida Kahlo, di Città del Messico. Ximena Jordan ha risposto alle mie domande in una lunga conversazione e con un cospicuo scambio di email, condividendo il mio entusiasmo per Frida. Durante un'altra visita ho avuto la fortuna di trovarmi da sola nelle sue stanze. In quel momento mi sono sentita particolarmente vicina a lei. Spero, care lettrici e cari lettori, di essere riuscita a trasmettervi queste impressioni.

Questo libro è stampato col sole

Azienda carbon-free

Fotocomposizione: La Composizione, Milano

Finito di stampare
nel mese di ottobre 2020
per conto della TEA S.r.l., Milano
da Grafica Veneta S.p.A. di Trebaseleghe (PD)
Printed in Italy